AF727292

Der Autor
Martin Bordo schreibt begeistert und legt mit „Zukunft jenseits aller Sterne“ sein zweites Werk im Renaissance Verlag vor.

Martin Bordo

Zukunft jenseits aller Sterne

Sechs weitere anrührende Geschichten

RENAISSANCE Verlag Marburg

Bibliographische Information der Deutschen Nationalbibliothek
Die Deutsche Nationalbibliothek verzeichnet diese Publikation in der Deutschen Nationalbiographie; detaillierte bibliographische Daten sind im Internet über http://dnb.d-nb.de abrufbar.

deutschhausstr. 22 * 35037 marburg
www.renaissance-verlag.de
fon: 06421-988808
umschlaggestaltung: ppn-design, lohra
redaktion: carsten s. leimbach
made in germany
ISBN: 978-3-939442-64-6

-Vorwort -

Ich gehe langsam aus der Zeit heraus
In eine Zukunft jenseits aller Sterne,
und was ich war und bin und immer bleiben werde,
geht mit mir ohne Ungeduld und Eile
als wär ich nie gewesen, oder kaum

(Franz Sahl)

Nicht alle, die sterben, sterben mit Wehmut.
Eine tiefe Angst lässt uns vor dem Tod erschaudern.
Aber sobald diese Angst überwunden ist, kann man mit der Erkenntnis sterben, dass das Leben den Tod wert war.

Dies ist kein Buch über den Tod. Vielmehr handeln die Geschichten über Angst und Mut, aber auch Gewalt. Eine Gewalt, die uns ohnmächtig macht, uns aber allerorten immer wieder neu begegnet und in uns Angst auslöst.

Im Besonderen ist dieses Buch ein Aufruf zum Leben. Unser Hauptaugenmerk soll nicht auf kleine alltägliche Probleme, sondern auf den Wert des Lebens gelenkt werden.

Bestimmt mögen die Geschichten, ähnlich wie im ersten Band, den Leser wieder zum Nachdenken einladen.

Für Edeltraud Bordo

-Inhaltsverzeichnis-

Einsam im Zimmer

Möge dein Weg dir freundlich entgegenkommen.
Möge die Sonne dein Gesicht erhellen.
Möge der Wind dir den Rücken stärken
und der Regen um dich herum die Felder tränken.
Möge der gütige Gott dich in seinen Händen halten.
(aus Irland)

Flöge man über *diese* Stadt, sähe man schöne Häuser. Vielerorts stehen schmucke Villen und adrette Bürgerhäuser. Mehr in der Innenstadt tummeln sich Häuser mit prachtvollen Giebeln und malerischem Fachwerk, manche mit verwinkelten Erkern und aufwändig geschnitzten Chörlein. Blickte man umher, sähe man aber zumeist keine schönen Häuser. Viele funktionelle Häuserreihen, mit langweiligen Fassaden und lustlosem Aussehen drängen sich auf wenig Platz. Eine Ansammlung von Steinquadern, die symmetrisch angeordnet den Blick ermüden. Hätte man einen Kompass dabei, müsste man über dem Bahnhof angelangt zwei Komma vier Kilometer Richtung Süd-West weiterfliegen. Hielte man die Richtung, käme man geradewegs zur Trostlosgasse. Die heißt nicht wirklich so, aber die Bezeichnung trifft den Nagel auf den Kopf. Nicht, dass die Häuser hier alt und heruntergekommen wären. Nein. Alle sind ordentlich renoviert, haben ein anständiges Dach und fast alle sind frisch gestrichen. Es ist die Architektur. Unweigerlich denkt man an die jungen Studenten, die mit viel Eifer und wunder großer Begabung die Universitäten stürmen. Sie sind ja so kreativ. Sie lernen alles über trendige Städteplanung und dem bunten, beschwingten und beschatteten Leben in Ballungsgebieten. Sie lernen von den Professoren alles über neue Materialien und modernen Bauformen. Eifrig werden Modelle von Bauwerken nachgebildet, die aussehen wie Ufos. Runde Fassaden, gebogene Dächer, bunte Fenster und gedrehte Eingänge. Zeltartige Strukturen und tragende Konstruktionen. Elegant schmiegen sich die Kunstwerke über blaues Wasser, und aus dem Modelleisenbahnladen haben sie eimerweise die kleinen Bäumchen gekauft, die mit viel Sorgfalt auf die Modellunterlage geklebt werden. Total innovativ. Kaum bekommen sie ihr Diplom für die anerkennungswürdigen Arbeiten ausgehändigt, werden die wunderbaren Ideen und Visionen von einer lebenswerten Umgebung im Sekretariat abgegeben. Danach stellen sie uns solche Geschmacklosigkeiten wie in der Trostlosgasse hin. Glatte, an Langeweile nicht zu überbietende Wände mit Fenstern, eins neben dem anderen. Hier eine Ecke, da eine Kante, unten noch einen Eingang, fertig ist der Klotz. Fein säuberlich aufgereiht wie Steine in einer Ziegelei. Hundert Ziegel nach rechts mal hundert Ziegel nach oben. Schön symmetrisch. Schön einfallslos. Freilich bekommen die Architekten zumeist nicht übermäßige Finanzierungsmittel, aber als Bauherr würde ich entweder geschmackvolle, dem Auge schmeichelnde Bauwerke errichten, die eine Stadt beleben oder ich würde ganz die Finger davon lassen. Viele Menschen laufen tagtäglich an den faden Wänden vorüber, auch die Stadträte, die dafür verantwortlich sind und ihre Unterschrift unter die Pläne gesetzt haben. Man hat sich an die Fantasielosigkeit gewöhnt. Geht ein Passant durch *diese* Stadt, schaut er sich keine Häuserfassaden an; man will ja nicht trübsinnig werden. Echt schade.

Jetzt wird es spannend. Flöge man über der Gasse angekommen geradewegs nach unten, gelangte man in einen Altstadtinnenhof. Den braucht man sich nicht länger anzuschauen, denn außer abgestelltem Unrat, mehreren Kinderwagen und einer lieblosen Kinderrutsche in der Mitte des Hofes auf vertrockneten Grasinseln gibt es nichts Erwähnenswertes. Aber blickte man umher, sähe man *sie* inmitten der ganzen Fenster. Sie fällt sofort auf, weil sie ganz dicht am Fenster zu sehen ist. Schön sieht sie aus. Fällt richtig auf gegenüber der vorherrschenden Tristesse. Sie blickt unentwegt in den Hof. Sie ist da immer zu sehen.

Ich gebe zu, jetzt verlange ich etwas, was nicht so einfach möglich ist. Aber könnte man sich nun in die Wohnung, in der sie lebt, hineinbegeben, würde man schon staunen. Sie stand schon seit ungezählten Stunden in dem Zimmer, in dem sie ganz alleine war. Zumindest die meiste Zeit des Tages. Das Altbauzimmer sah aus, als besuchte man seine Uroma. Es war spartanisch eingerichtet. Alte Möbel, die wohl jahrelang mit sich herumgeschleppt wurden. An diesem Ort haben sie eine letzte Zuflucht gefunden. Die beiden Schränke, ein Kleiderschrank aus der Nachkriegszeit und eine einfache Kommode rochen muffig. Während der Kleiderschrank, der im Vergleich zu den heutigen ziemlich tief und klein erschien, noch mit einer netten Holzmaserung aufwartete, schlug die Kommode den

Boden aus dem Fass der Einfachheit. Wenn man unbedingt auf etwas Positives verweisen wollte, würde man die gedrechselten Schubladenknäufe erwähnen, die aber keine Meisterarbeit waren, sondern aus der Massenfertigung stammten. Die leicht vergilbte Blümchentapete löste sich an einigen Stellen von der Wand. In einer Ecke in der Decke klaffte ein Loch im Mauerwerk, das sich scheinbar im Laufe der Zeit vergrößert hatte und aus dem manchmal Sandsteinbrösel rieselten. Ein runder Tisch auf einem schmalen Fuß stand in der Mitte des Raumes. Auf ihm eine weiße, gehäkelte Tischdecke. Wirklich nett. Aber den Vogel schoss der Teppich ab. Auf den ersten Blick hätte man meinen können, dass den eine gelangweilte Mutti kurz nach dem Krieg aus Stoffresten zusammengeklöppelt hatte. Das Muster könnte mit viel Fantasie Schafe darstellen, denn im Hintergrund auf dem „Bild“ sitzt ein Schäfer unter einem Baum. Achtete man genau auf den Rand des Teppichbildes, erkennte man im ersten Moment einen dunklen Fleck. Erst bei eingängiger Betrachtung entpuppte sich die vermeintliche Verunreinigung als Hirtenhund. Es musste sich um einen schwarzen Zauselhund handeln, der gemütlich in der Sonne döst. Auch die Schafe stehen recht entspannt auf der Weide und einige von ihnen grasen. Mehr Deutung war beim besten Willen nicht möglich. Blaue Berge im Hintergrund vervollständigen die Idylle. Aber man kann diesen Teppich nicht gut erklären. Besser, Sie schauen sich ihn selbst einmal an. Aber zurück zur *ihr*.

Es war einsam in dem Zimmer. Die Aussicht aus dem Fenster war nicht herzerwärmend. Einzig um die Mittagszeit blitzte die Sonne für ein paar Stunden über das gegenüberstehende Haus, sodass sie wenigstens für kurze Zeit ein wenig Licht und wärmende Strahlen hatte. Darauf freute sie sich; das konnte man daran erkennen, dass sie sich in dieser Zeit der Sonne regelrecht zudrehte. In dieser Stellung weilte sie dann ganz still und man vermeinte, ein Lächeln bei ihr ausmachen zu können.

Viel schlimmer war, dass sie seit Stunden fürchterlichen Durst hatte. Seit gestern Früh war keiner mehr bei ihr. Ein bisschen Wasser wäre jetzt schön. Vielleicht tauchte ja gleich noch jemand auf. Aber davon abgesehen konnte sie sich nicht beklagen. Normalerweise kam einigermaßen regelmäßig jemand zu ihr rein, wenngleich derjenige im Allgemeinen nicht viel Zeit für sie mitbrachte.

Gerne wäre sie draußen gewesen. Im hellen Sonnenlicht. Sie hätte gerne den Wind gespürt und die frische Luft um sich fächeln lassen.

Einmal im Regen stehen und die Wassertropfen auf sich tanzen fühlen. Sie würden den Staub und den Schmutz herunter waschen. Das wäre das größte. Hier im Zimmer war es ein bisschen beengt und zu dunkel. Aber jetzt kam jemand. Sie wusste genau, ob jemand in der Wohnung war. Die Geräusche oder die Schritte drangen in Form von Erschütterungen zu ihr herüber.

Langsam ging die Tür auf und eine vertraute Person trat ein. „Na, dich habe ich ja beinahe vergessen“, sagte sie. In ihrer Hand trug sie das langersehnte Wasser. Es dauerte nur Sekunden und es war weg. Das tat gut. Kurzerhand richtete *sie* sich wieder auf, hatte sie ob des Durstes ein bisschen den Kopf hängen lassen. Und im Handumdrehen war auch die Person wieder draußen. Schade, dass war wieder recht kurz.

So stand sie am Fenster bis die Nacht einbrach. Dunkelheit legte sich über die Häuser vor dem Fenster. Der blaue Himmel verdunkelte sein Antlitz, wurde schwarz und tausend Augen funkelten aus dem dunklen Leinwandgesicht. Mächtig trat der Mond auf die Bühne und leuchtete in gänzlichem Rund. Angezogen vom Licht und der Anziehungskraft breitete sie ihre Arme dem Mond entgegen. Du treibst die Säfte in meine Glieder. Das tut gut, das kräftigt mich. Da fühlt man sich gleich wieder richtig lebendig.

Der Mond begleitete sie die ganze Nacht. Trostvoll spendete er ihr gelbwarme Strahlen und schenkte ihr ein freundliches Gegenüber. Sie fühlte sich wohl in seiner Gesellschaft, und es war so friedlich, so ruhig. Eine angenehme Nacht.

Als der Morgen eintrat, folgte eine aufgeweckte Zeit. Im Hof klapperten die Räder der Kinder, die sich darauf schwangen und kreischend herumfuhren. Immer wieder wurde ein Topf oder Eimer scheppernd umgefahren oder die Kinder stießen sich gegenseitig vom Rad, was regelmäßig in einer Rauferei endete. Als das Geschrei, das im Hof hin und her echote, zu laut wurde, öffnete sich im Häuserschachbrett irgendwo ein Fenster und eine geschäftige Mutter schrie heraus, um die Kinder zur Ruhe und Mäßigung zu ermahnen. Die Ansprache hielt danach etwa eine Viertelstunde, bis der Lärm erneut alle Absprachen sprengte. Ein anders Fenster flog auf und ein älterer Herr beschwerte sich bei den Rabauken. Er müsste arbeiten und würde, wenn das Geschrei nicht aufhörte, runterkommen und für Ruhe sorgen. Die Lausbuben äfften hoch und ließen sich ihren Spaß nicht verderben. Das alles beobachtete sie mit einer meditativen Ausdruckslosigkeit, die den ganzen Vormittag anhielt. Gegen Mittag strömten aus den unterschiedlichen Fenstern die unterschiedlichsten Düfte von den Essen, die zubereitet wurden. Hier wurden Zwiebeln gedünstet. Da drang der Geruch von verbranntem Fett an ihr Fenster, das zwar verschlossen war, trotzdem konnte sie aber die Nuancen der Kochkünste wegen der Undichtigkeit desselben wahrnehmen.

Der Besucher, der sich durch die Wand in das Zimmer mit dem Schafteppich begeben hatte, hätte sich heute keinen guten Tag für einen Besuch ausgesucht. Heute lag etwas Schlimmes in der Luft. Aus den Geräuschen, die aus den hinteren Zimmern drängten, konnte der Besucher entnehmen, dass die Wohnung aufgelöst werden sollte. Der alte Mann, der bis vor kurzem hier lebte, war jüngst verschieden. Während *sie* sich am Fenster kaum regte, fuhr dem Besucher schon ein Schauer den Rücken herunter. Ein Mensch in einer der unzähligen, anonymen Wohnungen war gestorben und es gab kaum jemand in dem Haus, den das groß interessierte. Bestimmt war das der Grund, weswegen *sie* die letzten Tage derart vernachlässigt wurde, dass sie matt und entkräftet aussah. Der aufmerksame Besucher konnte *schon* sehen, dass sie nicht gesund war. Kraftlos hingen ihre Extremitäten nach unten und die gesunde Farbe war gewichen. Sie war eh kein Bewegungstalent, aber in letzter Zeit konnte man den deutlichen Eindruck gewinnen, dass sie in gänzliche Starre verfallen war. Gelb schimmerte sie, und sie drohte auszutrocknen; das waren keine guten Zeichen.

Jetzt nahm die Situation an Dramatik zu. Es klingelte und zwei Männer mit kräftigen Stimmen traten ein. Nachdem die Stimmen sich abstimmten, wurde zugepackt. Elektrische Bohrschrauber kreischten auf. Schrauben fielen auf die Fliesen. Bretter wurden in Ecken geschlichtet. Zimmer für Zimmer wurde ausgeräumt. Was würde mit ihr geschehen? Sie konnte sich nicht äußern. Darüber hinaus würde man sie auch gar nicht fragen. Andere würden über sie entscheiden, sie hatte es hinzunehmen. Sie nahm die schlechten Schwingungen wahr. Ihr dämmerte, dass etwas nicht stimmte, auch wenn sie nicht die Möglichkeit hatte, wie die fremden Menschen im Nebenzimmer zu analysieren und zu sprechen. Ihre Art der Kommunikation konnten die Leute nicht verstehen. Ihr kam es so vor, als habe sie als einziger der alte Mann verstanden, der sich einst um sie kümmerte. Er hatte stets liebevoll mit ihr geredet. Dass sie nicht geantwortet hatte, hieß nicht, dass sie nicht verstand. Das hatte der alte Mann gewusst. Sie konnte die Stimmung wahrnehmen und freute sich über Gesellschaft und

Pflege. Aber der alte Mann war nicht mehr. Und die, die jetzt da waren, kümmerten sich nicht. Was würde mit ihr geschehen? Sicherlich lag dieser Gedanke ihrer Art und Weise zu leben fern. Bestimmt konnte sie solche Gedanken nicht denken. Aber in ihrer Welt gibt es auch den Wunsch zu leben und zu gedeihen. Sie verarbeitete Reize und sehnte sich nach guten Reizen wie jede andere auch. Sie konnte sehr wohl unterscheiden, ob ihr jemand wohl gesonnen war oder nicht. Oder ob sie demjenigen egal war. Was nicht das schlimmste war. Hauptsache, der- oder diejenige taten ihr nichts Übles, was nicht ohne weiteres selbstverständlich war.

Plötzlich knallte die Tür auf und drei Männer standen in der Tür. „Das muss auch raus", sagte der ganz links und zeigte mit einem kreisenden Arm auf alles, was an Mobiliar im Raum stand. „Was ist mit der?" fragte der in der Mitte und zeigte auf *sie*. Er und sein Kollege hatten Arbeitshandschuhe an und schwitzten augenfällig. Sie erschrak auf ihre Weise, das konnte aber keiner sehen. „Raus! Alles raus."

„Was ist mit dem Teppich?"

„Raus den Plunder."

„Kann ich den haben?"

Hä, wird sich der Besucher gedacht haben. Es gab wirklich jemanden, der diesen Teppich begehrenswert fand?

„Für meinen Hund. Der kommt vor die Hundehütte. Dann fliegen die ganzen Haare wenigstens nicht mehr in der ganzen Wohnung rum."

Wenn sich der Hund nur nicht von dem schwarzen Zottelhund links unten am Teppichrand störte. Vielleicht würde er aber nur einen dunklen Fleck wahrnehmen. Hunde sehen ja nicht so gut.

Dann kam das Ende. Als der Kleiderschrank zerlegt und bretterweise nach unten getragen war, als auch die Kommode Abschied vom Zimmer genommen hatte, der Teppich sorgfältig eingerollt herausgetragen wurde, da blieb kein Hoffnungsschimmer übrig. Zwei kräftige Hände, geschützt von wildledernen Handschuhen, packte sie bestimmt, riss sie vom Fenster weg und trug sie durch die Wohnung, dass ihr Kopf wippte. Vorbei an der ausgeräumten Küche mit ihrem Wasserhahn, der ihr das kühle Nass spendierte. Vorbei am Schlüsselkasten, der noch neben der Eingangstüre hing, von dessen Geräusch sie stets beglückt war, als der alte Herr nach Hause gekommen war und seinen Wohnungsschlüssel ordentlich drangehangen hatte. In den Hausflur, die vielen Treppen hinunter, wo sie einst hoch getragen wurde – vor vielen, vielen Jahren, als sie noch jung und frisch und kräftig war. Jetzt ging es treppab. Wie würde ihr Schicksal aussehen? Was würde mit ihr geschehen? Was hatte sie alles gesehen und mitbekommen die letzten Jahre am Fenster. Wie oft wurde sie geschnitten und umgesetzt. Wie liebevoll wurde anfänglich mit ihr umgegangen und später auch mitunter schroff. Die Bearbeitungen mit der Schere und dem Messer waren für sie grausam gewesen. So grausam, dass sie sich die Schwingungen gemerkt hatte, die derjenige, der mit der Absicht zu schneiden zu ihr kam, um sich trug. Aber noch schlimmer war der Umstand zu dursten. Alles konnte sie ertragen, nur nicht den Durst. Das war das ärgste Gefühl und niemand konnte sich ihr Leid so richtig vorstellen.

Dann führte der Weg durch den Hof. Zum ersten Mal war sie hier, wo die Kinder spielten und die Mütter ihre Wäsche aufhingen. Da kam ihnen eine Frau entgegen. Sie versperrte den Weg und meinte: „Das ist aber eine schöne Blume. Kann ich die haben?“

„Gern. Was weg ist, ist weg.“

Die Amaryllis freute sich. Das war die Rettung. Ein neues Zuhause mit genügend Wasser und Dünger. Vielleicht würde man sie auch einmal umtopfen.

„Obwohl? Die ist schon recht alt, wer weiß, ob die überhaupt noch einmal blüht? Und außerdem habe ich, wenn ich es mir recht überlege, keinen Platz.“

„Na, dann schmeiße ich sie weg“, meinte der Wohnungsauflöser beifällig.

Auf dem Hof stand der große Mülleimer. Flugs war der Metalldeckel aufgeschoben, und da fiel sie auch schon auf das ganze Gerümpel. Das war das Ende der Amaryllis, die kleine, vertrocknete, orangegelbe Blüten trug. Die viele Jahre geblüht und dem alten Mann Freude bereitet hatte. Der Besucher wird mit feuchten Augen aus dem Hof fliegen und vielleicht im Stadtpark vorbei gucken. Da sind viele andere Blumen und Pflanzen, die es besser haben. An ihrem Anblick können sich mehr Menschen als nur ein alter Mann erfreuen. Aber eine persönliche Beziehung zu dem Verstorbenen hatte nur die Amaryllis. Jetzt, da er gegangen war, musste auch sie gehen. So ist es im Leben, nur wenige scheren sich um einen anderen. Dann schloss der Mülleimer und es war dunkel. Und Wasser gab es auch keins.

Das letzte Tor

O schau den Wüstling gleich dem Tier
Schwelgend im Unmaß der Gier!
(Gobrias aus Händels BELSAZAR)

Wir sind in der Nachspielzeit. Vielleicht noch ein oder zwei Minuten. Worzeldorf braucht ein Tor, um den Pokal zu gewinnen. Es ist schon grotesk. 90 Minuten spielen sie auf ein Tor, spielen überlegen, lassen den Ball souverän in den eigenen Reihen laufen, aber es kommt nichts Zählbares dabei heraus. Abgesehen von der Großchance in der 43. Minute, als Christan Hofstetter mit einem Vollspannschuss nur Zentimeter das Tor verfehlte und in der 58. Minute, als der Ball nach einem Torwartfehler frei im Strafraum trudelte. Beide Stürmer, Hans Vogl und Norbert Meier brachten bei ihren Versuchen abzustauben den Ball nicht im gegnerischen Tor unter.

Doch jetzt! Eine Flanke. Kommt gut! In der Mitte Erik Baumeister. Kopfball. Jaaaa! Nein!! Nein! Das gibt's doch nicht. Die 400 Zuschauer waren schon aufgesprungen. Erik Baumeister hat es geschafft, den Ball nicht einzunetzen. Eine wunderbar getimte Flanke senkte sich auf den sträflich freistehenden Mittelstürmer. Der Torwart stand zu weit rechts. Der musste doch rein gehen. Baumeister schlägt die Hände vors Gesicht. Das gibt es nicht. Das war eine Hundertprozentige. Ach! Das wär's gewesen. In der wirklich letzten Sekunde. Bestimmt wird das die Mannschaft die nächsten Tage beschäftigen. Das wird ein Thema sein. Aber so ist Fußball. Freud und Leid liegen dicht beieinander.

Der Schiedsrichter schaut auf die Uhr. Aus! Das Spiel ist aus. 73 Süd gewinnt das Duell nach einem guten Hinspiel und holt den Pokal. Sie haben nicht gut gespielt. Das weiß die Mannschaft, das wissen die Zuschauer. Doch das interessiert die gut 40 mitgereisten Fans nicht. Sie feiern ihr Team. Sie gewinnen nach einer mäßigen Leistung und wäre ich der Fußballgott, so würde ich mich jetzt vor dem Zorn der Verlierer verstecken. Sie spielten taktisch hervorragend im Hinspiel und nach dem 1:2 war alles offen. Der Trainer versprach ein Fußballfeuerwerk auf dem eigenen Platz. Ein 1:0 hätte gereicht. Vielleicht die dickste Chance in der Nachspielzeit von Erik

Baumeister, der das leere Tor verfehlte und ins Außennetz köpfte. Schade. Wirklich schade für ein erfolgversprechende Mannschaft um einen ehrgeizigen Trainer, der es in zweieinhalb Jahren schaffte, aus den talentierten Jungs aus dem eigenen Verein eine schlagkräftige Truppe zu formen, den man alles zugetraut hätte in dieser Saison. Nun blieb der verdiente Titel aus.

Die Spieler verlassen das Spielfeld mit hängenden Köpfen. Jetzt wären ein paar aufmunternde Worte wichtig. Sie haben nicht schlecht gespielt. Sie könnten mit erhobenen Häuptern das Feld verlassen. Am Sonntag in zwei Wochen gilt es wieder, drei weitere Punkte für die Meisterschaft einzufahren. Dazu brauchen sie Selbstvertrauen. Letzter Spieltag der Liga. Sie können es schaffen. Ein Unentschieden oder besser ein Sieg, so wäre zum Schluss nicht alles verloren. Ich gönne dieser Mannschaft den Erfolg.

Die Spieler sind inzwischen in den Umkleidekabinen. Ich wünsche Ihnen, liebe Hörer, ein tolles Wochenende. Wir schalten zurück in die Sendezentrale. Schalt ein auf 97 Komma 3. Radio Noriswelle, ihrem regionalen Sender. Bis in 14 Tagen.

Eine Welle der Enttäuschung schwappte durch die Kabinen. Keiner wagte zu reden. Der Trainer lief unruhig hin und her. Ab zum Duschen, sagte er. Gute Leistung. Ich kann euch keinen Vorwurf machen. Gutes Spiel.

Erik saß in der Ecke, als einziger nicht ausgezogen. Die anderen standen freudlos unter der Dusche und spülten die Enttäuschung von ihren Leibern, während die Jubelgesänge aus den gegenüberliegenden Duschen wie Nackenschläge herüberdröhnten. Der Trainer stellte sich vor den Gebeugten. Was war denn das, fragte er.

„Ich weiß es nicht, Trainer. Der Ball kam gut. Das Tor war frei. Ich habe den Ball nicht sauber auf die Stirn bekommen. Tut mir Leid."

„Tut dir Leid? Weißt du, was dieser Kopfball bedeutet? Den Pokal. Weg!" Dabei ploppte er die Hände auf wie eine Seifenblase, die jäh zerplatzt. „Die harte Arbeit aller im Sande verlaufen. Am Dienstag werden wir Köpfen üben. Wir üben, bis du nie wieder einen Ball nicht sauber auf die Stirn kriegst. Alles klar?"

„Alles klar. Ich werde euch nicht mehr enttäuschen."

„Du hast selbst einmal gesagt, dass du Fußballer werden willst. Du willst weiterkommen? Willst du den Erfolg oder willst du nur herum dümpeln wie Tausend andere Durchschnittspieler?"

„Ich will es schaffen. Ich will Fußballer werden."

„Ich warte auf dich. Dienstag 19 Uhr. Sondertraining."

Erik beschlich ein unheimliches Gefühl. Nur zu gut kannte er die Sondertrainings des Trainers. Er war ein Typ der Marke unerbittlich, der für den Erfolg lebte. Blieb er aus, ließ er den Zorn an der Mannschaft aus. Vielmehr an den Versagern. Holger war das grausame Beispiel für die Härte des Trainers. Verteidiger. Ließ Anfang der Saison seinen Gegenspieler zehn Minuten vor Schluss vorbei. Als Sonderbewacher für den Ausnahmeangreifer hatte er seine Sache bis dahin astrein erledigt. Der Stürmer hatte so gut wie keinen Auftritt. Kurze Anspiele. Holger war da. Er gestattete dem Gegenspieler einzig, den Ball wieder zurück zu spielen, in den eigenen Reihen zu halten. Aber keinen Torschuss. Bis zur 82. Minute. Langer Ball auf halbrechts. Sprintduell. Der Gegenspieler war ein Tick früher am Ball und spitzelte ihn durch die Beine von Holger. Dabei hatte er den Ball gar nicht richtig getroffen. Platzunebenheiten unterstützten die eher glückliche Aktion. Der Ball hoppelte Richtung Tor. Holger lief ins Leere. Der Stürmer stand zum ersten Mal in einer aussichtsreichen Position und markierte mit einem strammen Schuss den Siegtreffer. Holger bekam daraufhin Einzeltraining. Während die anderen ihre immer wieder neu aufgetragenen, lockeren Übungen absolvierten, nahm der Trainer Holger unter seine Fittiche. Er ließ einen Mitspieler stundenlang mit einem Ball die Linie entlang laufen. Holger musste neben ihm herlaufen und sich bei der richtigen Gelegenheit, also alle zehn, fünfzehn Schritte, hineingrätschen. Wieder und wieder stand er auf, lief neben dem Ballführenden her, grätschte. Oft wiederholte er, dass er nicht mehr könne. Der Trainer indes gewährte keine Unterbrechung. In der Kabine sahen die Mitspieler seine aufgescheuerten Oberschenkel, aus denen das Blut bis zu den Socken lief. Die Tortur ging Tag für Tag. Ball behaupten. Kopfballduell in der Luft, Tekkling. Grätschen, Ball ablaufen. Sprint. Holger war am Ende seiner Kraft, seines Muts. Aber er schaffte es schließlich, die Höllenqualen zu ertragen, die Sonderbearbeitungen zu überstehen und glänzte bei den weiteren Spielen. Das größte war für ihn, dass der Trainer irgendwann sich nicht mehr um ihn im Besonderen kümmerte. Endlich ließ er von ihm ab. Er konnte seine Wunden lecken und durchatmen. Ab jetzt klopfte der Trainer Holger jedes Mal nach dem Spiel auf die Schulter. Er hatte seinen Gegenspieler kalt gemacht. Er machte nie wieder einen Fehler.

Erik hatte Angst vor dieser Sonderbehandlung. Was würde sich der Trainer für ihn ausdenken. Aufgewühlt radelte er nach Hause und sagte seinen Eltern nicht, was vorgefallen war. Er antwortete knapp auf die Fragen des Vaters nach dem Ergebnis und hoffte, dass dieser nicht *zu* interessiert nachfragte. Der Vater konnte an diesem großen Tag wegen einer dringenden Besprechung mit den Führungskräften über Personalabbaupläne nicht dabei sein. Ansonsten ist er ein oft gesehener Gast am Spielfeldrand, der ohne große Gesten und Rufe mit der Mannschaft bangt und sie eher innerlich anfeuerte. Er war so gut wie immer bei Auswärtsspielen bereit, die Mitspieler in seinem Auto mitzunehmen. Geduldig wartete er, bis nach dem Spiel die Akteure geduscht und sich frisch gemacht hatten, bis er die Heimreise antrat. Er kannte die anderen Eltern und plauderte gern mit ihnen, während sie das Spiel mitverfolgten oder während sie auf die wilden Kerle warteten. Durch seine freundliche und hilfsbereite Art war er gern gesehen. Für Erik war es eine große Erleichterung, dass sein Vater bei seinem Schwarzen Tag nicht dabei war. Obwohl dieser nie kritisierte oder ihn gar antrieb oder rügte. Im Gegenteil. Er hatte stets ein tröstendes Wort und eine liebevolle Geste parat, ihn bei verlorenen Spielen wieder aufzubauen oder sprach lobende Worte nach einem erfolgreichen Spiel. Es war nicht seine Art zu kritisieren, schon gar nicht, wenn das Auto voll mit anderen Spielern war. Er redete über dies und das und schaffte es stets, eine lustige Stimmung im Auto zu erzeugen. Manche Spieler bevorzugten es sogar, im Auto von Eriks Vater mitzufahren. Erst als die anderen ausgestiegen waren, war es gewohntermaßen Erik, der sich nach seiner Leistung erkundigte. Der Vater antwortete sachlich, sprach ein paar gute Szenen an, verheimlichte nicht ein paar schlechte, ohne zu lange darauf herum zu reiten. Vielmehr versuchte er, einen guten Tipp zu geben oder tröstete seinen Sohn mit den Worten hinweg, dass diesen oder jenen kleinen Lapsus mit großer Wahrscheinlickeit niemand mitbekommen hätte. Immer wieder machte er seinem Sohn deutlich, dass er ihn schätzte und unterstrich, dass er ein guter Fußballer sei.

Vielleicht war es deshalb, dass Erik seinen Vater auf keinen Fall enttäuschen wollte. Gerade weil jener so viel von ihm hielt, wollte Erik beweisen, dass das Vertrauen, das in ihn gesteckt wurde, berechtigt war. Dass die Vorstellung seines Vaters von einem sehr begabten Fußballer zur Gewissheit werden sollte.

Also fand er sich tapfer am Dienstag zum Training ein. Sofort war der Trainer bei ihm und fragte, ob er bereit wäre. Die anderen wurden nach einer kurzen Einweisung ihren Übungen überlassen. Erik lief dem Trainer in eine Ecke des Trainingsgeländes nach. Dort ragte ein

Gestänge in die Luft. Er blickte am Metallmast hoch. Oben verzweigte er sich in vier Äste, die in alle Himmelsrichtungen wiesen. Nach eineinhalb Meter endeten sie in der Luft. An ihrem Ende hingen Kordeln, an denen wiederum jeweils ein Ball baumelte. Erik wurde vor einen solchermaßen schwebenden Ball gestellt. Mit wenigen Worten instruierte der Trainer Erik. Der Ball wurde von Hand angeschubst. Sobald er zurückschwenkte, köpfte Erik den Ball von sich. Der Ball war aus Leder und deshalb verhältnismäßig schwer. Erik köpfte den Ball, er kam zurück und Erik köpfte. Er stand eine halbe Stunde am Gerät und köpfte ohne Pause. Der Trainer stand in einigem Abstand und beobachtete jede seiner Bewegungen. Nach unten stoßen! Höher springen! Die Arme mitnehmen, hießen die Anweisungen. Nach einer Stunde war Erik völlig entkräftet. Stell dich seitlich zum Ball. Hole Schwung und köpfe mit der Stirnseite. Drück den Ball nach unten. Bring mehr Wucht herein. Erik schmerzte der Kopf von den ständigen Erschütterungen. Seine Beine hatten keine Kraft mehr. Eine weitere halbe Stunde köpfte er Ball um Ball, bis er als letzter in die Kabine zum Duschen ging. Alleine stand er unter dem warmen Wasser, das den Dreck von seiner Stirn wusch. Alleine radelte er nach Hause.

Am nächsten Tag war er der einzige, der trainieren musste. Sofort nach der Schule fuhr er zum Sportplatz, wo der Trainer bereits auf ihn wartete. Schön, dich zu sehen. Heute machen wir weiter. Es dauert nicht mehr lange, da bist du ein Kopfballspezialist. Erik köpfte wieder und wieder. Nach einer halben Stunde waren die Kopfschmerzen unerträglich. Keinesfalls wollte er beim Trainer klagen. Da beiß ich mich durch. Ich schaff' s, ich schaff' s. Jedes Mal tat es einen dumpfen Schlag, als er den Ball traf. Als der Trainer ihn kurz unterbrach und den aufgehängten Ball festhielt, kniff er die Augen vor Schmerz zusammen. Schau immer auf den Ball. Lasse ihn nie aus den Augen. Wenn du die Augen schließt, köpfst du blind. Dann kannst du es gleich vergessen. Du schaust auf das Ziel, wo du ihn hinhaben willst. Wo steht der Torwart? Wo köpfst du hin? Dann schau auf den Ball. Du visierst ihn an, behältst ihn im Blick, verfolgst ihn, dann steigst du hoch und führst ihn mit der Stirn in die Ecke, wohin er hin soll. Hast du das verstanden?

Er hatte verstanden. Nickte. Weiter. Der Ball kam von oben, verfolgte eine langgezogene Kurve, senkte sich auf ihn, er sprang, stieß seinen Kopf gegen den Ball. Eine Erschütterung. Er durfte die Augen nicht schließen. Muss den Ball beobachten. Aber das

Auftreffen des Balles tat so weh. Hoffentlich ist es bald vorbei. Hoffentlich lässt er mich bald gehen. Hoffentlich muss ich morgen nicht köpfen.

Nach eineinhalb Stunden durfte Erik gehen. Mit rasenden Kopfschmerzen fuhr er über den Feldweg nach Hause. Immer wieder presste er die Augen zusammen; es linderte die Schmerzen für einen Moment. Daheim konnte er nicht schlafen. Er weinte. Aber er würde es schaffen.

Tags darauf rannen ihm die Tränen über das Gesicht, als der Trainer in vor das Gerät stellte. Ich will nicht mehr.

„Beiss dich da jetzt durch!“ rief der Trainer. Noch Mal wirst du nicht versagen. Das erfordert Übung, Übung, Übung. Du willst es doch schaffen? Stimmt' s? Willst du es oder nicht?“

Die eindringlichen Worte schüchterten Erik gehörig ein. Er traute sich nicht zu widersprechen. Er konnte nichts von seinen Schmerzen sagen. Ich will.

Er köpfte und köpfte und nach einer halben Stunde glaubte er, sein Kopf würde zerspringen. Bei jedem Stoß fühlte er regelrecht sein Gehirn an die Stirn schlagen. Er hatte das Bild vor seinen Augen, wie sein walnussförmiges Hirn immer wieder durchgerüttelt wurde, wie die Axone, an denen es hing, bis zum Zerreißen hin- und hergerissen wurden. Manchmal glaubte er, dass sein Hirn irgendwann abreißen würde.

Als die Angst zunahm wurde er nachlässiger. Der Trainer brüllte. Er biss sich auf die Zähne. Nach einer Viertelstunde hatte er plötzlich einen Aussetzer. Er sah für einen Sekundenbruchteil nichts mehr. Was war jetzt. Erik hielt inne. Kniff die Augen zusammen, konzentrierte sich. Er drückte mit seinen Fingern gegen die Augäpfel. Vor seinen Augen schneite es, aber es linderte den Druck. Dann ging es weiter. Nach zehn Minuten hatte er wieder einen Ausfall. Für eine Sekunde sah er nichts. Scheiße! Was ist das? Jetzt bloß nicht schlapp machen.

„Erik? Was ist denn los? Willst du nicht mehr?“

„Doch Trainer. Muss mich nur konzentrieren.“ Der Trainer wand sich wieder der taktischen Besprechung mit den Spielern zu. Erik konnte die Tränen nicht zurück halten. Wann hört das auf?

In der Nacht schlief er so gut wie gar nicht. Ein unbarmherziges Kopfschmerzgewitter ließ ihn mit offenen Augen im Bett liegen. Farbblitze huschten über die Decke. In den Ohren rauschte es. Stiche durchfuhren seinen Schädel. Ein Stich über dem Ohr, in der Stirn. Der Hinterkopf schockte. Es riss ihn im Bett zusammen. Erik wälzte sich. Ich halte es nicht mehr aus. Was wäre, wenn ich sagen würde, ich mach das nicht mehr? Die anderen würden mich verspotten. Holger hat es auch geschafft. Sie werden mich loben, wie ich mich durchbeiße. Morgen wird es schon besser werden. Vielleicht ist Morgen das letzte Mal. Dann ist die Trainingswoche um.

Er weinte heimlich, als er am nächsten Abend wieder vor dem schweren Lederball stand. Der Trainer warf ihn weit von sich. Bumerangartig fiel er mit all seinem beschleunigten Gewicht zurück. Erik sprang dem Ball entgegen, wuchtete ihn erneut in den Himmel und erwartete seine Rückkehr. Mit dem Wiederkommen des Balls kam auch der Aufprallschmerz zurück. Der Kopf schockte nach einigen Stößen unerträglich. Das ist ein böser Traum. Der Traum wird enden. Jeder Traum ist irgendwann vorbei. Zerknirschung bemächtigte sich seiner Gedanken. Er konnte nicht mehr denken, wollte nicht mehr denken. Das Denken tat weh. Der Ball kam wieder angeflogen. Erik köpfte.

Nach dem Training brachen die Tränen in sein Gesicht, als der Trainer offenbarte, dass Erik sein „Koordinationstraining“ am Wochenende fortsetzen müsste. Vor Verzweiflung hielt er mit dem Rad auf dem Nachhauseweg im Wald an und ging umher. Er lief zwischen den Bäumen und atmete die schwere, feuchte Luft. Warum hört das nicht auf? Ich habe mich die letzten Tage reingekniet. Habe sauber getroffen. Der muss doch die Leistung anerkennen. Ist der denn blind? Es wurde ihm schwindelig. Die Bäume drehten sich. Da umarmte er einen Baum und hielt ihn fest. Erik spürte die Stärke des Stammes, der stolz in den Himmel ragte. Sachte wog sich der Wipfel in trüben Wolken im schwarzen Nachthimmel. Erik sah die dunklen Zweige, die Bewegung der Blätter im Wind. Das ferne Rauschen. Oder waren es gar nicht die Blätter, die rauschten?

Er öffnete die Augen und fragte sich, wo er sei. Er war völlig durchgefroren. Seine Jacke war nass von dem Moos, auf dem er lag. Er tat sich schwer beim Bewegen, da seine Glieder ihren Dienst verweigerten. Seine Finger krallten sich um den Baum, und er zog sich hoch. Was ist denn passiert? Er klopfte die Blätter und Nadeln und Moosfasern von seiner Kleidung. Kniff die Augen zusammen. Tränen rollten über ein schmerzverzogenes Gesicht.

Daheim erzählte er, er hätte länger geduscht und sich noch ein bisschen unterhalten. Die Mutter schimpfte, weil er zurzeit so fahrig und unzuverlässig sei. Das hat bald ein Ende. Ehrlich!

Am Wochenende stand Erik am Gerät und rieb sich den Schweiß und den Matsch von der Stirn. Es regnete. Der Ball war vollgesogen. Durch das Wasser war der Ball noch schwerer. Seine Stirn klatschte bei jedem Kopfstoß und Wasser spritzte von seinem Gesicht. Nach einer halben Stunde hatte er kein Gefühl in seinem rechten Arm. Er unterbrach und schüttelte ihn. Er klopfte auf ihn und drehte und kreiste ihn. Nach fünf Minuten konnte er weitermachen. Dann war es der andere Arm. Er war ab dem Oberarm taub. Erik ging in die Hocke und presste seinen Arm an sich. Nach einer Weile machte er weiter. Er fühlte die Blicke des Trainers in seinem Nacken.

Am Sonntag musste er nur eine Stunde köpfen. Die Stirn war wund von dem schweren Ball vom Vortag. Jetzt brannte die Stirn. Bei jedem Ballkontakt war es, als riss ihm jemand die Haut vom Kopf. Als er nach einer Stunde fertig war, tupfte er mit einem Taschentuch das Blut von der wunden Stelle. Der Trainer hat es zum Glück nicht gesehen.

Nachts träumte er, dass er eine gigantische Steinkugel einen Hügel vor seinem Haus hoch rollen musste. Am Gehweg standen Leute, es waren die Eltern der Mitspieler, und sie feuerten ihn an und schrien und winkten. Hoben die Fäuste. Der Trainer mit dem Gesicht seines Vaters trieb in verbal an. Schieb! Schieb doch, schrie er und fletschte die Zähne. Er will seinen starken Willen zum Ausdruck bringen, sagte sich Erik. Deshalb verzieht er sein Gesicht zu einer solchen Grimasse. Er will mir zeigen, dass ich die innere Kraft herauslassen muss. Ich muss meine Reserven mobilisieren. Auf seinem Kopf saß ein riesiger Geier und kreischte. Seine Krallen bohrten sich in die Stirn des Gequälten. Sein Gewicht lastete auf Eriks Kopf. Plötzlich konnte er nicht weiter. Der Stein war zu schwer. Unheilvoll knirschte es unter ihm und der Stein blieb stehen. Weiter! Riefen die Beisteher. Weiter. Gib nicht auf. Pass auf, er kommt zurück. Stemm dich dagegen. Du darfst nicht versagen. Doch die Wucht der Last war zu groß, und er konnte den Stein nicht halten. Er rollte zurück und prallte gegen seine Beine, bis diese durch die Last umknickten. Haltlos fiel er nach hinten. Der Stein wälzte über seine Knie und über seine Hüfte. Pochende Schmerzen durchfuhren ihn. Er weinte nicht. Er schaute auf die Leute, die mit weit aufgerissenen Mündern auf ihn starrten. Armer Junge! Keiner half. Der Trainer blickte enttäuscht in die Luft, ließ den Mund halb offen stehen und sagte: Heieiei. Da rollte der Stein über seinen Körper und zerquetschte seine Brust. Die Rippen brachen und sprangen aus dem Brustkorb. Blut spritzte gegen den Stein, der unbekümmert weiter auf sein Gesicht zurollte. Ohne eine Miene zu verziehen sah Erik, wie sein Kopf zerdrückt wurde. Er sprengte buchstäblich auseinander. Sein Gehirn spritzte in die Luft und bei dem Knackgeräusch des berstenden Kopfes ging ein Raunen durch die Zuschauer. Der Stein rollte die Straße herunter. Die Leute jubelten und rannen dem Stein hinterher. Der Trainer lachte und konnte sich kaum beruhigen. Er bog sich förmlich unter seinem Anfall. Unvermittelt wendete Erik den Blick in die andere Richtung, als er seine Mutter wimmern hörte. Mein Junge. Was machst du denn, jammerte sie und hielt ihre Hände vors tränenverschmierte Gesicht. Da tat sich die Erde auf und die Knochensplitter und Fleischfetzen fielen in die offene Erde. Erik blickte in die feuchte Tiefe. Sie zog ihn nach unten. Es roch muffig und nach Tod. Seine Hand fiel in die Tiefe und er sah, wie sich die Finger spreizten. Überall war Blut und aus der Wand krochen Würmer, die sich daran labten. Sie fuhren ein Saugrohr aus dem borstigen, hässlichen Kopf. Die Ringelleiber verfärbten sich allmählich hellrot, nachdem die Würmer eine Weile gesaugt hatten. Da rief seine Mutter verzweifelt: Bleib, Erik, wo willst du denn hin?

Da riss es ihn aus dem Schaf. Schweißgebadet saß er im Bett und fuhr sich über das Gesicht. Er schaute auf die Uhr. Es war mitten in der Nacht. Noch elf Stunden zum Training.

Die Qual nahm kein Ende. Erik war während seiner gewohnten Übung wie benommen und dachte, dass der Weltschöpfer sich gegen ihn verschworen hatte. Er will mich bestrafen. Er will mich wissen lassen, dass das Leben eine nie endende Qual ist. Er schmeckte Blut. Er schluckte es hinunter. Erik rümpfte die Nase. Er fühlte den warmen Strom im Nasenloch. Dann tropfte es auf sein Trikot. Drei, vier Tropfen, bevor er mit dem Zeigefinger die Nase zudrückte.

Was issn los, rief der Trainer. „Ach nichts, habe nur den Ball auf die Nase bekommen".

„Zeig mal her." Der Trainer legte Eriks Kopf in den Nacken und führte ihn an den Rand des Übungsgeländes. Dort konnte er sich hinsetzen. Ruh dich aus, ich sehe nach dir in ein paar Minuten.

Erik lag im Gras und blickte in den Himmel. Das waren die schönsten Minuten seit Tagen. Er atmete tief ein. Jetzt ist es vorbei. Es ist vorbei.

Ein Kuckuck flatterte zerzaust vom Wind in der Luft. Seine Bewegungen sahen recht unbeholfen aus. Der Himmel war heute wieder blau. Unendlich blau. Ein Kondensstreifen zog sich vom blauen Gewebe deutlich abhebend wie ein langer Himmelsriss über das homogene Band. Ein Gedanke schleuderte von der Erde ins tiefe Blau. Rettet mich der Weltenlenker? Der Gedanke raste durch den Raum, jagte ins All, wo er zerstieb. Ist der Geist des Allmächtigen überall und saugt er die Gedanken des einzelnen auf? Oder verläuft sich sein göttlicher Strom ins Unendliche, unempfänglich für Gedankenlinien von einem der vielen?

Da riss es Erik herum. „Wie geht's?“ dröhnte die Stimme des Trainers. „Alles o. k? Komm, dann machen wir weiter.“

Erik jagte es einen Schauer durch den Leib, derart jäh fühlte er sich aus seiner tröstlichen Zuflucht gerissen. Panik bemächtigte sich seiner Gedanken. Der Schmerz beginnt von neuem. Vor Schmerzen fühlte er den Ball nicht mehr. Jede Erschütterung nahm er gleichgültig hin. Er konnte sich nicht länger widersetzten. Er konnte keine Gedanken mehr erfinden, die ihn über die Qualen hievten. Er verlor sich in Stumpfsinn. Er lebte nur noch durch den rasenden Schmerz. Wenn er doch weg ginge.

Zuhause fragte er seine Mutter, ob sie eine Kopfschmerztablette für ihn hätte. „Was ist denn mit dir los? Seit wann hast du denn Kopfweh?“

„Keine Ahnung. Schon länger. Aber heute ist es besonders schlimm.“

„Woher kommen die denn?“

„Mach dir keine Sorgen. Das vergeht schon wieder. Aber Morgen muss ich in der Schule fit sein.“

„Morgen gehen wir zum Arzt.“

„Bloß nicht. So schlimm ist es nicht. Es ist doch nur das eine Mal.“ Erik schaffte es, seine Mutter zu beruhigen. Er wusste, wie man ihr die Sorge nehmen konnte. Er lachte viel und zeigte sich von seiner vergnügten Seite. Bald hatte sie den Zwischenfall vergessen. Erik hoffte, dass die Tablette Wirkung zeigte.

Als er im Bett lag, glaubte er, die Wände kämen auf ihn zu. Sie waberten hin und her. Sie verloren ihre rechtwinklige Struktur. Im Mondlicht wirkte das Groteske noch skurriler. Wenn wir uns nicht mehr auf das Beständige verlassen können, worauf dürfen wir bauen? Die Wände bewegten sich derart stark, dass sein Bett wackelte. Er hielt sich krampfhaft an den Seiten fest. Haben wir ein Erdbeben oder was? Die Nacht nahm kein Ende. Mittlerweile war er froh, dass er nicht schlafen konnte, denn die Träume waren dermaßen Angst einflößend, dass er lieber nicht träumte. Er hatte Angst, dass er irgendwann schreien und damit seine Eltern alarmieren würde.

Heute war sein letzter Tag am Gerät. Dieser Satz des Trainers war für ihn die tollste Nachricht, die er sich vorstellen konnte. Die hoffnungsvolle Aussicht auf ein Ende des Albtraums beflügelte ihn nicht lange. Nach zwanzig Minuten stellte sich ein Taubheitsgefühl in seinem Gesicht ein. Er fühlte den Wind nicht mehr, er fühlte den Ball nicht mehr. Er fühlte seine tastenden Finger nicht mehr. Ihm wurde schwummrig. Er drohte umzufallen. Aber am meisten erschreckte ihn später, dass er seinen Trainer nicht hörte, als dieser ihn rief. Erik fuhr herum, als der Übungsleiter seine Hand auf seine Schulter legte. „Hörst du mich nicht?“

„Ich war so konzentriert“, flüchtete Erik in eine Ausrede. Nachdem heute alles vorbei ist, will ich nicht auf der Zielgeraden eine Schwäche zeigen. Die paar Minuten schaffe ich noch. Der Trainer erläuterte den Plan für die letzten Tage vor dem finalen Pflichtspiel. Der große Tag, auf den die peniblen Vorbereitungen hinzielten. Wir können Meister werden und in eine Klasse aufsteigen, in der der Verein noch nie gespielt hat. So dicht dran war der Verein in seiner ganzen Geschichte noch nie mit der B-Jugend. Ein eindrucksvoll gerahmtes Foto von den Aufsteigern samt Trainer würde einen Ehrenplatz im Vereinslokal erhalten, gleich neben den mannigfaltigen Pokalen. Das war Motivation genug für die letzte halbe Stunde.

Als der Trainer weg war, versuchte sich Erik auf sein Gehör zu konzentrieren. Alle Geräusche hörte er, als seinen sie Kilometer weit weg. Hätte der Trainer nicht gerade sehr laut unmittelbar in sein Ohr gesprochen, hätte er ihn nicht gehört. Was ist denn das nun wieder? Erik wünschte sich nichts sehnlicher als das Ende der laufenden Woche. Dann hätte die grausamste Zeit seines Lebens ein Ende. Möge sich nur die investierte Arbeit, der unsägliche Schmerz schlussendlich lohnen. Als der letzte Ball am Gestänge geköpft war, warf Erik den Ball, der ihn mehr als eine Woche traktiert hatte mit seinem starken Arm weit von sich, als wollte er ihn bis ans Ende der Welt katapultieren. Das Leder der Außenhaut war spröde geworden von der Dauerbelastung. Verschmierte Erde klebte daran und immer wieder verstohlen abgewischtes Blut. Diesen Ball wollte er nie wieder sehen. Denn nicht nur sein Blut und der Dreck hingen daran fest. Nein, auch sein tiefes Leid. Der Schmerz, die Situation nicht beenden zu können. Die Ohnmächtigkeit gegenüber der unerbittlichen Macht der Gesellschaft. Erik wurde schmerzhaft klar, dass er lebenslang Gefangener der Gemeinschaft war. Nicht sein Wille zählte, sondern der der Masse. Nicht seine Interessen standen an vorderster Front, sondern die Interessen der Mehrheit. Der Einzelne zählt nicht im Laufe der Ereignisse eines Vereins, der Schule oder sonst wo. Einzelschicksale sind Rauch, der in den Himmel steigt und nach wenigen Minuten unsichtbar ist. Das Individuum wird von der Masse getötet. Die Masse ist ein unerbittlicher Strom, dessen Richtung vorgegeben ist. Alles wird mitgerissen. Alles ist vorherbestimmt. Der

Mensch wird nichts ändern. Wir steuern in eine Zukunft, die schon bekannt ist. Der Mensch verliert sich, die Menschheit tut es.

Drei Tage bis zum großen Spiel. Training. Eriks zarte Hoffnung, die Qualen überstanden zu haben, wurde jäh zerrissen. Es kam noch schlimmer. Erik stand im Sechzehner. Die Mannschaftskameraden liefen auf der Außenbahn und wurden zum Flanken nach innen bewogen. Erik war angeleitet, jede Flanke aufs Tor zu köpfen. Es hing von seiner Erfolgsquote ab, wie lange das Training für alle heute dauern würde. Die erste Flanke war schlimm. Thorsten flankte hart nach innen. Der Kopfball tat höllisch weh. Die nächste Flanke. Ein Knirschen im Hals zeugte von der Wucht der Flanke und des Kopfstosses. Tränen benetzten Eriks Gesicht. Er glaubte, dass er in der Hölle angekommen war. Nach sechs Durchläufen kannte er von jedem Spieler die Art zu flanken und er kannte jeden Ball. Er wusste, dass der schwarz-weiße sehr schwer war und er freute sich auf den braunen mit den schwarzen Flecken. Dieser war federleicht und bei diesem konnte er mit ein bisschen Druck verhältnismäßig leicht ein Tor erzielen. Holger war im Anmarsch. Erik atmete durch. Er flankte nicht so hart. Die Flanke beschrieb durch den Schnitt einen leichten Bogen. Erik biss auf die Unterlippe, erwartete den Schmerz und stieß zu. Der Ball zappelte im Netz. Gut für die Statistik.

„Mensch Holger“, schrie der Trainer mit rauer Stimme, „was ist das denn für eine Flanke? Spielen wir Federball oder was. Ich will eine anständige Hereingabe sehen. Weiter!“

O nein, dachte Erik. Der einzige, der angenehm schoss. Jürgen trabte heran. Wie zum Beweis, dass er keine Federballhereingabe machte, drosch er den Ball in die Mitte. Nach dem Kopfball war Erik ein paar Sekunden wie benommen. Er brauchte eine Weile, bis er sein Gleichgewicht wieder gefunden hatte. Beinahe hätte er dabei die nächste Flanke verpasst.

„Jetzt konzentriert euch mal ein bisschen“, brüllte der Trainer, dem die Neuorientierung nicht verborgen blieb. Keine Zeit zum Ausruhen. Das ist Training. Ohne Fleiß kein Preis. Wo bleibt der nächste?

Dies war der zweite Abend, an dem Erik am Waldrad vom Rad abstieg und ohnmächtig wurde. Erschreckt stellte er, nachdem er sich nach seinem Wiedererwachen wackelig aufrichtete, nach einem Blick auf seine Uhr fest, dass er länger als eine halbe Stunde weg war. Zum ersten Mal spielte er mit dem Gedanken, mit dem Fußballspielen aufzuhören. Er torkelte sein Rad schiebend nach Hause. Inständig hoffend, an seinen Eltern ohne viel Fragerei vorbei zu kommen, stieg er die Treppe hoch. Die Mutter tat ihm den Gefallen. Sie bereitete in der Küche das Essen für den kommenden Tag vor. Erik meinte beiläufig: „Ich bin müde und hau mich aufs Ohr. Gute Nacht.“

Die Mutter fragte nur kurz nach seinem Befinden und äußerte sich überrascht, dass Erik so zielstrebig ins Bett ging. „So kenne ich dich gar nicht.“

Erik schlief wie tot. Sein ganzer Körper fühlte sich taub, schwammig an. Als ob er Watte in den Ohren hätte. Die Geräusche waren dumpf, er sah nur noch schemenartig. Als er einschlief, stand sein Mund halb offen und die Tränen liefen herein.

0:0. Was für ein spannendes Spiel. Beide Mannschaften lassen nicht viel zu. Worzeldorf ist taktisch bestens eingestellt. Die Abwehr steht, und sie hatten gute Chancen. Die beste hatte vielleicht Norbert Meier nach einem Pfostenschuss in der 23. Minute. Der hinterher laufende Hans Vogl konnte den abprallenden Ball nicht kontrollieren. Er vergab den Abstauber.

Leider wissen wir nicht, wie Nord-West spielt. Reicht ein Unentschieden oder muss ein Sieg her. Der Trainer läuft seit Anpfiff der Zweiten Halbzeit wie ein Tiger im Käfig am Spielfeldrand hin und her. Er hat seine Mannen gut eingestimmt auf dieses letzte und vielleicht wichtigste Spiel in dieser Saison. Sollte der Mannschaft das Unglaubliche gelingen? Würden sie es schaffen, in die Bezirksoberliga aufzusteigen. Unfassbar! Wer hätte daran zu Beginn der Spielzeit gedacht. Eine Mannschaft, die körperlich den meisten anderen der Liga unterlegen ist. Worzeldorf hat keine auffälligen Einzelspieler. Anfangs fehlte die Homogenität in der Mannschaft. Man gewann mit viel Glück die ersten Spiele. Da übernahm Werner Weißlicher die Jugendgruppe und formte fortan aus ihnen eine leistungsfähige Truppe. Weißlicher ist ja der Vorstandsvorsitzende der Bratwurst-Fabrik WeWe. Die hat er vor fast zehn Jahren auch aus den roten Zahlen geholt. Mit konsequentem Management. Freilich war die Empörung groß, als mehr als ein Drittel der Belegschaft auf die Straße gesetzt wurde. Aber der Erfolg heiligt die Mittel. WeWe hat einen Umsatz, der mittlerweile den der Lebkuchen-Fabrik Lömminger deutlich übersteigt. Das hielt damals keiner für möglich. Das sind Zahlen, die sich sehen lassen können.

Auch hielt keiner den Aufstieg dieser Elf für möglich. Jetzt stehen sie kurz davor. Ein Sieg zum Abschuss der Saison wäre doch was. Sich mit einem Sieg zu verabschieden wäre vergleichbar mit Boris Becker, der in Wimbledon durch ein Ass beim Matchball die Schale holte.

Lassen wir dem Verfolger keine Chance, der bei einem Unentschieden nur eine theoretische Chance hätte. Wegen des Torverhältnisses müsste er mit drei Toren Unterschied gewinnen. Schössen die Worzeldorfer ein Tor, wäre die Sache klar. Vielleicht jetzt? Jürgen Mengele läuft auf Linksaußenposition weit in die Hälfe des Gegners nach einem Pass von Holger Angerer. Er umspielt seinen Gegenspieler und hat sich den Ball weit vorgelegt. Den kriegt er noch. Flanke! Kommt scharf herein. Ist gut. Erik Baumeister steht gut. Kopfball. Tooor! Tor. Wunderschön herausgespielt. Ein klasse Tor in der 83. Spielminute. Eine Menschentraube liegt auf dem Torschützen.

Doch was ist jetzt? Die Spieler signalisieren, der Betreuer soll aufs Feld. Zwei Spieler winken aufgeregt. Es scheint, als sei Erik Baumeister der Grund. Er liegt auf dem Boden, bewegt sich nicht. Zwei Erwachsene sind auf dem Spielfeld. Richten ihn auf. Scheinbar hat ihn die Meute erdrückt. Nein, das war nur ein Spaß. Ich weiß jetzt nicht, was unten los ist, aber die Sanitäter eilen auf das Feld. Erik Baumeister wird auf eine Trage gelegt. Das Spiel geht gleich weiter, verehrte Zuhörerinnen und Zuhörer. Vielleicht eine taktische Verzögerung. Erik Baumeister wirkte das gesamte Spiel nicht wirklich wach. Als ob er noch nicht mitbekommen hätte, dass der Anpfiff schon längst erfolgt war. Er hatte, glaube ich, keinen Zweikampf gewonnen. Er hatte keine gute Gelegenheit, ein Tor zu erzielen. Das ist zu wenig für einen ehrgeizigen Mittelstürmer. Vielleicht wollte er nur noch ein, zwei Minuten herausholen. Ab jetzt gilt es, den Vorsprung über die Zeit zu bringen. Noch knapp fünf Minuten. Der Schiedsrichter gibt das Spiel wieder frei. Anstoß nach dem Führungstreffer durch Erik Baumeister, der seitlich des Spielfeldes von den Sanitätern betreut wird. Marko Kungel macht sich warm. Ich weiß nicht, ob er noch herein kommt. Doch. Der Trainer winkt dem Schiedsrichter, signalisiert, er möchte wechseln. So. Marko Kungel ist auf dem Feld. Geht sofort auf die Mittelstürmerposition. Gute Gelegenheit jetzt von links. Nein. Die Flanke geht ins Aus. Noch zwei Minuten bangen, wenn der Schiedsrichter nicht nachspielen lässt. Ich blicke nochmals rüber zu Erik Baumeister. Er wird gerade in den Sanitätswagen gehievt. Augenscheinlich bekommt er eine Infusion. Ein Mann hält eine Flasche in der Hand. Ein Schlauch führt zum Arm des auf der Trage Liegenden. Ich hoffe, es ist nichts Schlimmes. Der Sanitätswagen fährt los. Falls ich noch etwas erfahren sollte, lieber Hörerinnen und Hörer, werde ich Sie selbstverständlich informieren. Nach dem Spiel versuchen wir dem Trainer ein Interview zu entlocken. Kann sein, dass er etwas weiß.

Schusspfiff. Der Schiedsrichter pfeift auf die Minute pünktlich ab. Worzeldorf steht als dritter Aufsteiger fest. Egal wie das Spiel des dichtesten Verfolgers Nord-West ausgeht, Worzeldorf spielt in der nächsten Saison in der Bezirksoberliga.

Hier habe ich den Trainer am Mikrofon. Herr Weißlicher! Haben Sie einen kurzen Moment für unsere Zuhörer. Ja? Danke. Bitte, kommen Sie zum Mikro. Herr Weißlicher. Das war ein fabelhafter Schlusspunkt nach einer spannenden Saison. Hätten Sie, als Sie die Jungs Anfang der Saison übernommen haben, geglaubt, dass die Mannschaft zu so einer Überraschung fähig sein kann?

„Ich bin wirklich erstaunt bis in die Haarspitzen. Unglaublich. Wir haben hart gearbeitet und jetzt sind wir am Ziel unserer Träume… “

„Was werden Sie jetzt der Mannschaft sagen?“

„Was soll ich ihnen sagen. Nichts. Jetzt wird gefeiert. Ich habe für diesen Tag ein paar Scheine in die Mannschaftskasse gelegt. Die werden jetzt hinausgejubelt.“

„Das gönnen wir Ihnen alle. Können Sie uns noch etwas zu Erik Baumeister sagen? Was ist mit ihm passiert? Was Ernstes?

„Nein. Das glaube ich nicht. Er hat viel gearbeitet, die letzten Tage. Heute war es recht heiß. Ich vermute einen Kreislaufkollaps. Morgen ist er wieder fit. Und Sie wissen ja, nach der Saison ist vor der Saison. Wir werden nach einer kurzen Sommerpause wieder konzentriert mit dem Training anfangen.“

„Vielen Dank für das Interview. Wir schalten zurück und machen weiter mit Musik.“

Erik Baumeister blieb nach dem Zusammenbruch ein Pflegefall. Die Ärzte diagnostizierten ein schweres Hirntrauma. Sie konnten sich nicht erklären, wie das Gehirn derartige Schäden aufweisen konnte. Solche Schäden sähe man nur bei Patienten, die aus großer Höhe auf den Kopf gestürzt seien oder bei Boxern, die nach jahrelangen Kämpfen und schweren Treffern irreparable Schäden davon getragen hätten.

In der Vereinszeitung wurde ein langer, salbungsvoller Bericht über das letzte Spiel geschrieben. Erst in der vorletzten Zeile war Erik Baumeister ein einziger Satz gewidmet, als der Torschütze und sein letztes Tor genannt wurde. Schwerpunktmäßig wurde die großartige Leistung des Trainers gewürdigt, der zwei Handvoll Jugendliche zum größten Erfolg der Vereinsgeschichte geführt hatte.

Traumwelt

Wenn ein einzelner Mensch träumt, ist es nur ein Traum
Wenn alle Menschen einen Traum haben,
ist es der Beginn einer neuen Wirklichkeit
(Friedensreich Hundertwasser)

Vergangen ist der Tag, der der arbeitenden Bevölkerung wieder einiges abverlangte. Stunden des Erledigens, des Zupackens und des Disponierens. Karl Marx sprach von der Entfremdung der Arbeit, weil der einzelne nicht mehr weiß, wozu seine Arbeit nützt. Wir arbeiten, um Geld zu verdienen, nicht um die Produkte unserer Arbeit zu essen oder auf andere Weise zu nutzen. Die Arbeit ist abstrahiert worden, dem Menschen fern, um einem Geschäftsinhaber zu dienen. Der Angestellte oder Arbeiter leistet seinen Arbeitsbeitrag und bekommt dafür ein Gehalt, mit dem er seinen Lebensunterhalt bestreitet. Zu der Arbeit haben wir selten eine emotionale Bindung.

Marx hatte mit seiner Aussicht nicht ganz Recht. Er meinte, dass diese Form der Arbeit, der Kapitalismus, dazu führte, dass ein paar wenige sich bereichern und unangemessen reich werden, wohingegen die Arbeiterschaft verarmt und ausgebeutet wird. Nun, wir werden zwar in gewisser Weise ausgebeutet, dennoch sind wir – sofern wir eine Arbeit bekommen – nicht arm. Wir haben einen derart hohen Lebensstandard wie noch nie zuvor in der Menschheitsgeschichte.

Diese Gedankengänge hatte Markus nicht. Er mochte seine Arbeit nicht, fühlte sich von seinem Chef ausgebeutet und war froh, wenn er endlich seinen Schreibtisch abschließen konnte. Er hasste die Aufsichtsratsvorsitzenden, die ihre Steuern hinterzogen und ihr Geld – sofern es überhaupt ihr Geld war – ins Ausland schafften. Er mochte die Aktiengesellschaften nicht, die jedes Jahr ein Gewinnwachstum vorzeigen müssen und trotzdem an der Börse abgestraft werden, weil ein läppisches Ereignis im Umfeld die Analysten enttäuschte. Die Folge ist Personalabbau, und wieder entflammten die Diskussionen am Arbeitsplatz, ob die Angestellten im nächsten Jahr noch am selben Ort arbeiten würden oder nicht. Kosten senken. Arbeit optimieren. Noch weniger Freiheiten, noch mehr Effizienz. Der Wahn der

Kapitalgesellschaften grassiert, greift wahllos um sich und infiziert immer mehr potentielle Opfer. Workaholics sprießen wie Pilze aus dem feuchten Waldboden. Entspannung oder Entschleunigung kann man sich nur noch in den Wohlfühl-Oasen leisten. Das ist auch der Grund, warum es mittlerweile so viele davon gibt. In der Arbeit muss vorgegeben werden, dass man sich ein Bein ausreißt. Hektik muss einem ins Gesicht geschrieben stehen, will man kein Außenseiter sein und seine Karriere vorantreiben. Jeder schützt Stress vor und glaubt, dieses Wort gehöre zum guten Ton. Heute war ein lockerer Tag. Wann hat man diesen Satz von einem Bekannten das letzte Mal gehört. Unerhört, so etwas würde man nie sagen.

Markus wollte arbeiten, er wollte aber auch leben. Diese Diskussion führte er mit seiner Frau Lydia, die mittlerweile vor Müdigkeit neben ihm eingeschlummert war und sachte und ruhig atmete. Er hörte ihr beim Schlafen zu und dachte, dass dieses wohlige Atmen eines der friedlichsten Geräusche war, die es in der Welt gab. Trotzdem ließen ihn die Gedanken an die Ungerechtigkeiten und Ausbeutungen in der Welt nicht los. Er schloss die Augen und die Gedanken preschten wie eine Herde galoppierender Pferde durch seinen Schädel. Aber je länger er lag, desto mehr verlangsamten die wilden Horden wirrer Ideen ihr Tempo und eine angenehme Dunkelheit bemächtigte sich seiner. Die Worte wurden schwer und er fiel sanft durch einen schwarzen Raum. Er fiel immer schneller, so dass das Licht in Streifen an ihm vorüber zog. Er fiel so unsagbar schnell, dass die Gegenstände ihre Form verloren. Die Reise mit Lichtgeschwindigkeit zwischen den Welten hatte ihn wie einen Stein über den Spiegel der Zeit hüpfen lassen. Er schlug die Augen auf und war ratlos, wo er war. Das war nicht seine Welt.

Sein Blick schweifte über eine nie gesehene Stadt. Ansprechende Bauten, visionäre Architektur, alte Sandstein- und Fachwerkhäuser waren in moderne Glasbauten integriert. Alles war sauber und hell und geräumig. Große Plätze luden viele Menschen ein, die bummelten oder auf Bänken saßen und lasen. Andere unterhielten sich in Gruppen und lachten. Kein Lärm. Keine Hektik. Eine Vogelschar streifte über den blauen Himmel, und das sachte Rauschen ihres Flugs war leicht zu vernehmen. Beinahe hatte Markus sich erschreckt, als ein Eichhörnchen an ihm vorbeihuschte. Flugs ergriff es eine Eichel, hielt einen Moment inne und blickte Markus einschätzend an, um binnen Sekunden ins Unterholz, dass einen kleinen See inmitten der Gebäude umrahmte, zu verschwinden. Markus sog die frische Luft ein und legte den Kopf in den Nacken. Die Sonne wärmte sein Gesicht. Ach, ist das schön hier, dachte er, als ihn eine ruhige Stimme ansprach: „Frieren Sie nicht?“

Nein. Wieso? Er verwunderte sich und blickte verständnislos. Sein Gegenüber war ein Straßenfeger in einer orangefarbenen Uniform. Er blickte freundlich, aber ein gewisser Ausdruck in seinem Gesicht verriet Markus, dass etwas nicht stimmte. „Es ist angenehm in der warmen Sonne.“

„Ich meinte nur, weil Sie im Schlafanzug hier mitten im Park stehen.“ Der Arbeiter hielt seinen Besen in beiden Händen und ließ seinen Blick von oben nach unten wandern. Auch Markus blickte nach unten und erschrak. Der Mann hatte Recht.

„Ach herrje“, entfuhr es ihm und er umklammerte sich mit beiden Armen, um sich zu bedecken.

„Keine Panik, ist mir auch schon so ähnlich passiert. Letzte Woche dachte ich, es sei Sonntag, da habe ich einen Picknick-Korb gepackt und wollte mit meiner Frau aufs Land fahren. Sie schaute mich verständnislos an und frage, ob ich spinne. Es war erst Samstag. Sie sehen, so etwas kann jedem passieren.“

„Was mache ich denn jetzt?“

„Kommen Sie, ich gebe Ihnen meine Jacke. Dann leuchten Sie schön, aber erwecken wenigstens kein Aufsehen und frieren nicht.“

Beide gingen zu dem kleinen Blätterwagen des Straßenfegers, der ein Steinwurf auf einem Sandweg, der durch den Park führte, stand. „Wo bin ich denn hier“, fragte Markus.

„Na, Sie sind gut. Im Nürnberger Stadtpark. Was denken Sie denn?“

„Es sieht alles so anders aus. Alles ist so … gediegen.“

„So ist es doch immer.“ Der Arbeiter blickte sich um, als wollte er überprüfen, ob etwas anders sei.

Markus streifte die Allwetterjacke des Straßenfegers über. Sie war warm und leicht. „Es ist Mittag“, sagte der Arbeiter, als er sich vergewissert hatte, dass er keinen Unrat übersehen hatte. „Wollen wir etwas Essen gehen? Sie scheinen frei zu haben.“

„Oh. Ich habe kein Geld dabei. Das wird nichts werden.“

„Bitte?“ Zum zweiten Mal blickte Markus’ Gegenüber außerordentlich verständnislos. „Geld? Was ist … Ach, jetzt verstehe ich. Sie meinen ein Zahlungsmittel?“

„Ja natürlich, was ist daran so verwunderlich?“

„Das Wort Geld habe ich zum letzten Mal in der Schule gehört. Sagen Sie, woher kommen Sie eigentlich?“

„Das weiß ich nicht."

„Jetzt kommen Sie mal mit. Erst einmal essen wir etwas und Sie erzählen mir, woher Sie Geld haben. Sie sind ja ganz verwirrt. Wonach steht Ihnen der Sinn?"

„Bitte? Was meinen Sie?"

„Na, was wollen Sie essen? Chinesisch, Italienisch?"

„Ach so! Keine Ahnung."

„Na gut. Dann gehen wir in mein Lieblingscafe. Da drüben ist das Wunderhorn. Da kann man gut Essen und man sitzt sehr schön."

Markus kam die ganze Situation recht merkwürdig vor. Warum wusste der Mann nichts von Geld? Ob er ihn veräppelte? Oder war das seine Art, eine Einladung auszusprechen? Andererseits sprach er davon, dass ihm das Wort gar nicht geläufig sei beziehungsweise schon lange nicht gehört hatte. Wollte er ihn auf den Arm nehmen? Er machte aber einen recht sympathischen Eindruck. Stets hatte er ein leichtes, unbeschwertes Lächeln auf den Lippen. Er wirkte recht ruhig und entspannt. Vergnügt schloss er die Klappe seines Wagens und stellte ihn mit zwei kleinen Handgriffen am Rande des Weges in den Schatten. Zwei Männer liefen vorbei; sie unterbrachen kurz ihr Gespräch und grüßten. Der Straßenfeger langte zur Erwiderung an seine Kappe und nickte. Was für nette Menschen überall. „Wohin gehen die?"

„Ich denke, die werden zurück in ihre Arbeit gehen. Manche gehen ziemlich früh zum Essen."

Die beiden Herren waren zwar leger, trotzdem aber ordentlich gekleidet. Sie liefen auf ein Bürogebäude zu, das am Ende des Parks in einer lockeren Anordnung mit anderen Bürohäusern stand. „Schaut alles ganz anders aus", meinte Markus.

„Anders als was?"

„Och, nur so. Ich meine, es hat sich viel verändert, in letzter Zeit."

„Ja das stimmt. Im Bereich Materialforschung haben sich neue Erkenntnisse aufgetan. Da hat man neue Büroflächen gebraucht. Seitdem stehen die Gebäude hier. Waren Sie wohl länger weg? Haben Sie das nicht mitverfolgt in der Zeitung?"

„Ne. Leider nicht. Irgendwie habe ich wie es scheint einiges versäumt in letzter Zeit."

„Na. Sie kommen mir komisch vor. Als seien Sie Tourist."

„Ja. So ungefähr. Nur komme ich von viel weiter."

„Aha. Von wie weit denn?"

„Ich habe teilweise mein Gedächtnis verloren und muss erst wieder alles ordnen. Ich kenne mich überhaupt nicht mehr aus."

„Na, das klingt ja interessant. So jemanden habe ich noch nie kennen gelernt. Eine echte Amnesie? Durch einen Unfall oder was?“

„Ja. Ein Unfall. Ich war lange im Koma und bin erst seit kurzem wieder hier. Und es gibt wirklich kein Geld?“

„Es gibt seit fast hundert Jahren kein Geld mehr. So lange können Sie aber nicht im Koma gelegen haben.“

„Ich habe so viel vergessen. Als ich weg war, habe ich sehr viel geträumt. Wahrscheinlich bringe ich alles durcheinander. Ich muss erst so richtig wach werden.“

„Das Essen wird Sie stärken. Hier sind wir schon. Das ist es. Gefällt es Ihnen?“

Markus sah einen kleinen runden Glasbau direkt am See. Außen standen auf einer Terrasse Holztische und -stühle, alles ganz edel mit Sitzkissen. Zwei Tische waren besetzt. Die Terrasse ragte über das Wasser und bot einen prächtigen Blick auf die gegenüberliegende Häuserkulisse. Auf dem Wasser trieben wie kleine Papierschiffchen vereinzelt Enten, die hin und wieder aufgeregt schnatterten. Andere steckten ihren Kopf unter Wasser und gründelten. Rechts im See erblickte Markus zwei stolze Schwäne, die anmutig über das Wasser glitten.

„Wollen wir rein gehen oder draußen sitzen?“

„Drinnen wird die Luft wohl nicht so gut sein.“

„Wie bitte. Wieso denn das?“

„Ach, bei euch darf man wohl auch nicht mehr drinnen rauchen oder was?“

„Rauchen? Na, Sie bringen Wörter ins Spiel. Sie meinen Tabak?“

„Na klar. Rauchen gibt es wohl auch nicht mehr?“

„Rauchen hat man vor ewiger Zeit eingestellt. Das wissen Sie auch nicht? Sie haben ihre Amnesie wohl auf dem Mond verbracht?“

„Auf dem Mond leben auch …“

„Quatsch. Das war ein Witz, Mensch. Mit Ihnen werde ich meinen Spaß haben. Sie sind ja lustig. Total weltfremd.“

„Das kann man wohl sagen.“

„Ich heiße übrigens Klaus. Wenn ich Ihnen schon Ihre neue Welt erklären muss, können wir uns auch bekannt machen.“

„Ja, klar. Markus. Ich heiße Markus.“ Beide reichten sich die Hände und nickten.

Anschließend liefen sie auf die Glastüre des Cafes, die prompt automatisch aufging, als sie sich ihr bis auf zwei Meter genähert hatten. Von innen kam ihnen eine saubere, aber warme Luft entgegen. „Rauchen? Rauchst du wohl, Markus?“

„Ich? Äh, nein. Ich dachte nur. Fast alle haben geraucht."

„Wie ich schon sagte. Rauchen wurde vor Urzeiten eingestellt."

„Gab es da keinen Widerstand? Ich meine, haben sich die Raucher das gefallen lassen?"

„Jetzt müssen wir einmal ernsthaft plaudern."

An der Scheibenseite mit Blick auf den See war ein Platz frei. Beide setzten sich. Markus nahm die Karte zur Hand und schlug sie auf. „Ja sauber. Fast nur gesunde Gerichte. So viele Gemüsegerichte. Quinoa. Das isst meine Frau sehr gerne. Hier würde es ihr schmecken. Was isst du, Klaus? Kannst du was empfehlen?"

„Ich esse wieder die Gemüsepfanne süß-sauer. Davor eine Misosuppe."

„Ui. Misosuppe. Was kostet ... ach ja. Kostet nix. Dann nehme ich auch eine. Oder lieber eine Bärlauchsuppe. Hab ich noch nie gegessen. Und als Hauptgericht Putenbrust auf dem Spargelbett. Das klingt hier wie im Hilton."

Klaus lachte kurz auf. Im selben Augenblick kam eine adrett gekleidete Bedienung und grüßte ausgesprochen freundlich. Als Markus in die tiefen, braunen Augen blickte, vergaß er einen Moment, was er bestellen wollte. Bei Klaus hingegen spürte er sofort, was für einen Hunger er hatte. Routiniert gab er seine Wünsche an und bestellte ein großes Wasser dazu. Die Bedienung warf ihre langen Haare zurück und tippe die Bestellung in ihren kleinen Handrechner. Markus schaffte es schließlich, seinerseits zu bestellen und blickte dem beschwingten Gang der jungen Frau hinterher, bis sie in der Küche verschwand.

„Bist du wieder ansprechbar, Markus?"

„Oh. Ja. Tschuldige. War nur kurz abgelenkt."

„Heißt das, dass es in deinem Krankenhaus keine Frauen gab?"

„Quatsch!" Markus blickte verlegen durch die ganzseitige Glasfront auf den See und musste schmunzeln. „Nee, sieht aber gut aus, die Bedienung. Findest du nicht?"

„Doch. Deshalb komme ich auch so gern hier her. Passt schon."

„Ach! Haste auch einen Blick auf sie geworfen, was?"

„Nee. Aber wir unterhalten uns manchmal."

„Unterhalten. Ach, so nennt man das in eurer Welt."

„Kommen wir lieber aufs Thema zurück. Du lebst in einer Welt des Rauchens?"

„Stimmt. Vor kurzem hat man es gesetzlich verboten, in Gebäuden zu rauchen. Das gab einen höllischen Aufstand. Bis heute, äh, also vor meinem Unfall, gab es Diskussionen über das Für und Wider."

„Das Rauchen wurde bei uns vor Siebzig oder Achtzig Jahren eingestellt. Aber ohne Diskussion."

„Durften die Menschen sich nicht wehren?"

„Überhaupt nicht. Ganz im Gegenteil. Sie haben die Zigaretten fortgeworfen. Manchmal denke ich, dass du ein Außerirdischer bist. Vor fast hundert Jahren wurde nach dem Transeuropäischen Gesetz die Gesellschaft reformiert. Die Menschen erkannten, dass sie so wie bisher nicht mehr weiterleben wollten. Die Luft war voller Abgase. Die Klimaerwärmung hatte unzählbare Katastrophen hervorgebracht. Ein paar wenige regierten über ihre Macht und mit ihrem Geld die Welt. Alle Menschen waren abhängig von dem Wohlwollen der Arbeitgeber. War der Gewinn nicht hoch genug, wurden sie auf die Straße gesetzt. Das hat man rigoros am Tag des Neubeginns geändert."

„Einfach so?"

„Einfach so nicht. Zuerst verabschiedete man die Gesetze. Dann brauchte es ein paar Jahre, bis sie umgesetzt wurden. Es dauerte im Prinzip bei den großen Neuerungen fast eine Generation, bis alles umgesetzt war. Die Übergangszeit war recht lang. Aber auch nicht schlimmer, als vor Urzeiten die damalige Währung auf Euro umgestellt wurde oder als die elektronischen Zahlungsmittel wie Kreditkarte und so weiter eingeführt wurden."

„Wie sahen die neuen Gesetze aus?"

„Na du bist gut. Du bist ja wirklich vom Mond."

Auf die Provokation konnte Markus nicht eingehen, da sich die Bedienung mit langen Schritten und ebenso langen Beinen näherte. Ihre Schürze fiel bei jedem Schritt von einem Bein auf das andere. Das Dekolleté war nicht besonders weit ausgeschnitten, aber der eng anliegende Blazer verriet ein wenig von der schmalen Figur und in Markus' Fantasie war sie die Venus, die auf der Muschel nicht dem Meer, sondern dem Teich vor dem Cafe entstieg. Die Zähne blitzten, als sie die beiden Suppen vor die Hungrigen stellte, deren Interesse in diesem Augenblick nicht dem Essen galt. Leider verschwand sie wieder viel zu schnell, weil weitere Gäste eingetroffen waren, die bereits in der Karte blätterten. Die schaut vielleicht attraktiv aus, dachte Markus und er konnte sich vorstellen, dass er dies nicht alleine dachte.

„Sie kamen uns undurchführbar radikal vor. Die meisten hatten Angst vor ihrer Umsetzung. Es war mit einem Schlag so ziemlich alles neu."

„Jetzt bin ich aber ziemlich gespannt. Erzähl mir alles.“ Markus rührte in der Suppe, die dampfend einen appetitlichen, würzigen Duft abgab. Klein gerebelte Bärlauchblätter schwammen in einer cremigen Konsistenz. Auch Klaus rührte in seiner heißen Misosuppe. Dabei wirbelten die Seetangblätter hoch und tauchten wieder unter. Ein leicht fischiger Geruch fächelte an Markus’ Nase. „Sieht gut aus, die Suppe“, meinte er.

„Die esse ich am liebsten. Da ist viel Jod drin. Ist gut für die Schilddrüse.“ Markus hatte sich um seine Schilddrüse noch keine Gedanken gemacht.

„Also erzähl. Was waren das für Gesetze?“

„Ich kann es immer noch nicht glauben. Da sitzt ein Komapatient mir gegenüber und hat keine Ahnung, wie wir leben. Tss.“ Klaus grinste belustigt.

„Los jetzt, spann mich nicht auf die Folter“, trieb Markus mit einem lustigen Unterton seinen zögerlichen Bekannten an. Der seufzte auf, legte die Hände in den Nacken und streckte sich. „Also, wo fange ich an? Das ist gar nicht so einfach. Das Geld ist ab einem bestimmten Jahr eingestampft worden.“

„Ihr habt einfach das Geld aus dem Verkehr genommen. Womit hat man gezahlt? Wie ging das Leben weiter?“

„Das war ganz simpel. Nach fünfzehn Jahren Übergangszeit gab es am ersten Januar kein Geld mehr. Davor wurde das System der Wirtschaft umgebaut. Der Kapitalismus als solcher wurde aufgelöst. Das heißt nicht, dass wir zum Kommunismus gewechselt sind. Wir haben einen anderen Kapitalismus. Einen ohne Geld.“

„Aber wie funktioniert eine Gesellschaft ohne Geld?“

„Sie funktioniert, nachdem alle mitgezogen haben, nach dem Prinzip, dass allen alles gehört. Jeder arbeitet und ermöglicht allen Zugang zu den Dingen, die er braucht. Das erkläre ich dir gleich noch näher. Am Anfang war es schwierig, die Auflösung des Geldes weltweit umzusetzen, da einige Länder, die gerade begonnen, in der obersten finanziellen Liga mitzumischen wie China oder die Öl fördernden Staaten, sich nicht die Butter vom Brot nehmen lassen wollten. Endlich hatten sie die Kurve gekriegt, weltweiten Einfluss auszuüben, mächtig zu werden. Die Chinesen bauten riesige Städte und die Araber bauten Glaspaläste in den Himmel, dass einem schwummrig wurde. Lange Verhandlungen der Präsidenten und der Kanzler hatten sie schließlich überzeugt, dass ein Verzicht auf Zahlungsmittel allen zugute käme und dass niemand etwas verlöre.“

„Ich kann mir das gar nicht richtig vorstellen. Die ganzen Unterschiede. Wie ging die Welt damit um, dass sie aufgehoben wurden?"

„Früher hatte man auch kein Geld. Die Steinzeitmenschen kannten keine Scheine und keine Münzen."

„Aber sie haben alles produziert, was sie brauchten. Hatten sie mehr, so wurde getauscht."

„Genau. Jeder trägt seinen Teil zum Gelingen der Wirtschaft bei. Jedes Kind geht auf die Schule, wird dort nach Fähigkeiten gefördert. Die musisch Begabten kommen auf eine musische Schule, die sprachlich begabten auf eine Sprachenschule und die Techniker auf eine Technikerschule. Darüber hinaus werden alle Fächer trotzdem unterrichtet, so dass alle Schüler ein weit gefächertes Wissen haben. Vieles basiert auf freiwilliger Basis. Man kann einen Großteil des Unterrichts selbst bestimmen. Jeder stellt sich seine Wahlfächer, von denen es viele gibt, selbst zusammen. Manchmal bestimmt durch Neigung, manchmal suchen sich die Jugendlichen auch aus, welche Fächer ihre Freunde wählen. Nichtsdestotrotz erlangen alle eine ziemlich auf sie zugeschnittene Bildung, die sie nach Abschluss der Vorstufe dann weiter verdichten über ein Studium oder eine fachliche Ausbildung, quasi eine Berufsausbildung."

„Jeder kann lernen, was er will?"

„So ungefähr. Natürlich gibt es Gesetzte und Reglungen. Kinder werden von ihren Eltern gefördert und viele Jungen erlernen die Berufe ihrer Väter und umgekehrt die Töchter derer ihrer Mütter. Das liegt auf der Hand, weil die Kinder die Tätigkeiten der Erwachsenen von Kindheit an miterleben und teilweise zur Arbeitsstätte zum Reinschnuppern mitgenommen werden. Das ist aber nicht die Regel und nicht verpflichtend oder bindend. Vielmehr ist es wichtig, das zu tun, was man tun will, wo die Fähigkeiten liegen oder wo natürlich ein Bedarf ist. Es nutzt nichts, wenn alle Kinderbetreuer oder Straßenfeger werden. Im Großen und Ganzen wird jeder Schüler begleitet und gezielt gefördert."

„Gezielt begleitet? Wie viele Lehrer habt ihr dann?"

„Ach. Sehr viele. Lehrer ist ein beliebter Beruf."

„Wie groß sind die Klassen?"

„Am Anfang sind etwa zehn Schüler in einer Klasse."

„So wenig? Wer bezahlt denn … Okay. Klar. Es gibt kein Geld."

„Was heißt so wenig. Um sich um jeden Schüler zu kümmern, darf man keine größeren Klassen haben. Bei zehn Schülern höchstens – eher weniger – kann sich der Lehrer oder die Lehrerin ideal um die

Entwicklung des einzelnen kümmern. Bei Aufgaben kann er oder sie sich bei jedem Zeit für Unterstützung nehmen. Der Unterricht wird mehr individuell. Keine großen Klassen mehr, bei denen jeder über einen Kamm geschoren wird wie früher. Das kann gar nicht gut gehen, da alle Schüler, jeder Mensch unterschiedlich ist. Der eine weiß hier mehr, der andere da. Dem einen fällt dies leichter, dem anderen das. Gemeinsam lernen die Schüler dann zu pflanzen, zu kochen, lernen Musikinstrumente. Medizinische Themen werden in den Lehrplan integriert. Das geht bis zu einer psychoanalytischen Ausbildung, in der jedes Individuum sich selbst erkennt und im Einklang mit sich selbst zu leben lernt."

„Stark. Das heißt also, dass jeder nach seinen Fähigkeiten ausgebildet wird."

„Genau."

„Und danach? Was passiert nach der Schule?"

„Da sucht man sich einen Beruf aus. Jeder nach seinen Fähigkeiten."

„Dann kann jeder machen, was er will? Da geht es doch drunter und drüber. Was ist, wenn ich keinen Bock habe. Dann mache ich nichts. Oder wenn ich nichts finde. Es können nicht alle Lehrer werden."

„So trivial darfst du dir das nicht vorstellten. Es gibt auch den Beruf, Bedarfe zu erschließen. Es gibt keine so großen Fabriken mehr wie früher, die für ganz Deutschland oder gar ganz Europa produziert haben. Die Globalisierung war ein Fehler, der den Firmeneignern genutzt hat, die immer mehr durch die dadurch geschaffenen Synergien für sich rausholen konnten. Die Fabriken produzieren heute für den regionalen Bereich. Werden in einer Region mehr Pappbecher gebraucht, baut man eine adäquate Fabrik oder erweitert die alte. Gibt es zu viele Pappbecher, wird eben ein Teil der Firma stillgelegt und anderweitig genutzt."

„Und wenn es nicht genutzt werden kann?"

„Wird es abgerissen. So entsteht wieder Platz für Neues oder für Natur."

„Ist eingängig. Durch die vielen Fabriken gibt es kurze Wege. Deshalb muss man die Ware nicht durch die ganze Welt karren." Aber wer macht denn freiwillig einen Fabrikarbeiter. Ich würde lieber Manager machen."

„Fabrikarbeiter haben es nicht schlecht. Es ist nicht mehr so wie früher, dass sie im Akkord arbeiten und möglichst viele Einzelteile zusammenschrauben müssen. Die meisten Arbeiten verrichten

Maschinen. Auch früher hätte man für fast alle Arbeiten Maschinen entwickeln können. Das konnte man aber nicht wegen der Bindung an den Sozialen Kapitalismus. Die Politiker mussten dafür sorgen, dass möglichst viele Menschen eine Arbeit hatten. Also waren die Absprachen mit den Firmenbossen, dass man die Arbeiten von Menschen erledigen lässt. Der Druck auf die Firmen wurde aber immer größer durch das Konkurrenzdenken. Deshalb hielten sich viele Firmen nicht mehr an die Absprachen und verlagerten ihre Fabriken in Billiglohnländer, die die gleiche Arbeit für weniger Geld machten, um noch profitabler zu werden."

„Wem sagst du das", sagte Markus mehr zu sich selbst, ohne Klaus groß zu unterbrechen.

„Die Menschen waren früher gezwungen zu arbeiten, um ihren Lebensunterhalt zu bestreiten und um die Möglichkeit zu haben, bei dem Kaufwahn zum eigenen Trost mit zu machen. Es musste möglichst viel in möglichst kurzer Zeit fabriziert werden, weil alle immer mehr wollten. Kostengünstig. Das gibt es nicht mehr. Die meisten arbeiten an der Verbesserung der Fabrikation. Die Qualität soll immer besser werden. Jetzt, da nicht mehr ein Konsumwahn herrscht, angefacht durch übermäßige Werbung, Weckung von Bedürfnissen, die man nicht hat und abgeschauter Kaufrausch der anderen zu Prestigezwecken, achtet man darauf, dass die Ware hervorragend und langlebig ist. Und vor allem, dem Menschen zugute kommt. Die produzierenden Maschinen werden immer besser. Die Facharbeiter stellen die Maschinen ein, justieren sie ordentlich, warten sie regelmäßig und nehmen sie zu Sicherheitskontrollen immer wieder einmal außer Betrieb. Die Arbeiter sind hochqualifiziert und in regem Austausch miteinander. Die Sicherheit steht an erster Stelle."

„Also, man kommt aus der Schule in einen Beruf, der nach Fähigkeit bestimmt wird. Irgendwelche Berufsberater sagen, welche Stellen frei sind, und die am besten geeignet sind, bekommen die Stelle?"

„Stimmt. Allerdings kommt der Schüler nicht gleich von der Schule in den Beruf. Zuerst folgt ein ziviles Jahr. Die Jungs kommen zum Bund, die Mädels in eine Art Zivildienst. Hier werden die gesellschaftlichen Tugenden vermittelt. Es ist mit vielen Ritualen verknüpft. Quasi ein Initiationsprozess. Ein Aufnehmen eines Jugendlichen in die Erwachsenengesellschaft. Es werden Verantwortung und Pflichtbewusstsein unterrichtet."

„Ist das nicht schlimm für die Jugendlichen?"

„Nein. Durchaus nicht. Es ist die anstehende Trennung vom Elternhaus, die völlig natürlich und folgerichtig ist. Nur früher hatte man die jungen Leute buchstäblich in die Arbeitswelt geschmissen und erwartet, dass sie sich dort schon durchschlagen. Die jungen Menschen, die natürlicherweise durch die Änderung ihrer Lebenssituation sowieso schon verunsichert sind, wurden auch noch allein gelassen. Das will man heute verhindern. Die Abnabelung vom Elternhaus ist keine Erfindung unserer Zeit. Vor der Industrialisierung und in Urstämmen war es Brauch, die Jungen durch ein Ritual in die Erwachsenenwelt einzuführen, was sehr gut funktioniert hatte, bis man für die Jugendlichen keine Zeit mehr hatte. Die Jugendlichen werden heutzutage wieder an das Erwachsenenleben heran geführt, ohne dass Existenzängste geschürt oder sie ins kalte Wasser geworfen werden."

„Schmeckt' s Ihnen nicht."

„Bitte, was?" Markus fuhr herum. Hinter ihm stand die Bedienung und blickte ihn fragend an. „Sie haben noch nichts gegessen."

„Oh. Entschuldigung. Wir waren so vertieft. Ein schönes Cafe ist das hier."

„Das ist es in der Tat. Ich habe lange darauf gewartet, hier arbeiten zu können. Macht echt Spaß hier so nahe am See und dem Park. Und die Leute, die hier herkommen, sind auch interessant."

Markus lächelte und nickte verständnisvoll. Die Bedienung lächelte zurück, kokettierte ein wenig und meinte, dass sie Mira hieße. Schöner Name. Mira. Wann hast du Feierabend? Dann lade ich dich ein. Kostet ja nichts. Er wollte sie kennen lernen, dachte aber an zu Hause und seine Frau und verwarf die Gedanken.

Plötzlich spürte er einen Tritt gegen sein Schienbein. Klaus gestikulierte, dass Markus weiter reden sollte, wenn er nicht riskieren wollte, dass Mira wegging. „Äh. Das ist mein Freund Klaus und ich heiße Markus."

„Klaus. Hallo. Du bist öfter hier, nicht wahr?"

„Ja. Das stimmt", stammelte der Angesprochene. Jede Woche bin ich hier, wenn ich im Park arbeite."

„Was machst du denn", fragte Mira und lehnte sich an den Stuhl von Markus.

„Ich bin Straßenfeger", erwiderte er knapp und presste die Lippen aufeinander, so, als hätte er es nun endlich über die Lippen gebracht.

„O, schön. Da hat man bestimmt viel frische Luft und ausreichend Bewegung."

„Wann hast du heute Schluss“, fragte Markus unverblümt und drehte sich hoch zu Mira.

Diese blickte in die Luft und grübelte. „Um Vier. Warum?“

„Wir könnten doch zu Dritt ein wenig spazieren gehen. Ein bisschen Bummeln und Reden. Klaus erklärt mir gerade eure Gesetze.“

„Ach. Dann bist du gar nicht von hier?“

„Doch, aber – aber ich war lange fort.“

„Er hatte einen Gedächtnisverlust“, schaltete sich Klaus in das Gespräch ein.

„Tatsächlich?“ antwortete Mira neugierig und blickte Markus scharf und fragend an.

„Ja. Das ist schon komisch. Ich kann mich an fast nichts mehr erinnern.“

Mira lächelte und schüttelte ungläubig den Kopf. „Ihr wollt mich verarschen?“

„Nein, um Gotteswillen. Ehrlich“, verteidigte sich Markus. „Komm schon. Um Vier vor dem Cafe? Da erkläre ich es dir.“

Mira zögerte kurz, dann sagte sie, dass sie einverstanden sei und ging eilig zurück zum Tresen, wobei sie mit ihrer Hand beiläufig über die Schulter von Markus wischte.

„Hey, Alter. Die steht auf dich“, meinte Klaus und beugte sich dabei über die Suppe.

„Unsinn! Hast du nicht gemerkt, dass sie dich die ganze Zeit angeschaut hat. Mit mir hat sie nur zum Vorwand geredet.“

„Echt? Das glaub ich nicht.“ Klaus zog eine fragende Grimasse, wendete sich dann aber seiner Suppe zu und löffelte voller Hingabe. Markus vertiefte sich in Gedanken. Er wollte nicht glauben, was er hörte. Eine Welt, in der jeder tut, was er will. Na gut. So einfach war es nicht. Es gab Gesetze und Bestimmungen. Aber man kümmerte sich um den Nachwuchs. Die Kinder wurden gezielt gefördert. Ihre Neigungen und Fähigkeiten wurden erkannt und entwickelt. Die Kinder erfuhren mehr Liebe, weil die Lehrer mehr Zeit für sie hatten, auf sie eingehen konnten und sie keiner Angst ausgesetzt wurden. Bestimmt betreute sie jemand in ihrer Freizeit. Vielleicht gab es sogar Hausfrauen oder Hausmänner, die daheim blieben und die Kinder hüteten. „Sind die Arbeitszeiten bei euch eigentlich geregelt?“

Klaus schlürfte gerade die Suppe und hätte sich um ein Haar verschluckt. „Natürlich. Eine freie Berufswahl und keine Bezahlung beinhaltet nicht, dass man kommen und gehen kann, wann man will.

Wir führen Arbeitsbücher und haben einen Einsatzplatz, bei dem wir uns melden."

„Klingt logisch. Aber dass das alles so klappt ..."

„Wir arbeiten ja auch eher aus Leidenschaft, weil man sich seine Lieblingsarbeit aussucht. Der Beruf ist wieder Berufung. Mit hat es als Kind zum Beispiel gefallen, dass in den Städten alles so sauber ist. Ich war mit meinen Eltern lange im Ausland. Mein Vater war Korrespondent, weil er mehrere Sprachen spricht. Ich lief oft durch die fernöstlichen Straßen, in denen es noch nicht so gut organisiert wie bei uns klappte und dachte, die müsste man mal sauber machen. Liegt bestimmt auch an den Gewohnheiten der Einheimischen, die erst umdenken müssen. Als ich zurückkam, war ich stolz, dass bei uns alles so sauber und schön ist. Das wollte ich erhalten. Als Straßenfeger kommt man in der Stadt rum. Ist viel draußen. Trifft Menschen wie dich. Das liegt mir."

„Aber man kann doch nicht jeden Tag nur Straßen fegen. Das wird doch auf Dauer langweilig."

„Ich fege auch nicht jeden Tag die Straßen. Der Beruf ist vielfältig. Ich mache auch Landschaftsgartenarbeiten, pflege die Parks mit seinen Gewässern. Alle paar Wochen nehme ich an Seminaren und Ausbildungen zu neuen Bereichen teil. Für uns ist eine ständige Flexibilität und Weiterbildung erstrebenswert. Vor einem halben Jahr habe ich mit Chinesisch begonnen."

„Mit Chinesisch?"

„Das fand ich interessant. Ist eine schöne Sprache."

„Wie kann man als Straßenfeger Chinesisch nutzen."

„Es muss ja nicht alles nützlich sein. Die Menschen haben Hobbys. Manchmal orientiert man sich auch um. Ich kann jederzeit meinen Beruf wechseln. Wobei man im Allgemeinen schon bei seiner Arbeit bleibt."

„Und ist das gewünscht, das Chinesisch lernen und so?"

„Was denkst du denn? In der heutigen Zeit ist Wissen das Kapital. Je mehr man weiß oder kann, desto wertvoller ist man, desto mehr Spaß hat man an allem. Wissen bringt unsere Gesellschaft voran."

„Manchmal denke ich, dass das Wissen in meiner Zeit nicht groß gefördert werden sollte. Selbstverständlich gingen wir in die Schule. Die besseren Schüler gingen aufs Gymnasium. Dann studierte man. Aber irgendwann landete man in einem Beruf, in dem man zwar ausgebildet wurde. Aber alles drehte sich nur noch um den Beruf. Für andere Sachen hatte man keine Zeit und keine Muße. Ich hatte keinen Spaß, etwas anderes zu lernen, weil ich einfach zu müde war.

Außerdem habe ich teilweise keinen Sinn darin gesehen, etwas Neues zu lernen, da es nur Ballast war. Und wenn ich ehrlich bin: Manchmal glaube ich, dass die Mächtigen uns nur wissen ließen, was nicht so weltbewegend war. Richtig aufgebauscht machte es die Runde, aber es war witzlos. Die richtig wertvollen Sachen hat man uns hingegen verschwiegen. Denen war es ganz recht, dass man nicht zu tief grub. Sie hielten das Allgemeinwissen auf Sparflamme. Unter den Schülern war es uncool, zur Schule zu gehen, es war nicht gerade populär, irgendeinen Lehrgang zu besuchen. Da war man gleich ein Abseiler oder Streber. Heute erfuhr man, man solle fünf Portionen Obst am Tag essen, Morgen hieß es, dass zuviel Obst den Körper übersäuere, dann war Milchtrinken das größte. Die Milch macht's, war das Motto. Später erfuhr man, dass Milch für den Erwachsenen schädlich ist. Die Milcheiweiße und den Milchzucker kann der Körper nicht verarbeiten, weil uns die Enzyme fehlen. Heute so, morgen so. Man war total verwirrt und irgendwann wurde es einem wurscht. Ich glaube, alles war in gewisser Weise gesteuert."

„Was meinst du?" Jetzt war Klaus neugierig, der die letzte Pfütze aus dem Teller kratzte.

„Wie ich schon sagte. Es war ein großes Anliegen der Milchindustrie, Milchprodukte zu verkaufen. Dass Milch ungesund, ja sogar schädlich ist, wurde uns lange verheimlicht. Mittlerweile weiß ich sogar, dass die mächtige Milchwirtschaft die Informationen bewusst zurück gehalten, ja sogar verschwiegen und gekauft hatte. Die wollten ja ihre Produkte verkaufen. Oder alles, was mit Krankheit zu tun hatte. Nie hat dir ein Arzt konkret gesagt, was du hast. Ohne etwas unterstellen zu wollen, behaupte ich, dass Ärzte gar nicht wollten, dass Patienten gesund werden. Patienten bringen ja Geld. Ist der Patient gesund, sind die Praxen und Kassen leer. Also hörte sich der Arzt in der Sprechstunde die Leiden des Patienten an, ließ sich die Symptome schildern, um dann mit einem gezielten Griff in den Medizinschrank oder durch Ausschreiben eines Präparates ein Mittelchen zu verschreiben, das dann zwar die Symptome gelindert, die Krankheit jedoch nicht beseitigt hatte. Sagt man euch etwa, wie ihr schnell wieder gesund werdet?"

„Diese Welt klingt ja grausam. Bei uns werden die Menschen kaum krank. Die meisten oder eigentlich alle Krankheiten sind ja psychischer Natur. Da aber die meisten glücklich und zufrieden sind, verliert auch so gut wie keiner seine Gesundheit. Falls einer krank wird, bekommt er eine eingängige Untersuchung. Der Arzt betreibt eine gründliche Anamnese und schließt letztendlich auf die Ursache der Erkrankung. Bei uns werden die Symptome nur stiefmütterlich behandelt, weil sie ja nicht der Grund der Krankheit, sondern nur die sichtbaren Anzeichen einer solchen sind. Fast immer ist die Krankheit dadurch zu heilen, dass der Kranke in ein Sanatorium geschickt wird, wo er lange Spaziergänge macht und wieder zu sich selbst findet. Meistens geht einer Krankheit eine Krise voraus. Um diese Krise zu überwinden, muss man sich selbst wieder mehr wahrnehmen. Darüber hinaus haben die Ärzte bei uns eine ganz andere Aufgabe. Jeder von uns geht alle zwei Wochen zum Arzt. Egal ob krank oder nicht. Der Arzt untersucht ihn auf Herz und Nieren. Dabei stellt er viele Fragen zu den Lebensgewohnheiten des einzelnen. Danach gibt er Ernährungstipps oder Ratschläge, mehr Sport zu machen oder was auch immer. Durch diese regelmäßigen Untersuchungen werden die Leute erst gar nicht krank, denn sobald sich etwas anbahnt, erkennt der Arzt das Problem und leitet Maßnahmen ein. Trennt sich jemand beispielsweise von einem Partner, so wird der Alleingelassene wieder aufgebaut, indem man ihm Zeit für sich gönnt oder in einer Form einer Gruppe sich den Ärger von der Seele spricht. In dieser Zeit kann er darüber nachgrübeln, was schief gelaufen ist und kann die Trennung überwinden. In verschiedenen Treffs kann er einen neuen Partner finden. Oder er geht wie ich ins Cafe."

Markus war sichtlich angetan von dieser menschenfreundlichen Welt. Wann immer man Hilfe bedarf, es gibt jemanden, der sich um einen kümmert. Seelische Beratung, die anders läuft wie zu Hause. In seiner Welt, aus der er kommt, gilt es als Schwäche, zum Psychologen oder Psychiater zu gehen. Hier ist das scheinbar Standard. Habe ich eine Krise, so vertraue ich mich einem Fachmann an, der mir hilft, die Krise zu überwinden. So gerate ich in keinen schweren seelischen Konflikt und schöpfe Mut, den neuen Herausforderungen ins Auge zu sehen. Und scheinbar ist alles freiwillig. Bin ich der Meinung, ich schaffe es alleine, dann wird das so toleriert. Die neue Welt begann Markus zu gefallen. Auch, weil gerade Mira wieder kam.

Sie trug die beiden Hauptgerichte und kam strahlend auf die beiden zu. „Das sieht aber gut aus", schwärmte Markus, als er das Gericht sah. Mira dankte, nahm die leer gelöffelten Suppenteller und wollte gerade gehen. „Wieso gehst du so eilig. Versüße uns das Essen doch mit deiner Anwesenheit."

„Ich komme später noch einmal, wenn ich die anderen Gäste bedient habe."

Schade, dachte Markus lächelte aber so breit, dass Mira lachen musste. Klaus fächelte sich den Dampf seines Essens ins Gesicht und meinte: „Das riecht echt klasse. Das ist genau das, was ich wollte.“ Bevor Mira zum Tresen gelangte, drehte sie sich nochmals flüchtig um. Markus hob seine Hand ein wenig.

„Wie ist dein Essen“, erkundigte sich Klaus.

„Prima, schaut gut aus.“

Markus war verwirrt, dass er sich so schnell an die neuen Lebensgewohnheiten anpasste. Aber vor allem war er beeindruckt, dass es ihm so leicht fiel. Das neue System lag ihm, es war einleuchtend. Trotzdem brannten ihm unzählige Fragen auf den Nägeln. „Trinkt ihr kein Bier? Fast keiner hat hier ein alkoholisches Getränk.“

„Selten. Früher war das anders. Da muss ich jetzt ein bisschen ausholen. Ich merke schon, du bist eine Mumie. In grauer Vorzeit gestorben und heute wiederauferstanden. Also: Vor mehr als hundert Jahren lebten die Menschen anders. Ihr hattet mehrere namhafte Autoren, die Bücher schrieben, in denen Zukunftsvisionen beschrieben wurden. Zum Beispiel Orwells 1984. Auch im Fernsehen gab es genug Science-Fiction-Filme. Darin ging es darum, dass Menschen tagtäglich eine Pille nehmen mussten oder freiwillig nahmen, damit sie ruhig waren und kritiklos arbeiteten. Die Despoten herrschten so über die Masse. Die Droge machte das Volk mundtot und gefügig. Aufstände wurden sofort eiskalt niedergeschlagen. Diese Welt wurde als Fiktion betrachtet, vor der man Angst hatte, dabei hattet ihr diese beschriebene Welt bereits. Ihr habt euch über lächerliche Änderungen wie Videokameras an öffentlichen Plätzen oder gründlichen Kontrollen an den Flugplätzen aufgeregt. Ihr hattet Angst davor, dass man über eure Kredit- und Telefonkarten eure Gewohnheiten herausfinden konnte. Man wusste über die Mautstellen, wo ihr hingefahren seid. Die Chips in den Geldscheinen und das Mitsniffern bei euren Internetrecherchen lieferten ein gutes Bild eurer Vorlieben. Euren Big Brother hattet ihr völlig realisiert. Die Angst vor einer kontrollierten Welt war keine Fiktion. Sie war sogar noch viel raffinierter umgesetzt. Die Menschen mussten keine Pille nehmen, um kontrolliert zu werden. Sie nahmen sie freiwillig ohne es zu merken. Die Medien haben bestimmt, was gemacht wird. Die Boulevardmagazine haben den jungen Leuten gesagt, was sie anziehen müssen, was sich ziemt und was richtig und falsch ist. Man gaukelte eine Idealwelt vor mit Haus und Familie und Urlaub und Hund, so dass keiner auf den Gedanken kam, alles sei manipuliert, weil es ja alle so machten und es allen – wenigstens einigermaßen – gut ging. Alle waren so damit beschäftigt, so zu sein wie die meisten oder – um aufzufallen – ganz anders, dass keiner auf die Idee kam, dass man zu dieser gewollten, leicht zu beeinflussenden Idealfamilie wurde. Keiner kam auf die Idee, dass ihr alle durch Drogen schon längst ruhig gestellt ward und so funktionierten, wie es für die Mächtigen nützlich war."

Markus schaute derart verdutzt, dass Klaus kurz inne hielt. „Was ist denn los", fragte er.

„Das ist ja unglaublich, was du da sagst. Du meinst, dass wir alle bis ins Kleinste manipuliert sind – waren?"

„Genau. Das weißt du nicht? Das ist ja n Ding. Dann klär ich dich auf. Große Firmen verkauften Produkte, mit denen man Menschen den Willen nahm. Die heimtückischste Droge war dabei der Zucker. Das weißt du nicht?"

„Keine Ahnung, wovon du sprichst."

„Man hat sehr früh erkannt, dass der Zucker Betaendorphine freisetzt. Deshalb …"

„Moment. So fit bin ich nicht in der Medizin. Ich weiß, ihr habt alle Kurse darin belegt. In meiner Welt ist das anders. Das musst du mir erklären."

„Also gut. Zucker ist ein leicht spaltbares Kohlenhydrat. Dazu zählt auch geschälter Reis und Weizenmehl und Nudeln. Diese leicht abbaubaren Kohlenhydrate bewirken, dass im Gehirn Betaendorphine ausgeschüttet werden, weil sie die Rezeptoren dazu besetzen. Die meisten Menschen sind zuckerübersensibel. Das heißt, dass sie darauf mit einem guten Gefühl reagieren. Sie bekommen einen Kick."

„Erzähl mir mehr von Betaendorphinen."

„Gut. Endorphine sind körpereigene Substanzen, die ein Wohlgefühl erzeugen. Betaendorphine nehmen einem den Schmerz, sowohl den körperlichen, als auch den seelischen. Wenn es einem nicht gut geht, geht man im Wald spazieren oder treibt Sport oder was auch immer. Die Dauerläufer spüren nach langem Laufen keine Schmerzen mehr. Sie laufen wie beseelt in einem Rauschzustand. Das kennst du vielleicht. Viele Menschen haben aber zu wenige Endorphine. Deshalb sind sie oft mutlos und niedergeschlagen. Sie verzehren dann mit Vorliebe in diesen kritischen Situationen Zucker. Bestimmt kennst du Frauen, die nach einer Trennung oder wenn sie sich alleine fühlen, sich vor den Fernseher setzen und eine Tafel Schokolade essen. Ein anderer isst einen ganzen Topf Spaghetti oder verputzt eine Riesentüte Gummibärchen. All diese Sachen bewirken, dass Endorphine ausgeschüttet werden. Sie lindern den Schmerz, sie bauen das Selbstwertgefühl wieder auf. Sie lassen es einen wieder gut gehen. Diese Moleküle besetzen die Rezeptoren, die für die Ausschüttung von den Botenstoffen notwendig sind. Das Problem ist, dass beim nächsten Mal die Tafel Schokolade nicht mehr langt. Wie bei jedem Suchtmittel braucht man immer mehr. Die Industrie hat sich diesen Umstand zunutze gemacht. Schon früh wurden die Kinder dazu erzogen, Süßigkeiten zu essen. Sobald ein Kind traurig oder hingefallen war, gab es ein Stück Schokolade oder eine Zuckerschnecke. So wurde den Kindern schon sehr früh ein positives Gefühl beim Verzehr von Zucker vermittelt."

„Ich werd nicht mehr. Echt? Zucker ist eine Droge?" Markus dachte an seine Fressorgien, wenn es ihm schlecht ging. Oft nach der Arbeit. Oder als Belohnung nach einem anstrengenden Tag. Er dachte daran, wie er sich vollstopfte und manchmal sogar verheimlicht hat, soviel gegessen zu haben. Wie oft hat er auch heimlich Zuckerzeug vom Bäcker geholt und sich schon vorher, bevor der Besuch zum Kaffeetrinken kam, den Bauch mit Krapfen oder Nugatringen vollgeschlagen? War das etwa eine Sucht? Er erinnerte sich an seine Kollegin, die er oft in der Küche erwischte, wie sie die restlichen Stücke der Torte von der gerade beendeten Feier noch in sich stopfte. Fragte er danach, meinte sie, dass es schade wäre, würde man so etwas Gutes wegschmeißen. Einen Tag später machte sie dann wieder eine Diät. Das ging hin und her. Jetzt, da das Thema angesprochen war, da Markus begann, dahinter zu blicken, erkannte er, wie oft seine Kollegin offensichtlich bei dem Thema Essen log. Er legte keinen großen Wert darauf, damals, aber jetzt wird im schlagartig klar: Das ist das Verhalten eines Süchtigen. Und es stimmt. Sobald sie oder auch er ausgiebig leicht abbaubare Kohlenhydrate gegessen hatten, ging es ihnen tatsächlich besser. Tags darauf hatte man zwar eine Art Kater, aber nach einem Marmeladenbrötchen war alles wieder bestens. Einzig, dass man so stark zunahm, war das Problem. „Aber Zucker", meinte er nach einer kurzen Pause, „Zucker ist doch überall drin. Es gibt ja bald kein Lebensmittel mehr ohne Zucker."

„Das ist ja der Trick. In jedem Fruchtsaft, in jedem Fertiggericht, in fast jeder Soße oder Dressing ist Zucker. Dazu süßen wir unseren Kaffee, Tee. Zucker ist überall."

„Und in *unserem* Essen?"

Klaus musste lachen. „Nein, in unserem Essen ist kein Zucker. Das wurde lange abgeschafft. Heute essen wir vollwertig. Vollkornnudeln. Vollwertreis. Hast du dir schon überlegt, warum Zucker so billig war, warum raffiniertes Mehl billiger war als Vollkornmehl, obwohl der Aufwand der Herstellung bei letzterem ungleich geringer ist. Warum ist geschälter Reis billiger gewesen als Naturreis. Die Menschen sollten über den Preis, von dem sie gelernt haben, dass er klein sein muss, abhängig gemacht werden."

„Das sind, waren ja Verbrecher. Die haben die Leute süchtig gemacht. Auf diese Art und Weise konnten sie auch immer mehr von den zuckerhaltigen Produkten verkaufen. Du sagst, dass man immer mehr davon brauche. Die Leute geben ihr Geld für leicht abbaubare Kohlenhydrate aus, mehr und mehr. Und dann ärgern sie sich, dass sie dick werden oder sind. Versuchen abzunehmen, was nicht gelingt, weil der Körper Entzugserscheinungen hat und wieder mehr will. Also wieder Süßes. Die Menschen verbringen ihre Zeit mit Naschen, Abnehmen und Diäten, mit sich ärgern und diskutieren über Abmagerungskuren, dass sie darüber die eigentlich wichtigen Themen vernachlässigen. Dass sie keine Zeit hatten, über ihr eigentliches Problem nachzudenken. Sie benahmen sich wie süchtige, weil sie süchtig waren, aber keiner wusste es."

„Richtig. Keiner regte sich mehr über das System auf. Da fahren Kolonnen von Lastwagen von der Nordsee mit frisch gefangenen Schalentieren nach Marokko, wo sie durch billige Arbeitskräfte geschält wurden, um dann zurück transportiert zu werden. Natürlich wurde das staatlich gefördert. Entwicklungshilfe für Marokko, Steuervergünstigungen für die Speditionen, die Arbeitsplätze garantierten. Die Straßen waren voll, die Luft voller Abgase. Aber den Menschen war das egal. Sie hatten ihre Schrimps im Discounter für einen guten Preis und jeder konnte sie sich leisten. Natürlich in einer zuckrigen Glasur oder einer zuckerhaltigen Panade. Was kümmern uns die Lastwagenschlangen nach Polen oder sonst wo hin, wenn wir uns betäuben und feiern können. Der Mensch interessiert sich nicht für die Dinge wie sie laufen. Er will nach der aufzehrenden Arbeit seine Ruhe."

„Das stimmt. So habe ich auch oft gedacht."

„Das heimtückische daran ist, dass Zucker die gleichen Rezeptoren besetzt wie Alkohol oder Nikotin. Wenn einer ein seiner Kindheit viel Zucker aß, ist die Gefahr groß, dass er später auch rauchen und trinken wird. Oder er wird Kaffee trinken. Auch Koffein darf man nicht vergessen. Die Prädisposition für Suchterkrankungen wurde geschickt über den Zucker gelegt. Hast du dir Gedanken gemacht, warum damals so viele Menschen geraucht haben, obwohl sie wussten, wie schädlich das ist? Warum trank jeder viel zu viel Kaffee? Warum konnte man nicht feiern ohne Alkohol? Warum haben Jugendliche, die immer mehr von den Erwachsenen, die sich selbst verwirklichen wollten, vernachlässigt wurden, immer öfter beim Komasaufen mitgemacht. Sie hatten ein gutes Gefühl im Rausch. Wenn sie nicht von ihren Eltern oder ihrem Umfeld geliebt werden, holen sie sich ein harmonisches Gefühl der Geborgenheit durch den Alkohol. Auch die Selbstverwirklichung war eine Masche der Industrie, neue Käufer für neue Produkte zu gewinnen. Jede Saison gab es eine neue Mode. Bungee-Springen heute, morgen ein Tattoo stechen, im Winter die neueste Skiausrüstung. Jeder trachtete nach Selbstverwirklichung auf einem unglaublichen Trip und keiner erkannte, dass die sogenannte Selbstverwirklichung einen immer weiter von sich selbst entfernte. Die durch Drogen geschaffene Leere musste gefüllt werden. Deshalb wollten alle verrückte Dinge tun, ohne dabei zu erkennen, dass es immer noch mehr sein musste, dass es noch spektakulärer sein musste als das letzte Mal. Man brach pausenlos irgendwelche Rekorde und waren sie noch so aberwitzig. Auf der Strecke blieben die vielen Nachkommen, die deshalb auf den gleichen Zug aufsprangen. Ein Teufelskreis ohne Lösung."

„Und du meinst, wir waren alle, wirklich alle abhängig?"

„Habt ihr das nie gemerkt? Das wundert mich. Es wundert mich, was der Mensch alles macht, und dann sagt, das hätte er nicht gewusst oder nicht gemerkt. Und ich spreche damit nicht nur eure Kriege an."

Markus saß ziemlich geschockt da, so dass er nicht bemerkt hatte, dass sich Mira neben ihn gestellt hatte. „Was besprecht ihr gerade?" fragte sie erstaunt.

„Wohin wir mit dir gehen", antwortete Klaus schlagfertig. Mira lachte und fuhr sich mit den Fingern durchs Haar. Dabei spielte sie verführerisch mit ihren langen Locken, die sie leicht erkennbar vor kurzem gekämmt und zurecht gemacht hatte. Markus merkte auch, dass sie ein leichtes Parfüm aufgelegt hatte. Mira war jung und voller Lebenslust, und Markus fragte sich, ob sie davon wusste, was er gerade mit Klaus besprochen hatte, ob sie die Zeit kannte mit der Abhängigkeit, der Zucker- und Nikotinsucht. Was sie dazu sagen würde, dass der Staat das nicht nur geduldet hatte, sondern dass ihm das nur Recht war. Dass er es in gewisser Weise gefördert hatte. Auch die Machthaber, die Politiker hatten ein verständliches Interesse daran, dass das Volk ruhig und gefügig war und danach trachtete, wenn auch unbewusst, an seine Droge zu kommen. Das Leben war ja bestimmt davon, dem Körper Nachschub zu liefern. Deshalb freut man sich so auf ein Kaffeekränzchen oder eine Party mit Chips und Bonbons...

Über all den Gedanken betrachtete Markus Mira und sah, wie schön sie war. Ihre leuchtenden, wachen Augen schauten ihn an. Er erfreute sich über den starken Kontrast ihres Augenweißes zu der dunkelbraunen Iris, die wie eine leuchtende Insel in einem weißen Meer schwamm. Die Augenbrauen schwangen sich wie lachende Atolle über ihre funkelnden Inselmeere, rahmten diese ein und ergaben ein anmutig Ganzes. Die Nase war klein und frech nach vorne gebogen, während ihr Mund voll und glänzend war. Ums liebliche Gesicht spielten die Haare ihr Unwesen. Ungebändigt fielen sie wie wilde Heerscharen in das friedliche Land und gaben keine Ruhe, bis eine geschwungene Bewegung ihrer Finger sie zum Rückzug zwangen. Der Hals verkroch sich schnell unter dem Kragen der Bluse. Er war schlank, und die seitlichen Muskeln traten hervor, wenn sie lachte. Markus ertappte sich beim Glotzen und fing sich alsbald. Als er sich schüttelte, musste Mira lachen und fragte, was los sei. Ach nichts, stammelte Markus war aber bereits ein Opfer des friedlichen Landes und drohte, von den animalischen Reiterscharen entführt zu werden.

Klaus drehte sich zu Mira und meinte mit einem unheimlich wichtigen Ton: „Weißt du, was Markus vorher gesagt hatte? Er glaubte, dass man bei euch im Cafe nicht drinnen sitzen kann, weil die Luft wegen des Rauchens so schlecht wäre."

„Ehrlich", fragte Mira mit einer aufgesetzt ungläubigen Miene.

„Bei uns wird viel geraucht", meinte Markus lapidar. „So sehr, dass sogar die Politiker nicht länger zuschauen konnten und etwas tun mussten, obwohl sie von den Rauchern immens profitierten. Die Raucher und anderen Suchtkranken sanierten die maroden Haushaltskassen des Staates."

„Ist es nicht pervers, dass man auf Kosten süchtig gemachter Menschen die eigenen Mängel kaschiert?" fragte Mira interessiert, als wüsste sie von den unsäglichen Zuständen.

„Sie kaschieren nicht nur ihre Mängel. Politiker haben keine Handhabe, etwas zu bewirken. Deshalb holen sie durch ihr Amt so viel für sich heraus wie möglich. Vorgeschoben werden dann fragwürdige Erfolge in lächerlichen Bereichen. Kleine Verbesserungen hier und kleine Änderungen da. Schon lassen sich die Politiker als die großen Helden feiern und sonnen ihre Gesichter im Blitzlichtgewitter der gierigen Fotografen, die wiederum die Strahlemänner einen Tag später in ihren Gazetten abbilden und Nahrung der hungrigen Leserschaft liefern. Die Menschen diskutieren angeregt über die verabschiedeten Änderungen und fragen besorgt, ob sich etwas für sie ändert. Wenn sie dann merken, dass die Einschnitte nicht so gravierend sind, wie sie sich in ihrer schauerlichen Fantasie ausgemalt haben, dann sind sie glücklich und prosten sich erst einmal zu." Markus blickte finster, weil ihm die Ausmaße dessen, woran er sich dermaßen gewöhnt hatte, dass ihm alle Umstände so normal vorkamen, bewusst wurden. Er überlegte, was zu tun sei, fand aber bei all den auf ihn einströmenden Gedanken keinen Ausweg. „Es wird alles so bleiben, wie es ist."

„Unsinn", widersprach Klaus resolut. „Wenn der einzelne aufgibt, etwas zu verändern, nimmt er der Gesellschaft die Möglichkeit, sich zu verändern. Die Menschen brauchen einen Impuls von einem Vorkämpfer. Das kann eine bloße Idee sein. Eine gute Idee wird sich wie ein kräftiges Saatgut verbreiten, und wenn diesen Keim nur genügend Menschen in sich tragen, gibt es eine neue Wirklichkeit."

„Richtig", rief Mira, „Kinder, die in einer liebevollen Umgebung aufwachsen, bedürfen keiner Drogen. Drogen nimmt man, weil man unglücklich ist. Werden die äußeren Bedingungen wenig lebenswert, versucht der Mensch, sich Inseln des Wohlfühlens zu schaffen. Die Zigarette zwischendurch, wenn die Arbeit nervt. Ein Glas Bier am Abend, um die Schwierigkeiten in der Arbeit besser vergessen zu können, Kaffee, um die Unlust, die sich in Müdigkeit ausdrückt, zu besiegen. Drogen lindern die Schmerzen. Die Schmerzen, die das Leben mit sich bringt. Das Leben war vor mehr als hundert Jahren wirklich arg. Deshalb musste sich etwas ändern."

„Was habt ihr geändert? Wie habt ihr angefangen?"

„Der erste und wichtigste Schritt war", fuhr Markus Miras Erläuterungen aus, „die Bevölkerungszahl drastisch zu reduzieren. Irgendwann hat es den Menschen gedämmert, dass kein Volk ausstirbt, wenn sie weniger werden. Irgendwann hat es den Menschen gedämmert, dass es kein religiöses Verdienst ist, mit einem reichen Kindersegen die Welt zu beglücken. Kinder sind schön, aber nur, wenn die Umgebungsbedingungen passen. Was nutzt ein Kind im Armenmilieu, wo es keine Chance auf Selbstverwirklichung bekommt. Was nutzt ein Kind in einer Welt, die gesättigt ist. Irgendwann sind die Meere überfischt, irgendwann sind die Müllberge größer, als die Menschensiedlungen. Irgendwann passt kein Auto mehr auf die Straße und keine Straße mehr in die Landschaft. Die Menschen haben gelernt, dass in einen vollen Topf keine Bohnen mehr passen."

„Was ist passiert?"

„Umfassende Programme haben bewirkt, dass wir nur noch drei Milliarden Menschen sind. Das ist immer noch zuviel, aber jetzt gibt es keine Probleme mit Getreide, mit Viehzucht, mit Müll und Energie.

Tiere wachsen in der Natur und nicht in Zuchtfarmen auf. Felder brauchen keinen, und wenn, dann natürlichen Dünger. Wir haben wegen der automatisierten Fertigungsverfahren so reichlich von allem, dass kein Mensch auf der Erde einen Mangel hat. Jeder kann alles haben. Weil das so ist, kann kein Neid entstehen. Und wo kein Neid ist, braucht man nicht ständig etwas Neues oder Großes."

„Das stimmt", sagte Mira. „Man verbringt mehr Zeit miteinander, weil man nicht ständig etwas hinterher laufen muss. Wir haben mehr Ruhe, mehr Muße. Das Leben ist gehaltvoller geworden. Wir gehen öfters abends aus, weil wir Zeit haben und nicht gehetzt werden. Wir sitzen gerne zusammen und reden über Gott und die Welt. Diese Harmonie ergreift alle Menschen, so dass es kaum eine innere Leere und damit keinen Streit gibt."

„Das ist einleuchtend", sagte Markus. „Bei uns sind die meisten Kriege wegen der Unzufriedenheit. Die Moslems fühlen sich als Menschen zweiter Klasse und wehren sich auf ihre Weise dagegen. Minderheiten in aller Welt begehren auf, wollen einen Teil des Kuchens haben, dessen Rosinen sich die wenigen Mächtigen herauspicken. Die Jugendlichen der armen Bevölkerung gehen auf die gesellschaftlichen Barrikaden und drücken ihren Unmut durch Zerstörung aus. Der Vandalismus ärgert die arbeitende, Steuer zahlende Bevölkerung, die die Bedingungen der Armen weiter verschlechtert oder ihnen mehr Polizisten in die Armenviertel schickt, was nur weiter provoziert.

„Die Armut ist der häufigste Auslöser für Auseinandersetzungen. Im Kleinen wie im Großen. Dieses Problem löst sich auch, wenn die Bevölkerungszahl signifikant sinkt." Mira drehte sich um und meinte, dass sie gleich zurück käme, ein Gast hätte ihr gewinkt. Flugs verschwand sie aus der angeregten Runde. Markus blickte Klaus an und lachte. „Dann raucht ihr also nicht?"

„Doch. Aber aus Genuss. Hin und wieder wird auf Feiern mal eine Runde ausgegeben. Aber das ist nur edles Räucherwerk. Zigaretten an sich in diesen Wegwerfpackungen, die für den schnellen Konsum konzipiert wurden, gibt es nicht mehr. Es gibt Zigarren und Zigarillos und Pfeifen. Auch Wasserpfeifen. Aber mehr als einmal im Monat raucht keiner."

„Es ist gleich Vier. Kommst du mit uns, Klaus, hast du um Vier schon Schluss?"

„Nein, aber ich werde später weitermachen."

„Warum, es merkt doch keiner, wenn du nicht zur Arbeit gehst."

„Nein, dass mache ich nicht. Das macht keiner. Davon abgesehen, dass wir die Zeiten eintragen und an den Einsatzplatz weitergeben müssen, haben wir einen gesellschaftlichen Auftrag. Jeder hat seine Aufgabe. Jede Aufgabe hat ihren Sinn. Jeder setzt sich für den anderen ein. Vernachlässigt einer seinen Dienst, leiden die anderen eventuell darunter. Das machen wir nicht."

„Das ist sehr löblich. Was ist, wenn du krank wirst?"

„Das ist wie bei euch. Wenn ich nicht arbeiten kann, melde ich das der Einsatzleitung und es wird ein Ersatz gefunden."

„Und keiner hat Stress?"

„Gut. Manchmal hat man natürlich Stress. Ärzte haben Stress, wenn ein Unfall passiert ist. Ich habe Stress, wenn nach einem Sturm der Park verwüstet ist. Aber es hält sich in Grenzen. Und wird der Stress zu groß, meldet man es einfach. Dann kommt Verstärkung. Es gibt für fast jeden Bereich Maschinen und Hilfswerkzeuge oder Personal auf Abruf."

„Schöne, heile Welt."

„Die Welt macht man sich selbst. Mir liegt es fern, über andere zu lästern. Aber ihr habt euch eure Welt so gemacht, wie sie ist. Ihr müsst damit zurecht kommen. Falls ihr nicht zufrieden seid, dann ändert sie."

„Das sagst du so einfach."

„Es ist so einfach. Ihr blickt doch in eurer Zeit auch rüber in den Irak oder nach Äthiopien und sagt, wenn es den Menschen irgendwann langt, werden sie schon die Bastille stürmen. Dann werden sie sich schon wehren und die Regierung stürzen, das System kippen. So ist es auch. Solange aber der Amerikaner bei euch als Besetzer selbstherrlich in irgendeinem Land hockt, hat das Volk nicht die Möglichkeit, im Inneren etwas zu bewirken, außer sich gegen die Invasoren zu stellen. Eine Änderung geschieht in den Menschen. Die Französische Revolution ist das überall gern zitierte Beispiel. Den Armen und Bauern hat es gereicht und sie haben sich aufgelehnt gegen ein übermächtiges, dekadentes königliches System. Sie hatten Erfolg, wenn die Umsetzung auch nicht das Ideal war. Aber wir haben die Möglichkeit, nach dem Ideal zu streben. Wenn wir uns aber dem Eingelulltsein hingeben, wenn wir uns in stillem Erdulden üben, wenn wir in Lethargie beobachten, was passiert und nur in der Kneipe schimpfen, dann passiert nichts. Es passiert nichts, solange wir uns die Kante geben, wenn wir die Zustände nicht mehr ertragen und denken, es wird sich eines Tages von selbst einrichten."

„Du hast Recht. Dazu kann ich nichts anderes sagen.“ Markus nickte nachdenklich, um dann sein Gericht zu probieren. Überrascht stöhnte er auf. Schmeckt das gut. Und das soll ein gesundes Vollwertgericht sein? Kaum zu glauben. Wenn es tatsächlich weniger Menschen gäbe, würden die Äcker nicht so ausgelaugt werden und genügend für alle abwerfen. Er ahnte, dass die Menschen hier nicht so viel Auto fuhren. Alle lebten in ihrer Wahlwohnung. Die Wege waren kurz. Markus blickte durch die raumhohe Scheibe nach draußen. Er sah viele Radfahrer und Fußgänger. Einige steuerten kleine Elektrofahrzeuge mit Einkäufen im Schritttempo über die breiten Fußgängerzonen. Die Passanten liefen mit gemessenem Schritt die prächtigen Alleen oder Boulevardstraßen entlang. Die meisten vermittelten einen gut gelaunten Eindruck. Es gab Straßen wie früher auch, jedoch fanden sich wenige Autos darauf. Markus vermutete, dass es Elektrowagen oder Wasserstoffautos sein müssten. Sie surrten leise und er konnte bisher keinerlei Abgase wahrnehmen. Immerzu roch es nach Gras oder Blüten. Aber es ist ja auch nur ein Traum oder nicht? Träumte er oder ist er aus einem Traum erwacht. Hatte er wirklich eine Amnesie? Er erinnert sich an so vieles ohne jemals hier gewesen zu sein. Oder bildete er sich das nur ein? Was wäre, wenn sein Leben mit der ungeliebten Arbeit, mit seiner überteuerten Wohnung, mit den Abgasen und den unzufriedenen Menschen, mit dem unaufhörlichen Stress, mit den nicht abreißen wollenden Nachrichten über Kriege, Tote im Irak, Verletzte in Afghanistan, Verhungerte im Sudan und den täglich zunehmenden Aidsopfern im gesamten Afrika nur ein lange anhaltender Alptraum war? Vielleicht träumte er nur von den vielen armen Menschen, die um die Häuserecken schlichen und die Mülltonnen nach Verwertbarem durchforsteten. Vielleicht blickte er zurück in eine düstere Zeit. In ein Mittelalter der Neuzeit. Vielleicht war das eine grausige Vision eines Sehers, der sah, wie schrecklich alles werden kann, wenn die Menschheit nicht umkehrt, wenn sie sich von einem System gefangen nehmen ließe. Ist dieses tückische, weltumspannende Kapitalismussystem mit all seinen Sklaven nur ein eindringlich geschriebener Roman oder Film gewesen, der in ihm in beängstigender, realer Weise fortlebte, der tiefe Spuren der Erschütterung in ihm hinterließ? Kann er sich mit der Drogensituation nur so gut identifizieren, so dass diese Vorstellung reale Züge angenommen hatte? Er musste es herausfinden. Er musste der Sache auf den Grund gehen. Denn war dies hier kein Traum, könnte er ewig bleiben. Was wäre, wenn er in seinem Traum abhauen würde? Kann man in einem Traum gefangen bleiben?

Über den ihn vereinnahmenden Gedanken bemerkte Markus nicht, wie schnell die Zeit verflog. Er hatte sein Essen aufgegessen und sich im Blick nach draußen verloren, wo eine heile, intakte Welt wartete. Kinder liefen mit ihren Büchertaschen umher und spielten vergnügt im Park. Ein Junge hatte sich den Abfallwagen von Klaus geschnappt und fuhr zur Belustigung seiner Spielkameraden damit umher. Mit dem Stecher pieksen sie gegenseitig ihre Pappbecher auf und jonglieren sie in den Sack. Nachdem alle Becher fort waren, warfen sie kurzerhand den verwahrlosten Straßendienstwagen um und begannen erneut mit dem lustigen Spiel, die umher liegenden Sachen geschickt aufzuspießen und ins Ziel zu balancieren. Na, denen werde ich helfen, rief Klaus, als er ebenfalls das Treiben erblickte, jedoch schien sich seine Erbostheit in Grenzen zu halten. Zügig, aber nicht eilig, lief er hinüber zu den Kindern und schimpfte mit rudernden Bewegungen. Die Kinder lachten, entschuldigten sich dann aber und gingen vergnügt den Weg durch den Park weiter. Klaus richtet mit ein paar Handgriffen seinen Wagen, schob ihn ein wenig weiter weg vom Weg und kam nach einem kritischen Blick auf die Kinder wieder zurück zum Cafe. „Hast du die Lauser gesehen? Das kann ja wohl nicht wahr sein. Wie du siehst, gibt es auch hier Gründe, sich zu ärgern."

„Das ist doch alles so schön harmlos. Da kenne ich andere Sachen. Viel brutalere Sachen." Markus schaute Klaus intensiv an und beobachtete dessen ruhigen Gesichtszüge. „Was glaubst du, woher ich komme. Du sagst manchmal ‚aus deiner Welt', dann wieder ‚vor hundert Jahren'.

„Du bist jemand, der in ein Zeitloch gefallen ist. Das passiert hier öfter. Hin und wieder kommen Leute aus deiner Welt – ich weiß nicht, ob ihr aus der Vergangenheit oder aus einer Parallelwelt zu uns kommt – jedenfalls bist du nicht der einzige. Vielleicht führt euch eine Sehnsucht hierher. Für uns ist diese Welt normal. Ich kann mir gar nicht mehr vorstellen, in einer turbulenten Welt zu leben, in der überall Kriege, Hungersnöte und Grausamkeiten an der Tagesordnung sind. Ich genieße das harmonische Miteinander. Es ist eine Gewohnheitssache. Ihr habt euch an eure Welt dermaßen gewöhnt, dass sie euch normal erscheint. Ihre seht keine Veranlassung, etwas zu ändern, nur ab und zu sehnt ihr euch nach etwas anderem."

„Ich denke, dass ich in einem Land lebe, in denen es den Menschen relativ gut geht. Wir haben keine Armut und die Gewalt hält sich in

Grenzen. Wir leiden keinen Hunger und uns geht es im Vergleich zu anderen Ländern prächtig."

„Aber ihr sitzt doch auf einem Pulverfass. Sobald sich das Klima in einer Form verändert, dass Menschen flüchten müssen, sobald die Armut und Krankheiten einen so starken Leidensdruck auslösen, dass die Menschen fliehen, sich in Bewegung setzen, seid ihr auch betroffen. Sie werden früher oder später bei euch einmarschieren und keine Grenzen, Grenzsoldaten oder Politiker werden sie zurück halten. Ich kann dir aus Erfahrung sagen, wenn es Spitze auf Knopf kommt, sind die Mächtigen weg. Mit einem Schlag sitzen sie in ihren sicheren Villen über den Bergen und die übrig Gebliebenen können zusehen, wie sie das Chaos lösen. Wir haben das erlebt. Glücklicherweise haben gute Leute das Heft in die Hand genommen und durch greifende Reformen einen Wandel herbeigeführt. Hätten diese Leute zum rechten Zeitpunkt gefehlt, wäre die Völkerwanderung zu einer Apokalypse geworden. Dann wäre Gewalt mit noch mehr Gewalt beantwortet worden. Dann hätte es Krieg und Vertreibung gegeben. Man sollte etwas ändern, bevor eine Lage eskaliert. Aber so ist der Mensch gepolt. Er macht so lange nichts, bis etwas passiert. Und dann versucht man, das Schlimmste zu verhindern. Wie im Großen so im Kleinen. Nimm etwa die Leute bei euch, die erst zum Arzt gehen, wenn es beinahe zu spät ist. Die Gesellschaftsform des vorbeugenden Handelns ist die richtige. Wenn man zum Arzt geht, wenn man gesund ist, macht man es richtig. Sobald etwas in Verzug ist oder sogar noch davor kann der Arzt Empfehlungen aussprechen. Eine Krankheit wird, bevor sie entsteht, verhindert. Und zwar durch einfache Maßnahmen. Durch eine Essensumstellung, durch mehr Bewegung oder was auch immer. Dieses Form der Prophylaxe übertragen auf die Politik wäre nützlich für alle."

„Aber wenn die Politiker nicht mitspielen? Was können die Bürger schon machen?"

„Die Bürger sind Wähler. Ihr beeinflusst die Politiker mehr als ihr glaubt. Ihr könnt Ideen, Vorschläge einreichen. Die Form des Zusammenlebens wie ihr sie euch vorstellt, wie ihr sie euch wünscht, müsst ihr publik machen. Die Politiker und Machthaber werden lesen und begreifen, dass die Gesellschaft sich verändert. Sie werden anfangs nicht mitspielen, weil sie an ihrer Macht hängen. Weil sie anders als die meisten alles besitzen. Das wollen sie nicht hergeben. Aber ihr könnt wählen. Ihr könnt die Menschen umstimmen, aufklären. Jedem wird es einleuchten, dass alle einen Gewinn haben, wenn wir aufhören zu zerstören. Wenn wir gemeinsam aufbauen, dann nutzt das jedem. Dann gibt es keine Reichen und keine Armen mehr. Dann gibt es keine Raffgier und keine Ausbeutung mehr. Damit meine ich keine Gleichschaltung wie es der Kommunismus in der Vergangenheit propagiert hatte. Das Leben wird darüber nicht langweiliger. Da wird Platz geschaffen für mehr Freiräume, sich zu entwickeln. Mehr Zeit für die Familie. Mit den Kindern im Park spielen, zum Schwimmen gehen, eine Kinderveranstaltung besuchen. Mit seinen Freunden Sport treiben, Lehrgänge besuchen. Eine neue Sprache lernen und die Welt kennen lernen. Dann hört die Angst vor Entlassung, vor Verarmung und Gewalt auf. Die Existenzsorgen werden sich in Luft aufgelöst haben. Die Arbeitshektik, die Hektik, die den Tag begleitete, erstirbt und gibt den Menschen frei, der Atem holen kann und die Welt auf eine neue Weise erleben kann."

„Schöne neue Welt."

Plötzlich hörte Markus ein ganz entferntes Geräusch und spitzte erschrocken die Ohren. Er kannte diesen schrillen Klang. O Gott! Der Wecker! Es war der Wecker, der ihn rief. Sollte er aufstehen? Sollte er seinen Traum aufgeben? War es der Weckruf, die Welt zu verändern? Er sprang auf. Klaus sah verwundert, wie der Stuhl hinter Markus zu Boden krachte. „Los! Hoch mit dir", rief Markus, wir müssen hier weg."

Klaus guckte ziemlich verdutzt, aber Markus rannte zu Mira. „Wie spät ist es?"

Die schaute auf die Uhr. Kurz vor Zwölf, äh Vier.

„Nimm deine Sachen. Wir gehen!"

„Was ist denn los? Ist was passiert?"

„Es wird gleich etwas passieren. Nun komm schon."

Mira nahm ihre Tasche, die in einem Fach unter dem Tresen abgelegt war. Sie winkte ihrer Kollegin, die frisch gespülte Gläser in die Halterungen über der Bar steckte. Dann rannten Mira und Klaus Markus hinterher, der schlagartig aus dem Cafe stürzte und Richtung Spielplatz rannte. Sie konnten kaum Schritt halten, derart rasch trieb es Markus ins Freie. Nach etwa hundert Metern kam er zum Stehen, stemmte die Arme auf die Knie und verschnaufte.

„Bist du von der Tarantel gestochen", rief die eintreffende Mira, die Klaus deutlich abgehängt hatte. „Oder ist der Teufel hinter dir her?"

„So ungefähr. Ich weiß nicht, wo ich hier bin, aber es ruft mich die andere Welt. Ich weiß nicht, ob ich zurückgehen will."

„Vielleicht musst du? Vielleicht hast du einen Auftrag?"

Diesen Satz hörte Klaus gerade noch, als er völlig außer Atem zu den zweien stieß. „Ich habe dir gesagt, du kannst dich der Aufgabe nicht entziehen."

„Nein!" schrie Markus herrisch. „Das gebe ich hier nicht auf."

„Warte." Klaus erklärte kurz, dass er seinen Abfallwagen nur schnell beim Cafe unterstellen würde. Anschließend wolle er noch mit der Einsatzstelle sprechen und mitteilen, dass er seine Arbeit später erledigen würde. Dann eilte er durch den Park und ließ Mira und Markus zurück.

„Mira", sagte Markus eindringlich und legte seine Arme auf Miras Schultern, „was wäre, wenn ich dir die Sterne vom Himmel holen würde?"

Mira lächelte und streifte sich die Haare aus dem Gesicht. „Die Sterne sind zu weit."

„Warum zu weit?"

„Weil die Sterne im Herzen funkeln; wer sie im Himmel sucht, bewegt sich verkehrt."

„Du glaubst, ich habe mein Herz nicht am richtigen Fleck?"

„Doch, aber ich glaube, du hast es noch nicht gefunden. Höre auf dein Herz. Es wird dir sagen, was du tun musst."

Markus blickte über den See und sah, wie die beiden Schwäne die Flügel ausbreiteten und sich in Bewegung setzten. Anmutig erhoben sie sich nach einem kurzen Anlauf in die Höhe und flogen geschmeidig über beide hinweg.

„Denkst du, dass Menschen ebenso unbeschwert wie die beiden Schwäne leben können?"

„Natürlich", antwortete Mira, ohne den Blick von ihm zu wenden. „Warum sollen wir Menschen das nicht auch können."

„Weil wir befangen sind. Unsere Erziehung wird uns daran hindern, glücklich zu werden. Wir wurden dahin konditioniert, etwas zu leisten. Wir müssen etwas zuwege bringen. Der Mensch muss sich jeden Tag beweisen. Ich habe Angst, dass ich mich nicht ändern kann."

„Nur wenn du an dich glaubst, vermagst du das. Nur die Liebe ist stark genug, den Menschen zu ändern. Liebe dich, erkenne dich und du wirst erkennen, was für eine Kraft in dir schlummert. Befreie diese Kraft. Mit dieser Kraft verbündet, wirst du alles erlangen, wonach du strebst."

„Dann möchte ich deine Liebe gewinnen."

„Die hast du schon gewonnen."

„Warum? Ist das hier auch so einfach?"

„Das ist überall einfach. Nur die Menschen haben zu viel Angst zu lieben. Sie wollen sich nicht mehr einlassen, aus Angst, verletzt zu werden. Das ist in einer kalten Welt so. Wenn man Tag für Tag kämpfen muss, wenn man sich immer wieder aufs Neue beweisen muss, darf man keine Schwäche zeigen. Da Liebe Hingabe ist, und Hingabe wiederum eine Schwäche in einer kämpferischen Welt, dürft ihr nicht ohne weiteres lieben."

„Lass uns irgendwo hin fliehen und uns lieben."

„Wir können überall hin gehen. Wir sind frei."

Markus umarmte Mira und drückte sie so innig, als sei es das letzte Mal, dass er sie berühren würde. Er fühlte, wie sein Herz pochte und wie das von Mira gegen das seine schlug. Er fühlte ihre Wärme und er streichelte ihren Rücken. Sie ließ ihn gewähren, legte ihren Kopf auf seine Brust. Er fuhr mit zärtlichen Bewegungen bis zu ihrem Hals hoch und grub seine Finger in ihre Haare. Sie dufteten blumig und fühlten sich flauschig an. Sie atmete ruhig, und er wollte sie nie wieder los lassen. Würde dieser Moment nur ewig währen. Dann nahm er ihren Kopf in seine Hände und blickte ihr tief in die Augen. Du hast die schönsten Augen, die ich je gesehen habe. Sie waren so geheimnisvoll, so voller Wissen und voller Lebenslust. Du bist ein so wertvoller Mensch. Er streichelte über ihre Wangen, über ihren Mund. Sie lächelte.

Von weitem näherte sich Klaus und rief über die Wiese: „Wir können."

Ja wir können. Wir können gehen, wohin wir wollen. Wir sind frei.

„Wenn man nicht zahlen muss, warum gibt es dann Bedienungen?" fragte er sie.

„Wir haben probiert, ohne Bedienung auszukommen. Es gibt Cafes und Restaurants, in denen keine Bedienungen arbeiten. Die Gerichte stehen in Büffets zur Verfügung. Man nimmt sich, was man will. Aber man hat festgestellt, dass der Mensch einen Umgang braucht. Ohne Bedienung sind Cafes oder Restaurant tot. Die Bedienung bringt Leben, Seele in die Gaststätten. Danach sehnen sich Menschen. Im Endeffekt können sie sich selber holen, was sie wollen. Aber das Gespräch und das freundliche Lachen eines Menschen ist, wonach man sich sehnt, sobald man wo hingeht."

„Ich sehne mich nach dir. Willst du mir dein Lachen schenken?"

Klaus erreichte die beiden und fragte, was auf dem Plan stünde.

„Wir wissen es noch nicht. Ich habe mich in Mira verliebt."

„Das freut mich", sagte Klaus. „Ich kenne einen schönen Platz, wo man sich verstecken kann …"

Unerwartet fuhr Markus herum. Der Wecker schellte erneut. Ein markdurchdringender Ton. Ein Alarm. Hört ihr das nicht? Es läutet. Markus verstand die Welt nicht mehr. Das kann doch nicht sein. Gerade jetzt, wo es so schön ist. Ein Stoß wirbelte ihn umher und Mira und Klaus schauten ihn betroffen an. Was ist denn los?

„Ich muss zurück nach Hause. Ich kann mich nicht verstecken, ihr habt mir die Augen geöffnet. Ich kann nicht in einer Traumwelt leben. Ich muss erwachen. Es ist eine andere Welt, in die ich gehöre. Und diese Welt ist nicht heil. Ich bin nur ein Mensch, ich habe keine Macht und kein Geld. Aber ich will nicht schuld an der Zukunft sein. Damit ihr leben könnt, muss ich etwas tun. Dass diese Welt, in der ihr lebt, erstehen kann, muss ich zurück. Möge der Mut, den ihr mir zugesprochen habt, mit mir sein."

„Markus, das war eine große Zeit mit dir. Viele gehen und kommen. Aber du nimmst etwas mit. Dafür lohnt sich die Reise. Jede Reise lohnt nur dann, wenn sie etwas verändert."

„Markus, ich bin so stolz auf dich. Ich weiß, du wirst den Himmel auf die Erde holen."

Tschüss mein Freund. Wir kannten uns nur kurz. Aber diese Freundschaft hat mich mehr verändert, als mein ganzes vorheriges Leben. Tschüss meine Liebe. Unsere Liebe war kurz. Aber sie hat mir die Sterne in meinem Herzen gezeigt. Und wenn ich den Himmel für dich nicht holen kann, so will ich die Sterne für dich strahlen lassen. Lebt und seid Zeugnis, dass es möglich ist, die Welt zu verändern. Dann streichelte er Mira über das traurige Gesicht, an dem die Tränen abschiedsvoll kullerten.

Mächtig riss ihn ein starker Sog zum See und er konnte sich nicht halten. Er griff die Hand von Klaus und Mira. Sie zogen ihn, wie sie nur konnten, aber der Zug war zu stark. Klaus ließ los und hob die Hand zum letzen Gruß. Mira schlug die Hände vors Gesicht und weinte. „Nimm sie mit dir Klaus. Tröste sie und liebe sie, wie ich euch liebe. Und immer, wenn ihr glaubt, dass es neben dem Sonnenschein auch Wolken gibt, dann denkt an euren Freund in der anderen Welt. Denkt daran, wie er für euch kämpfen wird. Dann schlugen die Wellen über ihm zusammen und es rauschte vom Wasser. Die Sonne schien in die Tiefe und die weißen Strahlen spalteten sich in Farben. Kunterbunt leuchtete der dichte Raum, durch den er haltlos trieb. Er ließ sich fortspülen und immer tiefer reißen, bis sich die Farben verloren. Es wurde dunkel und die Zeit formte sich zum Jetzt.

Der Wecker läutete und Lydia schlief dicht an ihn geschmiegt. Er stellte das Geräusch ab und schloss die Augen noch für ein paar

Minuten. Was war das für ein Traum? Wie real waren Klaus und Mira? Waren sie die Zukunft? Waren sie tatsächlich nur ein Traum? Waren sie eine Vision, die in ihm als tiefe Sehnsucht schlummerte. War Klaus ein Bote der Zeit? Egal. Jedenfalls wollte Markus, dass alle Menschen von dieser anderen Welt erführen. Er wollte seinen Traum jedem erzählen. Das schuldete er seinen Freunden. Vielleicht, dachte er sich, schreibe ich diesen Traum auf. Wenn die Geschichte nur die richtige Form hätte, so dass niemand kritisiert würde und sich niemand auf den Schlips getreten fühlte, dann könnten sie alle Menschen lesen und vielleicht würde ein Keim gesetzt, der das Leben aller veränderte. Wenn alle erkennen würden, dass wir uns nicht der Gewohnheit hingeben dürfen, wenn alle erkennen würden, dass eine andere Welt denkbar und machbar ist, dann wäre es ein Schritt in die richtige Richtung.

Die Geschichte könnte ,Traumwelt' heißen, überlegte er, das wäre ein guter Titel. Aber nach vielen Stunden, nach vielen Tagen und Monaten der Überlegung verwarf er sein Vorhaben. Die Menschen wollen im Grunde ihres Herzens nichts ändern. Außerdem gibt es immer zu viele, die Interesse haben, dass alles bleibt wie es ist. Sie werden sich massiv gegen die Visionen stellen und plausible Gegenargumente bringen, dass die Umsetzung unmöglich sei. Sie würden mit ausgefeilten Berichten und Stellungnahmen ihre Welt zementieren und alles fortwischen, was ihre prunkvollen Gewinnburgen angriffe. Andere würden behaupten, dass es uns doch gar nicht so schlecht ginge, dass wir mit dem Schwarzsehen aufhören sollten. Die Menschen würden nicken und sich bestätigt fühlen, wenn wieder ein Spinner vom Rednerpult gestoßen wurde. Sie können die notorischen Weltverbesserer nicht mehr ab. Dann würden sie den Tagträumer auslachen. Sie würden lachen und so weitermachen wie sie es gelernt haben. Sie würden weiterleben, so wie man es ihnen ein Leben lang eingeimpft hatte. Sie würden so weitermachen, wie es für die Mächtigen gut ist. Denn wer sollte damit anfangen?

Verloren

Alle Veränderungen, sogar die meistersehnten, haben ihre Melancholie.
Denn was wir hinter uns lassen, ist ein Teil unserer selbst.
Wir müssen einem Leben Lebewohl sagen, bevor wir in ein anderes eintreten können.
Anatole France (1844-1924), eigtl. Jacques François Anatole Thibault, frz. Dichter

Alfred Sinkewitz hatte nicht die Vorzüge, die einen ästhetischen Menschen kennzeichnen. Abgesehen von seinem fleischigen Gesicht und seiner wulstigen, schiefen Nase, hatte man den Eindruck, wenn man es über sich brachte, ihm längere Zeit ins Antlitz zu schauen, dass alle Gesichtskomponenten schief standen. Das eine Auge lag höher als das andere. Sein Abstand zu der aufsitzenden Augenbraue war wesentlich kleiner als auf der anderen Seite; dergestalt ging sämtliche Symmetrie verloren. Unter den Augen hingen – na klar – dicke Tränensäcke, die manche als Augenschwellungen nach einer Prügelei bezeichnen würden. Die Wangen waren aufgedunsen und die Zähne ... die waren, gelinde gesagt, auch nicht, was man sich unter einem Gebiss vorstellt, das kraftvoll in einen Apfel beißt. Manche Gemeindemitglieder spotteten hinter vorgehaltener Hand, dass Alfred Sinkewitz alleine die florierende Zahnarztpraxis von Doktor Blächer am Laufen halte. Andere übertrieben den Sarkasmus und lästerten gar, dass jede Schönheitspraxis die Annahme des Patienten Sinkewitz ablehnen würde, weil kein Skalpell so gut schneiden könnte, um da noch etwas heraus zu holen und da er beim Verlassen der Klinik die ankommenden interessierten Patienten so sicher wie das Amen in der Kirche abschrecken würde.

Mit dem Amen in der Kirche sind wir auch schon richtig, da Alfred Sinkewitz der Pfarrer der hiesigen kleinen Dorfgemeinschaft war. Bigotte Gemeindemitglieder sind mittlerweile überall in der Welt ein Klischee, welche, kaum aus der Kirche draußen, mit dem Lästern über den Nachbarn Meier oder die Frau Schneider lebhaft beginnen. Kaum ist der letzte Segen gesprochen, versickern die Vorhaben, sein Leben christlicher und nobler zu gestalten in den Gesprächsschwallen der keifenden und übereinander herziehenden Mitgläubigen so flugs wie

Wasser im Wüstensand. Und auf genau diesem Kirchenvorplatz sind so viele Gerüchte über den Pfarrer zur allgemeinen Belustigung herum gereicht worden, dass sogar die Kinder mitlachen konnten. Alfred Sinkewitz musste den Hetzrednern nach Pfarrer werden, weil es keinen besseren gab, die Strafen Gottes so sichtbar vor die Augen der Zweifelnden zu führen. Oder dass Alfred Sinkewitz in jedem anderen Beruf die Arbeitskollegen oder Kunden derart in Diskussionen über sein Aussehen verstrickt hätte, dass ein Großteil der Arbeitszeit flöten gegangen wäre. Den Vogel mit der bösesten Äußerung schoss zweifelsohne Frau Jakobi ab, die meinte, dass sie alle Glück gehabt hätten, dass Alfred Sinkewitz hier predigte, wo man doch so gut über ihn lästern könnte, weil, wenn er zusätzlich noch einen Buckel gehabt hätte, er als der einzig denkbare Nachfolger des Glöckners in die Notre Dame nach Paris beordert worden wäre. Es ist gar nicht auszudenken, was für ein herber Verlust das für die Gemeinde gewesen wäre. So einen schrägen Vogel können nicht viele als ihren Heilssprecher vorweisen.

So böse die Sticheleien über den ortsansässigen Pfarrer auch waren, so liebevoll waren sie gemeint, muss man doch fairerweise feststellen, dass wirklich alle Alfred Sinkewitz mochten. In dem Grad wie er hässlich war, so beliebt war er auch. Dass es sich bei der Zuneigung jedoch um kein Gottesgeschenk handelte, das aus dem Himmel geflogen kam, war sonnenklar. Es war vielmehr sein Verdienst, da er allseits freundlich und hilfsbereit war. Er hatte ein Ohr für jedermann und es gab niemanden, den er abwies, egal welche Stunde die Uhr geschlagen hatte. Auch viele von denen, die draußen standen, vor der Kirche, und motzten, waren schon in ihrer Verzweiflung zu der kleinen Pfarrerswohnung unmittelbar gegenüber der Kirche auf leisen Sohlen gekommen und hatten gegen die Holztüre gepocht. Und sie kamen nicht zum Nachmittagstee, denn da hätten sie von den anderen Gerüchteklopfern gesehen werden können, die sich tags darauf das Maul zerrissen hätten. Nein, mitten in der Nacht tanzten sie heulend an und brauchten jemanden, dem sie ihr Leid klagen konnten und von dem sie einen Rat erwarten durften. Da war zum Beispiel die allseits belächelte Frau Pauli, deren Mann eine andere hatte. Sie wusste es bereits seit zwei Jahren, da ihr Mann jeden zweiten Mittwoch im Monat unter einem fadenscheinigen Vorwand aus der häuslichen Idylle verschwand. Einmal, als sie es nicht mehr aushielt, stellte sie ihm nach und erwischte ihn prompt in flagranti in der Wohnung von Irma am Ende der Neubausiedlung. Sie spähte vom

Garten durchs Wohnzimmerfenster und konnte erschreckt beide auf dem Sofa bei einem „stürmischen Gehopse“ beobachten, bei dem „sogar die Wohnzimmerlampe durch das Gehupfe vom Beistelltisch flog und in tausend Scherben zerbrach.“ Leider, muss man schon bald sagen, weil Frau Pauli ab diesem Zeitpunkt den weiteren Verlauf durch das mangelnde Licht nicht mehr so gut verfolgen konnte. Trotzdem war es ihr möglich, im verbliebenen Dämmerlicht zu erkennen, dass es eine recht ordinäre Angelegenheit war. Sie kannte ihren Mann nicht mehr, „der sich wie ein Hengst gebärdete und sich aufbäumte und schrie. Eklig war das!“

Oder Herr Koniezky, der die größte Freude empfand, den Kindern beim Spielen zuzusehen. Kurz nach Schulschluss legte er seine Bastelarbeiten nieder, denen er seit seiner Frühpensionierung mit zurückgezogener Hingabe nachging, um eine Aufgabe zu haben, die nicht mit Menschen zu tun hat, und ging zum Spielplatz, wo sich die Schüler zum nachschulischen Toben trafen. Stundenlang saß er auf der schlichten Bank nahe der tumultuarischen Begegnungsstätte, allerdings *der* Bank, die am abseitigsten von den sich unterhaltenden Müttern stand. An den gutgelaunten Aufpassern, die ein belegtes Brötchen hier und eine Mineralwasserflasche da untereinander austauschten, ging der Blick vorbei, geradewegs auf die jungen Buben und Mädchen in ihren kleinen braunen Cordhosen oder knappen Röckchen und den weißen Strumpfhosen. Erst als Frau Liebermann ihn beim Spannen und mit dem lüsternen Blick entdeckte, „dass ihm das Wasser aus dem Maul tropfte“, gab es ein Komplott, das dazu führte, dass Herr Koniezky sich zunächst einmal zurückzog und dem Gehetze und Gottesdienst fern blieb. Erst als er es nicht mehr aushalten konnte, führte ihn der Weg in die bescheidene Stube von Pfarrer Sinkewitz, der sich geduldig die Auswüchse fehlgesteuerter Triebe anhörte und sachte das Gespräch auf eine Therapie brachte. Freilich war das ein Schock für Herrn Koniezky; jedoch empfand er den Leidensdruck als dermaßen hoch, dass er sich schließlich überreden ließ und ein Jahr später aus einer Klinik nahe Ansbach einen dankenden Brief an die Person verfasste, die ihm Mut für den unternommenen Schritt zusprach und letzten Endes Auslöser für die in der Therapie gewonnene Kontrolle war und somit Herrn Koniezky ein besseres Leben ermöglichte. Und außerdem bestimmt dem einen oder anderen Kind ein traumatisches Erlebnis mit einem alten, freundlichen Herrn mit schütterem Haar ersparte.

Auch Frau Jakobi, die den nicht ausgeschriebenen Preis für die gemeinste Äußerung gewonnen hatte, war bereits Gast bei dem gutherzigen Pfarrer ohne Feierabend. Ihr Anliegen, das sie weinend so gegen zwei Uhr morgens kundtat, war ein außergewöhnlich schlimmes. Frau Wendholz, ihre Reihenhausnachbarin hatte fraglos einen wunderschön angelegten Garten. Aber Frau Jakobi war sich sicher, eine Allergie gegen blühenden Flieder zu haben. Und ausgerechnet ein solcher ragte in buschiger Manier vom Garten der Nachbarin auf ihre Seite, auf die Terrasse hin. Der blühende üppige Flieder vermiese ihre so gut wie jeden Sommer, da sie unausgesetzt niesen müsse, und mittlerweile keinen Spaß mehr habe, im Freien zu sitzen. Auch nach mehrmaligem Bitten, den Fliederbusch zu entfernen, wies Frau Wendholz sie herablassend zurück und meinte, sie bilde sich „ihre Hypersensibilität" nur ein. Pfarrer Sinkewitz musste sich sogar die gereizten Nasenschleimhäute mit Hilfe der geneigten Schreibtischlampe eingängig anschauen, um bestätigen zu können, wie sehr Frau Jakobi leide. Leider konnte er für keine Abhilfe der verfahrenen Situation sorgen, doch versprach er der Gereizten, mit der Nachbarin ein Wort zu wechseln.

Kurzum, Pfarrer Sinkewitz war die gute Seele des Dorfes, das 641 Mitglieder zählte und wo sich Fuchs und Hase Gute Nacht sagen. Abgesehen von dem billigen Gerede war die Gemeinde eine friedliche und angenehme, in der jeder sein Auskommen, seine Feiern und Aufgaben hatte (in dieser Reihenfolge). Vielleicht käme sie einem etwaigen Besucher ein bisschen spießig und hinterwäldlerisch vor, weil er durchwegs saubere, kleine Häuschen mit einem Tick *zu* liebevoll gestalteten Gärtchen, die oftmals mit kleinen Zwergen oder Keramiktieren wie Rehen oder Gänsen aufgemotzt waren, hätte sehen können. Mit anderen Worten: Die meisten fühlten sich pudelwohl, in eine dörfliche Gemeinschaft, in der sich die Mitglieder gegenseitig gut kannten und halfen, eingebettet zu sein. Nach der Kärwa gab es das Feuerwehrfest, auf das wiederum das Straßenfest folgte. Manche feierten zusammen mit den Keglern, aber am meisten ausgelassen und bierseligsten war das alljährliche Anglerfest am Dorfweiher, in den der eine oder andere Trunkenbold schon gefallen war und unter dem Gejohle der Umstehenden spektakulär von irgendeinem Dorfburschen ans sichere Ufer gezogen wurde. Dieses Fest zog bisher alle Register, die locker Anekdoten für mehrere hundert Generationen liefern könnten. Bei einem der ersten dieser Anglerfeste entstand an einem der reichlich aufgestellten Biertische nach der dritten oder vierten Maß die grundlegende Theorie, dass Pfarrer Sinkewitz deshalb ein so einfühlsamer und freundlicher Mensch sei, da er sonst keine Vorzüge aufzuweisen habe. Außer ein netter Mensch sein, kann er ja nichts. Es gibt nicht viele Frauen, die auf „so eine Geisterbahnattraktion stünden." So viel Bier könne zum Anglerfest gar nicht angekarrt werden, um „die Frauen in eine derart offenherzige Laune zu versetzen, den Alfred drüber steigen zu lassen." Bestimmt ist nach einer durchzechten Vollrauschnacht die eine oder andere Partyfee auf dem Rasen hinter dem Ausschanktresen aufgewacht und wusste nicht, was in der vergangenen Nacht passiert war. Aber wie die besten Freundinnen so sind, wird der mit einem schweren Kater belegten Freundin haarklein beim Frühschoppen nacherzählt, was sich am Abend zuvor ereignet hatte. Letztes Jahr etwa, als der stramme Bursche Xaver seinen ganzen Monatsverdienst in gespritzte Maß und Schnäpse umlegte, um die fesche Rita nach hartnäckigen Einladungen flach zu legen. Aus einer gespielten Empörung wurde im Allgemeinen ein schnelles: Na ja, so schlecht schaut der Xaver ja gar net aus. Oder: Wenn er sich schon so ins Zeug legt, soll er auch seinen Spaß haben. Aber die dicksten Freundinnen würden wie Pech und Schwefel zusammen halten, wenn so ein „Eierabschrecker" wie der Alfred sich anschicken sollte, seine Hand auf das Knie von der Rita legen zu wollen. Würde Alfred „zum Abschleppdienst wechseln, stünde er sofort auf dem Abstellgleis." Da gäbs eine Backpfeife, dass ihm Hören und Sehen verginge. Nein, derart besoffen kann die ganze Riege nicht sein, dass der Glöckner auch nur den Hauch einer Chance hätte, die Glocken zu läuten. Die Freundlichkeit und Nettigkeit verhilft ihm zu einem Platz in der Gesellschaft, aber Fummeln oder Ranmachen ist nicht. Da sind sich die Mädels einig. Der soll mal schön enthaltsam leben wie alle Pfarrer, die dem Zölibat unterliegen. Gar nicht auszudenken, welches Kreuz der Nachwuchs ‚nach einem Unfall' tragen müsste. Wie leicht zu erkennen ist, herrscht in dieser Gemeinde das ganz normale Treiben wie überall woanders auch.

Einzig Frau Dohany wusste es besser. Sie hatte schon mehrere Male das Glück, ein aufrichtiges, intensives Gespräch mit Pfarrer Sinkewitz zu führen. Es sei selten, dass er über sich spräche, aber bei ihr sei er über seinen Schatten gesprungen. Sofort sei ihr klar gewesen, dass Pfarrer Sinkewitz ein überaus einfühlsamer Mensch war. Ihn prägte eine tiefe Empfindung verbunden mit einem tiefgründigen Wissen, das über Jahre angelegt worden sein musste. Die Heiligkeit des Wissens war in ihm sogar tiefer verwurzelt als der Katechismus. Zu den Mitmenschen wahrte er Distanz, vielleicht auch aus dem Grund, da er sich mit ihnen schwer tue. Er sei kein Plauderer, kein Wichtigtuer oder Angeber. Auf das Gerede legte er keinen besonderen Wert. Er sei ein zurückgezogener Mensch, der gerne läse und hin und wieder ein wenig philosophierte. Auch wenn er sich gehorsam um die Belange der Bürger kümmerte, war er kein Gesellschaftsmensch, ohne die Gesellschaft zu verachten. Ihm widerstrebte einfach nur die Vereinsmeierei und deshalb lebte er lieber für sich. Frau Dohany tat gut daran, die Gesprächsinhalte für sich zu behalten, obwohl sie sich schon ein bisschen über das merkwürdige Wesen des Pfarrers wunderte, aber gleichzeitig eine tiefe Faszination für diesen Menschen verspürte.

Eines Nachts änderte sich das Leben in dem Dorf Meiratshausen. Es war das Ende eines warmen Tags und in der Ferne tobte wieder irgendein Fest. Die Bierzeltmusik schallte herüber auf den Ackerrain. Die Feier artete wie gewöhnlich aus, als die Dorfburschen – und nicht nur die – auf den Biertischen stampften und sangen, dass die lautstarke Combo auf der Bühne kaum zu hören war. Der Saal schunkelte in berauschter Glückseligkeit und es gab kein Halten mehr. Der Kessel brodelte, wie man hier gemeinhin zu sagen pflegte. Unter den Feiernden befand sich Sina, die gerade 18 geworden war, und bestimmt galt ihr das eine oder andere ausgegebene Bier. Zusammen mit ihren Schulfreundinnen freute sie sich über ihre Volljährigkeit und ließ sich überreden mitzutrinken, obwohl sie bisher standgehalten und nie Bier getrunken hatte. Vielleicht wollte sie sich auch nur ein bisschen Mut antrinken, weil sie eigentlich einen Blick auf Marko geworfen hatte, der seit Wochen diesen erwiderte. Sie malte sich aus, mit ihm zu gehen und alle Gedanken kreisten um diesen gutaussehenden Jungen mit seinen strähnigen blonden Haaren, die ihm verwegen in die Stirn fielen und einen satten Kontrast zu der sonnengebräunten Haut boten. Und dann die stählernen blauen, ein Gegenüber vollends durchdringenden Augen, die auf eine sonderbare Art Lebensweisheit ausstrahlten. Seine breiten Schultern boten genug Platz zum Anlehnen und seine männliche Art ließ sie ihn anhimmeln. Immer wieder machte er Andeutungen in ihre Richtung und lächelte sie fortwährend an. Sina jagte der Flirt jedes Mal einen Schauer durch den Körper. Ihr Herz pochte, wenn sich ihre Blicke trafen. Wäre sie nur nicht so schüchtern. Er stand an diesem Abend auf dem Biertisch, eingehakt in die Ellbogen seiner Kumpels und sang und grölte mit einer Inbrunst, die ansteckte. Sina saß alleine inmitten der schunkelnden Menschenmassen. Ihr Blick durchbohrte den Festsaal, die wummernden Rhythmen und den wabernden Schweißnebel der wogenden Körper, um auf dem Angebeteten heften zu bleiben. Sie trennte sich von Raum und Zeit, schwebte in einem fernen Taumel und starrte weltverloren, ohne den Lärm und die Püffe der Umstehenden wahr zu nehmen.

Aber der Abend sollte nicht gut enden. Als der Umworbene zur schon fortgeschrittenen Stunde für längere Zeit aus Sinas Augen geraten war und sie das Schmachten nicht mehr ertragen konnte, ging sie ihm dorthin nach, wo sie ihn vermutete, nämlich auf der Toilette, ein bisschen mit der Hoffnung verbunden, mit ihm ‚zusammenzustoßen'. Vielleicht würde sich aus der Begegnung endlich ein Gespräch entwickeln. Vielleicht würde er sie auffordern, mit nach draußen zu gehen, um abseits des Trubels ein paar annähernde Worte auszutauschen. Vielleicht würde er sie fragen, ob … Doch die Ausmalungen blieben jäh in ihren Wunschträumen stecken. Ein Schmerz durchfuhr sie wie ein glühender Pfeil der Enttäuschung, als sie ihn endlich fand. Sie hätte nicht so weit laufen sollen, sie befand sich bereits am Eingang zur Herrentoilette. Aus den Kabinen kam ein seltsames Jammern, ein Klopfen und Jaulen. Die Kabinentür flog durch die Stöße auf und da sah sie ihn. Reginas Schenkel um ihn geschlungen, hielt er ihren entblößten Po. Kräftig stieß er sie gegen den Wasserspender über der Schüssel, an der sie sich festhielt. Sein muskulöser Körper nagelte sie gegen die provisorisch errichtete Bretterwand, dass Sina einen Moment lang dachte, gleich würde der komplette Sanitärbereich einbrechen. Sie kniff die Augen zusammen, aus denen Meere von Tränen schossen. Sinas Gedanken liefen Amok. Mit geballten Fäusten der Wut und Erniedrigung rannte sie aus dem Zelt, kollidierte mit unzähligen im Weg Stehenden und schaffte es schließlich, sich heraus zu boxen aus dem Lotterzelt. Aus dem Mief der Verruchten, die den Genüssen wie Kranke nacheifern. Dem Hort der Abtrünnigen, die den aufrichtigen, wahren Weg schon lange zugunsten des Überschwangs und des Bacchus verlassen haben. Ein Pfuhl der Wirren und Verirrten, der Sabbernden. Sie lechzen nach Ablenkung und sind sich keiner noch so großen Erniedrigung zu schade. Sinas Blick auf das Treiben ernüchterte schlagartig. Sie schneiden Grimassen und machen sich zu Deppen auf den Biertischen in dieser dekadenten Gemeinschaft, die mit ihren Fratzen der Vernunft ins Gesicht lachen.

Sina rannte auf die Festwiese, die verlassen in den Abend blickte, und ein milder Wiesenhauch umwehte das weinende Mädchen. Die gebeugten Halme zausten im Wind und saßen wie Verbündete in Reih und Glied. Vielleicht war es besser so, wie es jetzt gekommen war, dachte sie, vielleicht müsste sie auf die harte Weise erkennen, dass dieser Umgang nicht ihre Bestimmung war. Gottes Erziehungsstube ist hart, waren die Worte ihrer Großmutter, die in diesem Augenblick bedeutungsschwer nachhallten. Er weist uns auf unsachte Weise den wahren Weg. Sie musste sich anderen Glaubensgemeinschaften zuwenden. Eine aufrichtige, sittsame Gemeinschaft. Hier in Meiratshausen war für sie kein Zuhause mehr, das fühlte sie unbestimmt schon länger. Aber heute in ihrer Verletzung wurde ihr deutlicher als je zuvor die Falschheit und Scheinheiligkeit der Dorfbewohner schmerzlich bewusst und sie wandte sich innerlich von diesem erbärmlichen Abbild einer Gesellschaft ab. Freilich hatte das falsche Bild schon lange gebröckelt. Doch in ihrem jungen Kinderherz wurde in der Vergangenheit mancher Missstand notwendigerweise verklärt. Sie hatte sich arrangiert mit den Macken der Bewohner des hinterwäldlerischen Nestes. Aber immer wieder stieß es ihr auf, wenn sich die Erwachsenen wie Kinder benahmen. Sie ging stets weiter, wenn die Alten über den Zaun mit den Nachbarn um die Wette keiften oder sich über Belanglosigkeiten den wertvollen Tag zunichte machten. Sie konnte nicht verstehen, dass es im Leben nichts Wichtigeres gab, als über einen in den Nachbargarten ragenden Fliederbusch zu streiten. Sie konnte nur schwerlich nachvollziehen, dass es den Leuten so viel Spaß machte, über andere herzuziehen, zu klatschen und dummes Zeug zu reden. Sie formulierte ihre Gedanken poetischer, als sie dachte, dass mit der Zunahme der Jahre und damit auch der Erfahrung aus einem wachen Jugendblick Schminke die Makel nicht weiter kaschieren könnte. Einem einfühlsamen Menschen blieben die Schwächen der nächsten Mitmenschen nicht verborgen. Aber um sich vernünftig weiter entwickeln zu können, musste sie nach vorne schauen, an den Horizont des Dorfes und darüber hinaus. Nach diesem einschneidenden Erlebnis war der Weg frei, um reinen Tisch zu machen. Die bröckelnde Makulatur würde aus ihrer Vorstellungswelt gefegt und die Gedanken würden so klar wie der Blick auf eine nackte Hauswand, wenn der überstrichene Putz fiele. Dass diese dann nüchtern schimmerte ist kaum überraschend, da das Leben nüchtern an sich ist. Gemeinhin wird die ubiquitäre Nüchternheit nur allzu gern überpinselt mit einer aufgesetzten Fröhlichkeit und Umtriebigkeit, um an der Schlichtheit nicht zu verzagen. Aber sobald man die Schönheit des Einfachen erkennte, löste sich die Angst von der geduckten Seele, und der Blick würde frei auf das Wesentliche. Das Karussell war für Sina stehen geblieben.

Ohne Reue war sie ausgestiegen und verließ den Jahrmarkt der Gefühle. Sie wusste, dass sie ihrer Kindheit entwachsen war.

Halb erleichtert, halb beschwert torkelte sie über das Feld und sehnte sich nach einem Ort des Friedens, der sie aufnehmen und festhalten würde. Nach dem Verlust trachtete sie nach einer neuen, beständigeren Zuflucht.

Auf dem Ackerrain fern der Geselligkeit blitzten im düstren Mondlicht ein Paar Augen auf. Schwarz ummantelt stand eine Gestalt und beobachtete die einsame Wanderin. Herzschläge pochten durch erregte Gefäße, stiegen den Hals empor. Schweiß sprenkelte die Stirn, die im Mondesschimmer glänzte. Feiste Hände krallten sich um das Revers des Mantels, und das Atmen wurde schneller. Das Mädchen breitete befreit die Arme aus, als wollte sie die Sterne einfangen, die vom Himmel zu fallen schienen. Doch als Sina näher an den blättrigen Busch kam, hörte sie ein Knacken von Geäst. Erschrocken fuhr sie herum. Aus dem Verborgenen sprang im Nu eine Gestalt auf sie zu und riss sie jäh zu Boden. Dumpf plumpsten die beiden Körper in die feuchte Ackererde. Sina ließ der Alkohol, den sie nicht gewöhnt war, nur behäbig denken. Was willst du, was passiert hier, wollte sie schreien. Indes schnürte Angst ihre Kehle zu. Sie rang nach Luft. Die kräftigen Finger des Angreifers rissen ihr die Jacke mit einem Ruck auf. Sie wehrte sich, drückte den schweren Körper von sich. Unter ihrem schweißnassen T-Shirt zeichneten sich ihre jungen Brüste ab, die den Vermummten bei deren Anblick keuchen ließen. Die lehmigen Hände packten das Hemd und versuchten, es plump hoch zu zerren. Die zaghaften Versuche von Sina, es widerstrebend nach unten zu ziehen, blieben vergeblich, da die unnachgiebige Kraft der Männerhände auf Dauer stärker war. Schließlich rutschte ihr Hemd über den schaukelnden Busen, der blank im Mondlicht schimmerte und von lüsternen Blicken begafft wurde. Der Anblick entfachte die Leidenschaft des entfesselten Lustmolchs noch weiter. Es gab kein Halten für die ausgehungerte, lange zurück gehaltene Begierde. Zielstrebig packte sie der Wilde und demonstrierte seine Macht, um sie einzuschüchtern und zu kriegen, wonach ihn drängte. Kalte Hände rieben über ihre weiche Haut und hinterließen braune Erdspuren, die kreuz und quer wie Striemen ihre Spuren hinterließen. Sinas Kraft schwand und sie ergab sich in Resignation. Warme Tränen liefen über ihre feuerroten Wangen und tropften in die saugende Erde. Sie konnte sich nicht einmal aufraffen zu schreien, denn wer sollte sie hören? Nicht *in* das Festzelt, sondern *aus* dem Festzelt drangen vornehmlich die Rufe.

Plötzlich griff die Hand an die Hose, nestelte nach dem Knopf. Sina wand sich, bäumte sich auf, stemmte sich mit aller Macht gegen den Angriff. Nein, schrie sie, hör auf, hör doch auf. Doch durch das Gewicht des wuchtigen Körpers ging ihr die Luft aus. Hör doch auf, wimmerte sie. Die Hose sprang auf. Sie hatte keine Kraft mehr. Die Sinne schwanden allmählich, ausgelöst nicht zuletzt durch die emotionale Hingabe an das zuvor Erlebte und durch den sie benebelnden Alkohol, der ihre Glieder lähmte. Dem Ringen um die Vorherrschaft der Hände war sie nicht gewachsen. Die Gewalt des Mannes war auf Dauer mächtiger, roher, vernichtender. Niedergedrückt lag sie im warmen, saftigen Dung, schwach lagen ihre Arme zu beiden Seiten und halb besinnungslos spürte sie, wie ihre Hose gewaltsam über die Beine gestreift wurde. Ein kalter Wind drang zwischen ihre Schenkel. Der schale Atem eines Verlangens, das nicht mehr zurück gehalten werden konnte, blies ihr ins Gesicht. Angeekelt schloss Sina die Augen und wand ihr Gesicht ab. Ein Schauer des Schreckens durchfuhr sie, als sie die glibberige Hand zwischen ihren Schenkeln fühlte. Wild waren die Finger und unbeholfen. Sie begrapschten sie grob und plump. Es galt nur, das Verborgene anzufassen, sich das Weggeschlossene anzueignen, ein geheimes Territorium zu erobern. Sina fühlte sich ausgeliefert. Ein Schluchzen drang in die laue Nacht. Möge Gott ihr das nicht antun. Möge das Grauen bald ein Ende finden. Sie dachte an das Gras, ihre neuen Verbündeten, über das sie wenige Minuten vorher streifte. Die gebogenen Halme, denen sie zusah, als sie von der Macht des Windes gebeugt, von dem mächtigen Druck ihres Fußes niedergedrückt wurden. Die Halme ließen die Gewalt gewähren, bogen sich in ästhetischer Eleganz, und richteten sich, sobald der Wind verschwunden und der Fuß weitergegangen war, wieder auf und standen unversehrt. Die Halme überdauerten die Zeit, allen Angriffen trotzen sie und gingen durch ihre Standfestigkeit als strahlender, unverwüstlicher Sieger hervor. Ein Stich! Ein markdurchdringender Stich, der von unten bis in ihren Schädel schoss. Er durchstach sie vollständig wie ein Spieß. Vor Sinas Augen tanzten die grausamen Bilder zerfetzter Leiber. Tief bohrte sich eine todbringende Lanze in den Menschen, zerriss ihn, zerriss die Seele. Klaffend sprang die Haut auf. Offen stand das Fleisch, das aus dem Verborgenen, Geborgenen quoll und besudelt wurde von der schmutzigen Welt. Dann stieß der Vergewaltiger bis ihn ihr Allerheiligstes vor. Eine Entweihung! Ein Sakrileg des Gottlosen! Die schmähliche Vertreibung der Schutzgötter aus dem Bauch des Lebens. Eine Hinrichtung des Heiligen. Sie sank in ihrem Schmerz in die Tiefe des Abgrundes. Das Bewusstsein taumelte, und die Dämonen des Unterreichs entstiegen dem Zwielicht, zückten die Klingen des Gemetzels. Schmatzend wetzten sie ihre Krallen und die grünen schuppigen Leiber sprangen grunzend auf die gottverlassene Beute, die zum Opfer des Grauens wurde. Schmerz stieß aus den Wunden. Rauch vernebelte den Höllenort, und ein Spielen von Kindern erweckte Sinas Aufmerksamkeit. Die Sonne blitzte durch den Schleier und die Wolken stieben auseinander. Strahlend und voller Buntheit entstand ein Spielplatz und die Kinder tanzten auf der Kletterburg. Ein Mädchen mit langen Haaren wippte in stark verlangsamter Bewegung mit einem anderen. Auf einer Schaukel saß ein moppeliger Junge mit einer grün karierten Baskenmütze. Sie sangen ein Kinderlied und das Gras leuchtete prächtig. Vögel flogen in sachtem Flug über den Platz und es herrschte Frieden. Ein wunderbarer Frieden.

Sina kam zu sich und öffnete die Augen. Ihr war kalt. Frostige Schauer durchwallten sie. Sie zitterte wie Espenlaub und krümmte sich zusammen. Noch immer lag sie auf dem feuchten Acker und es war Nacht. Die ferne Musik war verklungen. Es war still. Sina stand auf und zog die schmutzige Hose hoch. Fest zog sie die Jacke um sich zusammen und ging mit tränenverschmiertem Gesicht nach Hause. Die Eltern lagen im Bett, in einem tiefen Schlaf nach dem rauschenden Fest. Ohne zu verweilen ging sie ins Badezimmer, stellte die Dusche an und streifte die verdreckten Klamotten von ihrem geschändeten Körper. Dann setzte sie sich unter das warme, reinigende Wasser und verharrte, bis sie aufgewärmt war. Noch immer zitternd schäumte sie sich von oben bis unten ein und rieb akribisch jede geschundene Hautstelle ab, als ob man Wunden wegwaschen könnte. Als ob Wasser den Dreck auf der Seele fortspülen könnte. Als ob Seife die Schmerzen aus dem Fleisch spülen, als ob Schaum die Gewalt in der Welt besiegen könnte.

Aufgeweicht mit rot geschrubbter Haut lag sie später im Morgengrauen im Bett und träumte von bizarren Dingen und Wesen und träumte von einer geschauten Welt, die sich in ihrer Grausamkeit unverblümt vor ihr auftat, einer Welt, in der das Grauen augenkundig sein Unwesen treibt; und alle haben sich damit arrangiert. Was allerorten vorherrscht, wird normal. Die Menschen gewöhnen sich an alles, sogar ans Unrecht. In dieser Nacht war ein Teil von ihrer elysischen Seele gestorben. Sie hatte ihre Unbefangenheit verloren.

Tags darauf prasselte ein unbarmherziger Regen hernieder, was Frau Liebermann nicht davon abhielt, in der Gemeinde Sturm zu laufen. Ihr war zu Ohren gekommen, dass der ortsbekannte Triebtäter Herr Koniezky dem unbescholtenen Dorf Meiratshausen nach seiner Therapie einen Besuch angekündigt hatte. Oder war er gar schon da? Frau Liebermann stand vor ihrem Gartenzaun unter einen ausladenden Regenschirm geklammert, wetterte unausgesetzt vor einer aufgehetzten Schar ebenfalls Empörter, die ihr bei jedem Redeabschnitt eifrig Recht durch zustimmendes Nicken gaben. Frau Liebermann verstand es, trotz des Regens schlechte Luft zu machen. Es sei unverantwortlich, einen potentiellen Kinderschänder in einer friedlichen Gemeinde gewähren zu lassen, polterte sie weiter in einem aufgebrachten Ton. Denn es sei gar nicht auszudenken, was mit den unschuldigen Kindern alles passieren könnte, triebe sich eine solche tickende Zeitbombe, ein Wolf im Schafspelz, auf den Spielplätzen und auf den Schulwegen herum. Die Eltern könnten die Augen nicht überall haben. Die Umherstehenden nickten. Wehret den Anfängen, predigte sie und drohte mit dem Finger, während ihre Augen auf den gerade eintreffenden Pfarrer wanderten. Dieser hatte alle Hände voll zu tun, dass sich Frau Liebermann beruhigte.

„Frau Liebermann“, sprach er mit Engelszunge, „Herr Koniezky hat zu keiner Zeit einem Kind etwas angetan. Im Gegenteil hat er alle Kinder respekt- und liebevoll behandelt.“

„Ich will aber nicht, dass er unsere Kinder liebevoll behandelt“, keifte Frau Liebermann in einem angriffslustigen Ton. „Man kann auch *zu* liebevoll sein.“

„Er hat sich seiner Neigung gestellt und sich therapieren lassen. Er kam von sich aus und hat sein Problem erkannt. Wir sollten das anerkennen.“

„Wir sollten das anerkennen?“ spottete sie. „Wie kann ich anerkennen, dass ein kranker Mensch mit kranken Fantasien zwischen unseren Kindern rumlungert? Wer kann mir garantieren, dass ihn die Lust nicht doch übermannt? Ich will *den* nicht hier haben.“

„Frau Liebermann.“ Pfarrer Sinkewitz breitete die Hände aus wie zum Gebet. „Herr Koniezky ist sehr krank. Jeder von uns wird mal krank. Seine Krankheit ist für ihn eine schwere Bürde. Er ist bereit, sie zu tragen. Er ist ein sehr verantwortungsvoller Mensch, der jetzt weiß, dass er den Kindern mit seiner Zuneigung Schaden zufügen würde. Nie würde er mit diesem Wissen in Versuchung kommen, auch nur eine Hand auf einen Kinderkopf zu legen. Sie kennen ihn und wissen, dass es stimmt, was ich gesagt habe, oder?“

„Das ist keine Krankheit, das ist ein Trieb. Ein männlicher Trieb. Ich kenne die Männer. Wenn die Denkzentrale nur wieder in den Schwanz rutscht, ist aller Vorsatz dahin. Männer sind Tiere!" Kräftiger Applaus von den umherstehenden Damen.

„Frau Liebermann. Bei allem Respekt. Zunächst sind auch Männer Menschen. Und man wird nicht behaupten können, dass *alle* Männer tickende Zeitbomben sind. Die weitaus größte Mehrheit führt ein vernünftiges Leben. Schauen Sie sich die Familienväter in unserer Gemeinde an. Glauben Sie wirklich, dass das alles triebgesteuerte Tiere sind. Sie haben Kinder, eine Familie, sind liebevoll und zärtlich."

„Trotzdem! Es geht ja auch nicht um die Normalen, sondern um Leute wie den Koniezky. Ich will den nicht hier haben."

„Haben Sie in ihrem Leben noch nie eine Krise gehabt?" Lange betrachtete Pfarrer Sinkewitz die aufgebrachte Frau Liebermann und wusste genau, dass auch sie nicht frei von Verfehlungen war. Jetzt blies ihr der eisige Wind der Wahrheit ins Gesicht. Sie wendete sich um und blickte hilflos auf die umstehende Gruppe, als ob sie nach Unterstützung lauerte. Tausend Gedanken eilten durch ihren Kopf. Auch sie war schon in der nächtlichen Stille bei ihm gesessen und suchte nach einer Lösung für die eine oder andere Untergangssituation, bei deren Entstehen sie einen durchaus mitgestalterischen Einfluss hatte. Plötzlich fiel ihr ihre Aktion vor einigen Jahren ein, dass sie einem unbekannten Wagen zwei Mal die Reifen zerstach, weil dieser angeblich in einer Halteverbotszone stand. Erst später klärte sich auf, dass es sich um den neuen Hausarzt während eines Patientenbesuchs handelte, und ein riesiges Schild dem Arzt das Parken als Ausnahme gewährte. Das war der Frau Liebermann dann dermaßen peinlich, dass sie den Pfarrer um Vergebung ihrer Sünden bat. Und natürlich um ein besänftigendes Wort mit dem Geschädigten, dass dieser von einer kostspieligen Klage absehen möge, was dann auch geschah. Nach einer Pause, in der Frau Liebermann genügend Zeit hatte, rot anzulaufen, fuhr der Pfarrer fort.

„Wollen wir ihm eine Chance geben, seine Krise zu überwinden. Geben wir ihm die Möglichkeit zu zeigen, dass er ein wertvolles Mitglied unserer Gemeinde ist, das selbstverständlich seine Schwächen hat. Wie wir alle. Geben wir ihm die Gelegenheit zu zeigen, dass er hierher gehört."

Frau Liebermann besann sich und nickte kurz. „Also gut", sagte sie großherzig, nicht zuletzt, da sie unter allen Umständen vermeiden wollte, dass ihre, von dem Pfarrer angesprochenen eigenen

Unzulänglichkeiten, die von den anderen durchaus als Anspielung betrachtet werden konnten, bei dem neugierigen Kreis zu weiteren Fragen führen könnten. „Versuchen wir es. Aber wehe, ich höre nur das Kleinste über ihn und sei es, dass er nur im Verborgenen mit seinen Blicken ein Kind ausgezogen hat, dann gibt es ein Donnerwetter, das er und das Dorf nicht in hundert Jahren vergessen wird.“

Nach dem Einlenken legte der Pfarrer eine Hand auf die Schulter von Frau Liebermann und lächelte. Er war stolz auf die aufgebrachte Mutter, dass sie vernünftig geworden war, und lud die ganze Gruppe zur nachmittäglichen Sonntagsandacht in die Kirche. Dieser Sturm war vorübergezogen. Sogar die Sonne spitzte wieder aus dem Gewölk. Nach einer Weile entließ er sie in die dampfende Morgenluft. Bestimmt wird sich die versammelte Mannschaft unter ihren bunten Schirmen noch einige Grauensszenarien ausgemalt haben. Doch es war Zeit, sich um das Mittagessen zu kümmern. Für beide Parteien.

Derweil herrschte gespannte Aufmerksamkeit im Dorf bei allen, die nicht kochen mussten. Sie kochten vor Neugier. Wer würde den Heimkehrer als erstes zu Gesicht bekommen? Die Vorhänge im Haus des im Interesse Stehenden waren jedenfalls seit Stunden zugezogen und eifrige Späher konnten vom Gartenzaun aus nichts Bemerkenswertes erkennen. Das Unwissen trieb die Gerüchteküche ins Skurrile. Es ist überlegenswert, welch ungeahnten Kräfte die Phantasie auch von Erwachsenen lostreten kann, obwohl man sie ihnen im Allgemeinen abspricht. Je weniger Information, desto bizarrer das Gerede. Jedenfalls war der Vormittag gerettet.

Um halb Eins erschien auch Sina zum Essen. Beide Eltern saßen bereits vor der dampfenden Terrine, als sie sich schweigend zugesellte. Ihr Vater guckte sie schelmisch an und fragte: „Na? Ein bisschen später geworden, gestern, was?“

Und die neugierige Mutter ergänzte gleich noch: „Und? Hast du einen netten Jungen kennen gelernt?“

Sina blieb wortkarg und signalisierte, in Ruhe gelassen zu werden. Griesgrämig reagierten die Eltern darauf und ließen sie in Herrgottsnamen sitzen und lustlos in der Suppe rühren, ohne dabei zu versäumen, sie immer wieder vorwurfsvoll anzublicken. Das Hin- und Herblicken schien auf Dauer wenig unterhaltsam und ermüdete. Die Mutter ertrug die Stille nicht und brach deshalb ein Gespräch vom Zaun.

„Du musst ja nicht mit uns reden, wenn du nicht willst. Aber ein bisschen Höflichkeit hat noch keiner Familie geschadet."

„Und *wir* sind auch müde", ergänzte der aufrecht sitzende Vater. „Auch für uns war die Nacht lang. Deshalb muss man keine Mupfel ziehen. Wer feiern kann, kann …"

„Ja! Wenn einer eine Mupfel ziehen kann, bin das ja wohl *ich. Du* hast ja ständig mit der Marion rum gemacht", fauchte die Mutter, die den rechten Augenblick abgewartet hatte, um einen Nadelstich zu setzen.

„Was? Mit der Marion rum gemacht?" Der Vater schien verdutzt.

„Du weißt sehr genau, was ich meine. Deine Glotzer wären ja beinahe in ihren Ausschnitt gefallen. Und sie hat ihren Spaß daran gehabt, dass dir der Sabber runter getropft ist."

„Ich habe lediglich ein bisschen mit ihr geplaudert. Wir unterhalten uns nicht das erste Mal …"

„An ihrem Knie haste rum gefummelt. Und wäre ich nicht zufällig zurückgekommen, hättste ihr wahrscheinlich unter den Rock gegriffen!"

„Hört auf", schrie Sina und hielt sich die Ohren zu. „Ihr seid widerwärtig." Sie sprang auf und rannte zur Verwunderung ihrer Eltern hinaus, durch den Garten und weiter aufs freie Feld. Sie rannte, soweit sie ihr Atem trug. Verausgabt setzte sie sich unter einen einsamen Baum am Rande des Feldes, der schützend sein Geäst über ihr ausbreitete. Hier konnte sie bitterlich weinen.

Viel schlechter hingegen ging es Jürgen, der so ziemlich die ganze Nacht über dem Eimer verbrachte. Leichenblass saß er am Esstisch vor seinen Eltern, die ihn heftig wegen seiner Maßlosigkeit rügten.

„Ein Alkoholkranker bist du! Wenn du nicht besoffen bist, ist der Tag noch nicht zu Ende. Deine Kumpels lachen schon über dich. Sie schließen bereits Wetten ab, wie lange es denn diesmal dauert, bis du unter der Bank liegst. Erträgst du dein Leben nicht mehr ohne Suff oder was?"

„Lass mich …"

„Lass mich, lass mich. Ins Koma soll ich dich lassen? Sauf dich doch zu Tode, wenn du unbedingt willst. Wenn es so toll ist, im Dauerdelirium hinzudämmern. Den ganzen Tag im Hindösen verplempern. Euch sollte man nach Afghanistan schicken. Dass ihr mal begreift, dass man nicht den ganzen Tag sinnlos wegwirft."

„Schrei doch nicht so mit dem Jungen", unterbrach die Mutter den schimpfenden Vater.

„Ja, hilf du noch zu ihm, wenn es den Bach runter geht. Macht doch, was ihr wollt“, polterte der Vater und stampfte wütend aus der Küche. Hinter ihm flog die Tür ins Schloss.

„Der Vater hat nicht so Unrecht.“

„So häufig bin ich auch nicht betrunken.“

„Häufig genug.“

„Ich weiß, ich mach mein Leben kaputt“, zitierte Jürgen die ewige Leier.

„Stimmt ’s etwa nicht? Denkst du, diese Phase wird von selbst irgendwann natürlich zu Ende gehen?“

„Wahrscheinlich ist sie schon zu Ende.“

„Was soll das heißen?“

„Ich habe gestern etwas angestellt.“ Stille. Eine Stille, die Jürgen in gewisser Weise genoss, denn sie signalisierte, dass ihm zugehört würde. Diesen wertvollen Moment des Zwiegesprächs wollte er nutzen. Umständlich legte er sich die Worte in Gedanken zurecht. Wie sollte er etwas, das ihm zutiefst peinlich war, ausbreiten, ohne sein Ansehen aufs Spiel zu setzen? Freilich würde das Zusammenleben mit den Eltern nicht enden. Dennoch kann es passieren, dass das Licht, in dem er ihnen erschien, ein gänzlich neues würde, wenn er seine Übeltat, die ihm auf dem Herzen brannte, gebeichtet hatte. Davor scheute er sich, sah aber keinen anderen Ausweg als den der Aussprache. Die Mutter drängte ihn mit einer ungeduldigen Handbewegung fortzufahren.

„Das schlimme ist: Ich weiß nicht was. Ich weiß nur, dass es ein Nachspiel haben wird.“

„Wieso?“

„Die Jungs haben es mir gesagt. Ich jedenfalls weiß nichts, außer dass ich heute Morgen auf der Wiese hinter dem Zelt aufgewacht bin.“

„Aber warum glaubst du, dass du etwas Schlimmes angestellt hättest?“

„Weil die Jungs gespottet haben ‚ich schien es aber an dem Abend dringend nötig gehabt zu haben’. Angeblich habe ich ein Mädchen belästigt.“

„Wer ist das Mädchen.“

„Das weiß ich ja nicht“, schrie Jürgen und klatschte verzweifelt die Hände vors Gesicht. „Ich kann mich an nichts erinnern. – Aber ich soll sie befummelt und zu Boden geworfen haben und so weiter. Keine Ahnung. Am Ende jedenfalls hat sie geheult und ist fortgelaufen.“

„Schön ist 's nicht. Aber nun auch wieder nicht so dramatisch, um in Weltuntergangsstimmung zu verfallen."

„Das Problem ist, dass ich ihr angeblich nach bin. Seitdem hat keiner was von ihr gehört. Das war das letzte Mal, dass ich gesoffen habe. So einen Blackout hatte ich noch nie. Und wenn ich Dinge tue, von denen ich später gar nicht mehr weiß, dass ich sie getan habe, ist das ein Warnsignal."

Die Mutter stellte ihm den gerade zubereiteten Kamillentee hin. Jürgen knabberte an einem Zwieback und verzog bei jedem Bissen das Gesicht, als kaute er eine saure Gurke.

„Kläre das", forderte die Mutter ihn eindringlich auf und ging dem Vater hinterher. Als die Tür zu war, kehrte Ruhe ein und Jürgen versuchte sich zu erinnern. Er wusste, dass die Stimmung in jenem Augenblick, in den ihn die Gedanken zurückführten, auf dem Siedepunkt war. Sie tanzten ausgelassen auf den Bierbänken und die Welt war in Ordnung. Er erinnerte sich an die aufmunternden Worte seines Kumpels Marko, der ihm einschärfte, die Gelegenheit zu nutzen. Die Weiber sind nie so scharf wie auf einem Fest. Der Alkohol würde ihre sonst zur Schau gestellte Zurückhaltung aufweichen. Vertrauensvoll legte er seinen Arm um Jürgens Hals. Wären die Hemmungen erst weg, sei es ein Kinderspiel, sie zu erobern. Marko hatte gut reden, da er seit Jahren den Dreh heraus hatte. Er wusste, wie man mit Frauen reden musste. Es gab keine, die er nicht schon angequatscht hat. Seine Masche war im Grunde immer die gleiche. Gute Laune, forsches Auftreten, ein untrügliches Selbstvertrauen. Das färbt ab, das gefällt den Frauen. Auch wenn sie ihn anfangs meist abblitzen ließen, auf Dauer konnten sie sich seiner Aufdringlichkeit nicht entziehen. Neugierig auf die Stärke seiner Persönlichkeit und seines Auftretens ließen sie sich auf ein Abenteuer ein, das nur ein Abenteuer bleiben konnte. Es war ein Spiel mit dem Feuer. Aber Frauen lieben das Spiel. Das provokante Wortgefecht, das eigentlich einem Balzverhalten gleich kam. Marko war ein Meister darin. Er versäumt keine Gelegenheit, seinen Arm um die Umworbene zu legen, seine Hand um ihre Hüften zu legen und schließlich die verborgenen Bereiche aufzusuchen. Seine Eroberungsfeldzüge sind meistens erfolgreich. Jürgen hatte die Anmache seines Kumpels vor Augen, als dieser Regina auf den Tisch zog, vor ihr aufreizend tanzte und sie mit Griffen in seinen Schritt zum Lachen brachte. Bald darauf hatte er seine Hände an ihrem Po und zog sie an sich. Immer enger schmiegten sich ihre Körper in wogenden Bewegungen aneinander. Der Feldherr blies zum Marsch! Forsch flüsterte er ihr eindeutige

Absichten ins Ohr. Jürgen vernahm nur, wie er seinen Kopf ihn ihre Haare grub und rief: Ich will dich jetzt, egal wo. Der Überrannten widerstrebte das forsche Eindringen der feindlichen Truppen in ihr Territorium. Sie suchte nach einer Verteidigungsstrategie, stieß den Vorlauten von sich und verschaffte sich Raum. Aber ein Feldherr, der Land erobert hat, war keinesfalls gewillt, es wieder aus den Händen zu geben. Komm, du willst es doch auch. Du bist scharf. Du bist absolut die Wunderbarste, die ich kennengelernt habe. Ein tänzerisches Hin und Her im Rhythmus der Musik, er presste, sie stieß; solcherart wurde die Stimmung angeheizt und als seine flinken Hände nur oft genug an ihre intimsten Stellen vorgedrungen waren und in ihr das Feuer der Lust entfachten, war der Kampf gewonnen. Angeheizt verschwanden beide mit wehenden Fahnen in den Toiletten. Fanfare! Jürgen konnte sich nur in seiner Fantasie ausmalen, was dort passierte. Die Bilder von den frechen Griffen an ihre Brüste, zwischen ihre Pobacken ließen ihn taumeln. Er war aufgeladen, wie ein Haarschopf, der wie elektrisiert in die Luft stand, nachdem man über ihn einen Pullover gezogen hatte. Alles an ihm stand ab. Nüchtern besah er sich selbst in Gedanken. Aufgeladen bis in die Haarspitzen wollte auch er an jenem Abend den Funken überspringen lassen und warf sich ins Getümmel. Er tanzte zwischen den Mädels und grapschte hier und dort. Seine Finger bitzelten bei jeder Berührung der weichen, feuchten Haut. Starrend lagen seine Augen auf den liebreizenden Ausschnitten, auf den wogenden, wollüstigen Körpern. Sein Trafo summte, doch die Zündung versagte, er konnte keinen Gegenpol anziehen. Es verging die Zeit.

Im Augenwinkel sah er Sina von den Toiletten laufen. Sie wankte und schien verwirrt. Vielleicht konnte er bei ihr landen. Auf sie hatte er schon lange ein Auge geworfen, aber sie wirkte unnahbar. Ihm rutschte regelmäßig das Herz in die Hose, wenn er vor ihr stand und den Mund aufmachen wollte. Aber heute war er gut drauf. Er bückte sich, schnappte sich ein Stamperl Schnaps und leerte es in einem Zug. Sich mit dem Handrücken den Mund abwischend bahnte er sich durch die hüpfenden Leiber den Weg, bis er vor Sina stand. Er hob an, sie zu grüßen, als sie ihn barsch zurückstieß, und er gegen die Bierbank krachte. Schnurstracks lief sie zum Zeltausgang ins Freie. Was ist denn mit der los, fragte er sich verwundert, schmiedete aber den Plan, an ihr dran zu bleiben und sie zu befragen. Wie lautete der Rat seines Freundes: Steter Tropfen höhlt den Stein. Würde er sich ihr nur einfühlsam genug nähern, gäbe es keinen Grund, ihn zurückzustoßen. Grundsätzlich war sie nicht abweisend. Vielmehr war sie eher geheimnisvoll und unergründlich. Weil Jürgen nicht wusste, was sie dachte, scheute er sich, ihr zu nahe zu treten. Aber heute würde er es wagen. Diese Nacht war seine Nacht. Heute wird gefeiert. Auf dem Tresen stand ein Tablett mit einer Lage Williamsbirne. Genau das Richtige, sich aufzuputschen. Kurzerhand waren die vier Bestellungen geleert. Bei dem Tohuwabohu hatte die Bedienung eh die Übersicht verloren. Jürgen trat vors Zelt. Wohin war sie gegangen? Als er die ersten Schritte in die Nacht torkelte, schwanden an der frischen Luft seine Sinne. Was war passiert? Sein Gedächtnis versagte die Erinnerung. Er trommelte vor seinem Kamillentee sitzend mit beiden Fäusten gegen seinen Kopf, um die Bilder der vergangenen Nacht wachzurufen. Was hatte er angestellt? Was geschah im Dunkel der Nacht?

Sina quälten die Erinnerungen an die vergangene Nacht. Sie haben sich ihr eingebrannt und tanzten unaufhörlich vor ihren Augen. Schwarze, ungreifbare Gestalten umgaben sie, unsichtbare Arme langten nach ihr; sie hörte einen imaginären schweren Atem. Immer wieder wandte sie sich um, da sie meinte, verfolgt zu werden. Unfähig, einen anderen Gedanken zu fassen, lief sie über die Felder, bis sie so weit war, dass es unwahrscheinlich war, jemandem zu begegnen. Sie liebte die Natur, besonders den Wald. Hier hatte sie schon oft Trost gefunden, wenn sie sich ihm mit schwerem Herzen anvertraut hatte. Die Erde war noch feucht vom morgendlichen Regen. Aber die Sonne blitzte von einer Bank, die an einem Waldrand seitlich des Weges stand. Sina war müde vom Gehen und sank erschöpft auf einen trockenen Flecken darauf. Sie reckte ihr Gesicht zur Sonne und ließ es wärmen. Vogelgezwitscher drang von überall aus dem Wald. Die Luft roch nach Moos und Blättern. Unruhig zogen Wolken ihre Bahn. Was treibt einen Mann zu solch einer Tat? Wie kann er sich *so* von seinen Trieben übermannen lassen? Ist es normal, dass ein Mann im Rausch jegliche Kontrolle verliert? Ist diese Gewalt, diese Ungerechtigkeit das Los der Frau? Wer ist er? Wer ist der, der zu so etwas in der Lage ist? Wer ist das Untier, der das Grauen in ihr Leben brachte? Sie konnte keine Ruhe finden. Unablässig peitschten die Fragen durch ihren Kopf.

Aber nicht nur der Täter der vergangenen Nacht beschäftigte sie. Was ging bei ihren Eltern vor? Zunehmend stritten sie sich. Einst gingen die Streits von Feier zu Feier, nach denen der eine dem anderen unzüchtige Freizügigkeit oder gar Ehebruch unterstellte. Nunmehr fanden die Auseinandersetzungen offen tagtäglich in der

Küche, im Wohnzimmer, im Supermarkt statt. Ein harmonisches Zusammenleben ist in weite Ferne geraten und Sina wähnte sich am Ende eines behüteten Lebens. Ihr war klar, dass die heile Welt der Familie, in der sie zu leben glaubte, ein Hirngespinst eines Kindes war. So lange wie möglich hielt der junge Mensch an seinem Traumschloss fest und dicke Mauern ließen die rauen Anstürme der Wahrheiten vor den Toren des Bewusstseins branden. Aber je deutlicher Sina die Entwicklung des Zusammenlebens mit ihren Eltern vor Augen hatte, desto klarer wurde ihre Sicht auf die Verlogenheit der familiären Harmonie. Der unverstellte Blick auf die engsten Vertrauten weitete sich in ihrer Überlegung auf die Allgemeinheit. Die Menschen sind Schlangen, die nach dem Untergang der andern trachten. Nur um des eigenen Vorteils willen. Der Mensch an sich ist klein. Ihr erschienen die meisten Bewohner von dem Siebenhundertseelennest in ihrem Verhalten wie Kinder, die alt geworden sind. Sie sah die Unsicherheit der Erwachsenen in ihren Gesprächen. Vielleicht sprachen und polterten sie gegenüber anderen gerade weil sie unsicher waren. In ihren täglichen Verrichtungen waren sie an ihren Grenzen, waren mitunter überfordert. Jähzorn und Geschrei, anstatt Absprachen und sachliches Planen. Meiratshausen gab das Bild eines großen Kindergartens ab, in dem gespielt, gestritten und gehauen wird. Aber war das die Welt der Erwachsenen, die Kinder bekamen und erzogen? Waren sie die Vorbilder, an die sich die Lernenden halten sollten? Wieder spannte sich der Bogen in Sinas Denken von einem Brückenstein zum nächsten, bis sie zu unkontrollierten Handlungen schweifte. Menschen taten oder sagten etwas, das sie im Nachhinein bereuten. Warum haben sie es dann erst gemacht? Kann man seine Triebe so wenig steuern? Verlässt einen die Kontrolle immer häufiger, sobald man sie einmal verloren hatte? Die Gedankenschleife war vollzogen. Wie ein wildes Tier im Käfig kreiste, so kreisten ihre wilden Gedanken ungebändigt und ruhelos in ihrem Kopf. Sie fühlte eine Unruhe, die sie rastlos machte.

Sind die dem Menschen innewohnenden Triebe wegweisend? Dann wären alle Menschen von Trieben gesteuerte Wesen, die sich an einem bestimmten Punkt nicht mehr kontrollieren könnten? Inwieweit kann sich ein junger Mensch auf so eine von vernunftlosen Mechanismen gesteuerte Umgebung verlassen? Richtlinien, Ordnungen und Gebote wären klägliche Versuche, die niederen Instinkte in Zaum zu halten? Sind Kirche und Staat nur Raubtierbändiger? Ihr war schon lange klar, dass die Kirche einen weltlichen Auftrag ausführte. Aber ist Religion nicht etwas in uns

Lebendiges? Die Kirche kann doch nicht die äußeren Dinge regeln. Sie ist doch für das Seelische zuständig. Hier offenbarte sich für sie ein Paradoxon, welches sie vollends verwirrte. Die Kirche als Wegweiser zum Kern eines jeden selbst verläuft sich im Äußeren und lenkt den Menschen vom Blick nach innen ab. Solange die Kirche im Weltlichen stochert, wird sie nie eine Lehre sein, die das Wesen des Menschen ergründet und den Weg zur eigenen Erleuchtung weist. Wie soll ein Suchender Weisheit erlangen, wenn er am Gesellschaftlichen haftet? Nur wenn der Mensch sich von der Gesellschaft trennte und nach innen blickte, ginge er den Weg der Rückbesinnung, der die Logik der Religion ist. Aber sobald Sina die Einwohner von Meiratshausen vor Augen hatte, wurde ihr klar, dass *diese* Menschen eine Ordnung brauchten, um überhaupt mit den anderen klar zu kommen. Es würde Mord und Totschlag herrschen, würden Staat und Kirche keine Gesetze und Gebote erlassen. Der Mensch ist ein Raubtier.

Von so einem Raubtier war sie angefallen worden. Sie hat es verführt, sie hat seine Triebseite angesprochen. Diese Einsicht zwängte sich ihr verbunden mit einem Schrecken mit einem Male auf. Durch ihr bloßes Auftreten hat sie die kontrollierte, in einem verschlossenen Raum versteckte Kehrseite des Menschen befreit. Und ist das Tier losgelassen, gibt es keine Bändigung. Grausam schlägt es los und zeugt von der Brutalität der Natur, die in uns allezeit schlummert und nur durch viel Anstrengung in den Tiefen der Seele verscharrt wird. Um den Schmerz in ihrer Seele leichter stemmen zu können, schob sie trotz ihrer scharfen Zergliederung der Ereignisse die Schuld auf sich. Sie sah sich als den Auslöser für die unglaubliche Tat. Es war die Angst vor dem Animalischen in ihr und der kindliche Umgang mit Schuld, der sie zu der aberwitzigen Annahme verleitete.

Sina entschwand über diesen grauenvollen Gedanken die Freude am Leben. Kummervoll blickte sie in den Himmel und fühlte die Last der Wolken. Diese Form der Seelenqual überwältigte das zarte kindliche Gemüt bei weitem. Verzweifelt flüchtete sie sich in Gedanken und sah sich in Bildern voller Farbe über eine Blumenwiese springen. Sie lachte und johlte. Ihre Bewegungen waren so unendlich langsam, so weit wie diese Erinnerungen zurücklagen. So unendlich weit. So fern, dass sie nur noch aus einer vagen Fantasie entsprangen und die Deutlichkeit und Intensität verloren. Sinas ursprüngliche Gedanken kamen wieder zurück und sie wusste, dass sie diese Gedanken nie wieder los bringen würde. Diese Erlebnisse, diese unverblümte Sicht auf die Welt, die von allem kindlichen Zauber enthoben ist, waren kalt und untrüglich. Die heile Welt, die lange von ihr und ihren Mitmenschen am Leben gehalten wurde, krachte wie ein Kartenhaus zusammen. Genauso leicht, genauso unwiederbringlich. Das universale Gleichnis von der Vertreibung aus dem Paradies stand vor ihr so anschaulich, wie eine Geschichte vor Kinderaugen nur leben kann. Sie naschte vom Baum der Erkenntnis, die hoch in dem knorrigen Baum als Früchte hingen. Frucht für Frucht wurde die Ausweglosigkeit und Grausamkeit deutlicher. Die Erkenntnis des wahren Lebens ist derart fürchterlich und eindringlich, dass nur die Verweisung aus dem Garten als logische Konsequenz erscheint. Der Garten der Kindheit war verlassen, Adam hat seinen Lendenschutz angelegt, und die Landung in der rauen Welt war vollbracht. Derart beschwert von unlösbaren Konflikten verlor sie die ihr bisher innewohnende kindliche Leichtigkeit, die das Wunder der Kinder ist. Sina fand sich nach ihrer Vertreibung in einer Realität von Lug und Trug wieder und über dieser bitterbösen Klarheit, über der sie zu zerbrechen drohte, verlor sie die Fassung und ließ ihren Tränen freien Lauf.

Ein lautes Krachen ließ alle zusammenzucken. Der Stein, der in das Fenster von Herrn Koniezky flog, brachte sofort beim Auftreffen das Glas zum Bersten, das laut klirrend ins Wohnzimmer des Hauses rieselte. „Treffer!“ jubelte ein junger Mann, der inmitten der Schaulustigen, die sich seit dem späten Morgen um das Haus versammelt hatten, stand. „Jetzt wird er sich wohl zeigen. Der soll uns in die Augen schauen“, rief ein anderer.

„Komm raus, Kinderschänder!“ rief ein angeheizter Belagerer, der wild am Zaun rüttelte.

„Ja spinnt ihr jetzt. Mit euch geht der Gaul durch oder was?“ Am Rande der Gruppe stand Herr Zuber, dem die Aktionen sichtlich zu weit gingen. „Damit machen wir uns strafbar. Außerdem erreichen wir so überhaupt nichts.“

„Sympathisierst du jetzt wohl mit dem Pädophilen oder was? Dann geh halt gleich rein zu ihm. Dann könnt ihr euch gemeinsam verstecken“, rief der Steinwerfer. Die Menge stimmte in ein hämisches Gelächter.

„Leute! Ich bin auf eurer Seite. Das wisst ihr, sonst wäre ich nicht hier. Aber es gibt Grenzen. Was wir da machen, ist Sachbeschädigung.“

„Willst du den Pädo jetzt schützen oder was?“

„Ich will uns schützen. Wir beginnen Amok zu laufen. Die Sache gerät außer Kontrolle. Ich will auch nicht, dass unsere Kinder gefährdet werden. Aber wir können uns nicht anmaßen, jemanden zu steinigen.“

„Zu steinigen! Hört euch den Spinner an.“

„Ja geh doch nach Hause und lass uns unsere Arbeit machen.“

Die aufgebrachten Männer bedrängten den Fürsprecher und begannen, ihn zu schubsen. Dieser wehrte sich, so dass die Grundlage für eine Eskalation gegeben war. Die Rangelei artete in eine aggressive Schlägerei aus. Die Fäuste flogen, einige prallten gegen den Zaun, dass er in seiner Verankerung hin- und herrüttelte. Schließlich floss Blut. Herr Zuber ging zu Boden. Erschrocken ließen die Raufbolde von ihm ab. „Lasst ihn in Ruhe. Der hat genug“, sagte der Steinewerfer in einem rauen Ton.

Ein anderer drohte dem Geschlagenen mit erhobenem Zeigefinger: „Misch dich nicht ein, Zuber. Das ist unsere Sache.“

„Ihr seid nicht normal“, murmelte Herr Zuber und fing sich noch einen verächtlichen Schubser ein. Dann trottete die Bande wieder zurück zum Zaun und rief weiter nach dem Eingeschlossenen. Herr Zuber indes langte sich an die Augenbraue. Wenig später sah er das Blut, das aus einer länglichen Wunde tropfte. Die muss man stoppen, sagte er zu sich mit Blick auf die Randalierer, bevor noch etwas Schlimmes passiert.

Während draußen einige aus dem Dorf gegen Herrn Koniezky mobil machten, kniete Pfarrer Sinkewitz nach der Messe, die wie immer nach Festen schlecht besucht war, andächtig im Gestühl. Der Oberkörper ruhte schwer auf den Ellenbogen, die zu gefalteten Händen ausliefen. Das Haupt war demütig gesenkt. O Herr, sprach er leise, wir Menschen haben es nicht leicht. Zu viele Prüfungen warten auf uns. Die Versuchungen sind zu verlockend, das Fleisch ist schwach. Würde nur die Vernunft obsiegen. Aber wir Menschen sind hin und her gerissen. Das Überangebot von allem lässt uns gierig werden. War der Mensch noch vor fünfzig Jahren recht genügsam, so will er heute alles haben. Die Raffgier nimmt kein Ende. Angetrieben durch Werbung, die allerorten bunt auf uns nieder leuchtet und uns in seinen Bann zieht, verliert sich der einzelne im Konsum. Vielleicht weil uns der fruchtbare Boden der Liebe und Zuneigung stetig mehr entzogen wurde, sind wir bereit für andersartige Belohnungen. Herr, weil wir uns alleine gelassen fühlen, uns nicht behaglich fühlen in einer rauen Welt, drängt es uns, unsere geschundene Seele einzubalsamieren. Das erledigen die vielgestaltigen Konsumgüter. Sie sind der Ersatz für die liebkosende Salbe, die uns unsere engsten Vertrauten in Form freundlicher, anerkennender Worte und Gesten aufgetragen haben. Das hoffnungslose Ausgeworfensein in eine nicht fassbar sich gestaltende, unüberschaubar große Welt veranlasst viele, sich nach einer Geborgenheit zu suchen, die nur in Form von Ersatzbefriedigungen zu kriegen ist. Mein Vater, wie kann ich der Gemeinde vermitteln, ihr Heil im Glauben an dich zu finden? Wie kann ich ihnen klar machen, dass die wirkungsvollste Medizin im Heiligen Wort zu finden ist? Wie kann ich ihnen beweisen, wenn sie es nicht versuchen, dass die Gesundung der Seele, die Heilung vom Rausch, das Loskommen von den Süchten in der Wiedererlangung des Wissens um einen heiligen Vater begründet ist? In Dir fußt die Freiheit. In der Vereinigung mit Dir befreie ich meinen weltlichen Körper von der Sehnsucht, weil der Geist genährt ist. O Herr, wie kann ich die Menschen zum Umkehren bewegen ..."

Wie zur Antwort klappte die schwere Türklinke des Eingangs nach unten. Der Schlag hallte durch den weiten Kirchenraum. Pfarrer Sinkewitz merkte auf. Er sah einen verkniffen dreinblickenden Jungen im Eingangsbereich stehen. Freudig erhob er sich und winkte ihn heran.

„Jürgen. Hallo. Komm doch rein."

„Haben Sie Zeit, Herr Pfarrer?"

„Klar. Für meine Gemeinde habe ich immer Zeit."

„Ich muss beichten."

„Dann komm. Wir gehen zum Beichtstuhl, da sind wir ungestört."

Sie gingen schweigend in die hintere Ecke der Kirche. Beide waren von einer bedrückenden Erwartung beschwert. Während der eine um seine Absolution bangte und dazu die Worte drehte und wendete, um sich mit Hilfe des vorwegnehmenden Durchspielens der Beichte die Angst zu nehmen, sann der andere, welche Wahl von behutsamen Worten die richtige sei, um einerseits die Wichtigkeit des Sakraments zu verdeutlichen und zur Heiligkeit zu erheben, andererseits das zurückkehrende Schaf wieder in die Herde zu integrieren, um die Zuflucht für die Rückgewinnung zu nutzen.

Nachdem sie Platz genommen hatten, zog der Pfarrer den Vorhang beiseite, der den Blick durch das Stäbchengitter auf die andere Seite des Beichtstuhls freigab. Jürgen kniete und sprach seinen einleitenden Spruch, den er vor vielen Jahren im Religionsunterricht auswendig gelernt hatte, herunter und fuhr dann fort: „Meine letzte Beichte war vor sieben Monaten. Ich habe folgende Gebote übertreten: Ich habe

Vater und Mutter nicht geehrt, ich habe den Namen Gottes nicht geehrt, ich habe meinen Nächsten nicht so behandelt, wie ich es von ihm erwarte …“

„Jürgen. Das ist alles nicht so schlimm. Du bist kein Kind mehr. Du weißt wie das Leben läuft, und es gibt Dinge, die macht man gut und andere eben nicht. Aber diese Dinge lassen sich regeln. Hast du den Herrn beleidigt, kannst du dich abends in einem Gebet entschuldigen. Hast du deine Eltern beleidigt oder ihnen nicht gefolgt, kannst du dich bei ihnen persönlich entschuldigen. Es gibt aber Sünden, die einen fürchterlich belasten. Die man nicht so einfach loswird. Die einen auf Schritt und Tritt verfolgen. Ich glaube, das ist der Grund, weswegen du den Mut aufgebracht hast, hier herzukommen. Irgendeine Tat bekümmert dich, lässt dir keine Ruhe mehr.“

„Sie haben Recht. Ich weiß nicht, wie ich es sagen soll. Ich bin völlig durcheinander. Es ist so billig.“

„Hier im Hause Gottes musst du keine Scham haben. Gott hört und weiß alles. Es geht darum, zu bereuen und die Sache wieder in Ordnung zu bringen. Der erste Schritt führt an diesen Ort.“

„Letzten Samstag, beim Dorffest, habe ich zuviel getrunken. Wir Jungs haben uns gegenseitig angestachelt, wegen Mädels und so. Ich habe keine Ahnung, wie so etwas läuft. Also war ich recht aufgewühlt. Um die Nerven zu beruhigen, wollte ich ein bisschen Alkohol trinken. Ich dachte, das nimmt mir ein wenig die Schüchternheit. Ich traue mich ja nicht, ein Mädchen einfach so anzusprechen.“

„Alkohol zu trinken ist nicht gut, und es ist bestimmt besser, es nicht zur Gewohnheit werden zu lassen. Aber ich denke, da steckt mehr dahinter.“

„Leider. Ich kann mich nicht erinnern. Das ist das große Problem“, sagte er kläglich. „Das frustriert mich ja auch so. Ich glaube aber, dass ich etwas ziemlich Schlimmes angestellt habe.“

„Schieß los! Es gibt nichts so Schlimmes, als dass Gott der Herr es nicht vergeben würde. Er hat uns seinen Sohn geschickt, der die Sünden der Welt auf sich genommen hat. Ihm kannst du vertrauen, er ist dein Freund.“

„Ich habe schon länger ein Auge auf Sina geworfen. Die kennen Sie ja. Sie sieht gut aus und ist nicht so burschikos und flatterhaft wie die anderen. Sie ist vernünftiger, reifer, ruhiger. Ich wollte auch kein Mädchen, mit der ich auf den Tischen tanzen kann. Ich wollte eine Freundin, auf die ich stolz sein kann. Kurzum, ich habe sie angesprochen, worauf sie mir recht herablassend klar gemacht hat, dass ich anscheinend nicht ihre Liga bin. Sie hat mich ignoriert. Hat mich einfach links liegen gelassen. Ich wollte aber nicht einfach so aufgeben, also habe ich ein paar Schnaps getrunken und bin ihr nach. Sie ist aus dem Zelt raus über die Festwiese. Ich bin da irgendwie rumgeirrt, weil der Alkohol seine Wirkung an der frischen Luft allmählich voll entfaltet hatte. Ich habe nur immer wieder so Erinnerungsfetzen, dass ich ein Mädchen umarmt habe, obwohl sie mich zurück gestoßen hat. Immer wieder wollte ich ihr einen Kuss geben. Dann sind wir umgefallen und ich bin auf sie gefallen. Ich wollte sie nicht mehr loslassen, habe rumgefummelt und so. Ich weiß nichts mehr. Die Jungs haben mich nur veräppelt und mir nachgesagt, dass ich mich ja ganz schön ins Zeug gelegt hätte. Nicht schlecht, sagte einer und klopfte mir auf die Schulter. Mein lieber Mann, sagte ein anderer, hätte ich gar nicht gedacht von dir, dass du die Frauen so klarmachen kannst. Alles anerkennende Wort. Ich weiß aber nicht, was mit dem Mädchen ist."

Pfarrer Sinkewitz starrte konzentriert in die Luft. Die Lippen waren ernst zusammengepresst. Jürgen nahm eine Büßerhaltung ein und wusste nicht weiter. „Ich bitte um Vergebung meiner Sünden."

„Das ist keine leichte Sache. Ich bin sehr froh, dass du gekommen bist. Zunächst betest du drei Vaterunser und drei Avemaria. Weil du bereust, wird dir der Herrgott vergeben. Jesus ist auf deiner Seite. Aber was ganz wichtig ist: Du solltest unbedingt zu Sina gehen und dich entschuldigen. Sprich mit ihr. Ich weiß, dass dir das schwerfallen wird. Aber versetze dich in die Lage des Mädchens. Vielleicht ist ihr Unrecht widerfahren. Vielmehr noch, sie wurde gezwungen, ihr wurde wehgetan. Sie wird deine Entschuldigung akzeptieren. Sie wird sich freuen, dass du auf sie zugehst und ihr die Hand reichst. Sage ihr, was du für sie empfindest, sage ihr, dass du das nicht wolltest. Ich bin sicher, sie wird dir vergeben. Wenn ihr miteinander gesprochen habt, werden sich die Wolken mit einem Schlag auflösen. Du wirst sehen, wie gut das tut. Von deiner Seele werden Tonnen von Gewicht abfallen. Alles Trübe löst sich auf und du wirst wieder der Alte sein. Rede mit ihr."

„Gut! Aber was ist, wenn sie …"

„Mach dir darüber keine Sorgen. Rede mit ihr. Der Rest ergibt sich. Versprichst du mir das."

„Verspreche ich." Die kummervolle Miene des Bekennenden hellte sich sichtbar auf. Wenngleich ein gehöriges Maß an Verunsicherung mitschwang, so wusste Jürgen, dass er das Richtige getan hatte. Ihm ist schon jetzt ein Stein vom Herzen gefallen. Er fühlte sich bestätigt, dass die unliebsame Sache zu einem guten Ende führen würde. Vielleicht war alles nicht so schlimm, wie er es sich in seiner Fantasie ausmalte. Vielleicht würde das Gespräch mit Sina gut verlaufen, vielleicht würde sie ihm sagen, dass nichts passiert sei. Vielleicht würden sie sogar auf diese Art und Weise endlich ins Gespräch kommen. Vielleicht würde sich ein langersehntes Tor öffnen, und die Sache, die jetzt so schlecht aussah, führte am Ende zu einem versöhnlichen Ausgang. Mit neu gewonnener Zuversicht ging er zum Kirchengestühl, sprach andachtsvoll seine Gebete und dankte anschießend dem Lieben Gott, dass sich die Beklemmung aufgelöst hatte, dass er wieder frei atmen konnte. „Und vom Alkohol werde ich ab sofort die Finger lassen. Ehrenwort!“

So ging dieser bemerkenswerte Sonntag in einer lebhaften Gemeinde zu Ende. Während Jürgen in der Abenddämmerung nach Hause schlenderte, brachten die meisten Familien die letzten Arbeiten hinter sich und gingen früh zu Bett, da fast alle noch die Auswirkungen der rauschenden Samstagabendfeier in ihren Knochen verspürten. Die Sommerferien ließen die jungen Leute entspannter auf den kommenden Tag blicken. Einige Berufstätige jedoch hatten keinen Urlaub und mussten am Montag wieder ausgeruht sein. Die Grillen zirpten ein Gutenachtständchen, während der ländliche Duft in die Schlafzimmer drang.

Der Montag strahlte und die Menschen bevölkerten die Straßen. Sina ging sehr systematisch vor. Ihre Jeans, ihr T-Shirt, ihre Unterwäsche, alles was sie an diese Nacht erinnerte – sie wusch alles rein oder warf es weg, hinterließ keinen Hinweis auf das an ihr begangene Unrecht. Was sie nicht zerstören konnte, waren die immer wiederkehrenden Bilder. Schreckliche Blitzlichter der grauenhaften Nacht. Das vermummte Gesicht. Der schwere Körper. Der schwere Atem. Die festen Fäuste, die ihren Willen brachen. Die Gewalt, der sie ausgeliefert war.

Sie sah ihre Zukunft vor sich, freudlos und unerträglich und unvermeidbar. Sie wagte nicht zu sterben, und doch würde sie kaum leben, außerstande sein, einem Mann zu vertrauen, außerstande sein, eine Bindung einzugehen. Das Bild des Mannes, das sie seit ihrer Kindheit in sich trug, verwandelte sich vehement. Der fürsorgliche Vater, der weise, weitsichtige und vernünftige Ehemann, der coole Junge mit Lederband um den Hals, der sie verwegen und Abenteuer versprechend anlächelt, all diese tief in ihrer Brust getragenen, positiv besetzten Formen des begehrten Geschlechts sind ausgefräst, entheiligt. Sie hatte Angst über die Tat nachzudenken, Angst, dass die Gedanken sie besäßen und sie ihr unabsichtlich entschlüpften; für immer allein, für immer begraben, für immer schuldig, sich nach dem Tode sehnend, aber daran gehindert, nach ihm zu greifen. Immerhin würde sie diesen Trost haben: Keiner würde von ihrer Schande erfahren. Keiner sollte angeklagt oder falsch verdächtigt werden. Das Dorf sollte in Ruhe und unbeschwert fortexistieren.

Es war im Augenblick grimmiger, entschlossener Verzweiflung, dass sie sich an den Pfarrer erinnerte, des Sprechers für die Schwachen. Sicherlich war er katholisch, Angehöriger des Glaubens, der sie mehr und mehr abstieß, aber er machte deutlich, dass er an den Wert des menschlichen Lebens glaubte, auch wenn sich die Betroffenen keiner Konfession zugehörig fühlten. Er diente dem Menschen, er war der Sprecher, dessen Geschäft es war, die wahren Ursachen und Motive hinter den Dingen zu erkennen, die Menschen taten, und die Wahrheit des Lebens zu verkünden. Sie konnte sich bei aller Überlegung keinen anderen Menschen vorstellen, dem sie sich anvertrauten könnte.

Sie war sich vorher nicht im Klaren darüber gewesen, aber jetzt, da ihre Seelennot überbordend war, erkannte sie die Notwendigkeit eines Vertrauten. Eines unabhängigen, verschwiegenen Menschen, der verstand. Jemand, der ihr zuhörte und vergab. Jemand, der ihr den Weg aus dem Tal wies. Auch wenn Gott für sie fern war, der Priester war es nicht.

Vielleicht würde er sie nicht zulassen. Vielleicht klagte er sie an wegen ihrer Unredlichkeit, ihres Zorns über die Institution Kirche und die Kirchenhäuser, die sie seit einigen Jahren mied wie der Teufel das Weihwasser und wies sie zurück. Aber es bestand eine Chance, dass er sie aufnahm, dass er ihre Not erkannte und unabhängig von ihrer Anschauung helfen wollte. Vielleicht nicht gleich, aber nach ein, zwei Wochen oder nach ein paar Monaten. Und vielleicht, wenn er die Wahrheit fand und mit der klaren Stimme sprach, mit der ein einfühlsamer Mensch, ein Priester zu sprechen vermag, vielleicht würde sie das von ihrer Schuld, schmutzig zu sein, befreien, die sie bis ins Herz verbrannte.

Ihr Ruf ging in Gedanken in die Kirche. Bitte, entscheide dich, mir zu helfen, flehte sie stumm. Und ihr Ruf drang in das Herz des Pfarrers, bevor er es wusste, weil der Ruf schon viel früher in seinem Herzen saß.

Während die Seelenkämpfe eines von einem loderndem Feuer erfassten Zweigestirns geistige Verbindungen knüpften, um sich über den Äther anzufassen, saß eine verängstigte Gestalt mit zitternden Fäusten vor dem Kinn im Keller seines Hauses und bangte, den nächsten Tag zu erleben. Herr Koniezky verstand die Welt nicht mehr. Als wohlbehüteter Junge war er in diesem verträumten, leuchtenden Ort aufgewachsen. Er hatte seine Spielkameraden und seine Freunde. Er achtete die Nachbarn und war schon als Junge stets hilfsbereit und freundschaftlich. Wie oft spielten sie zusammen Fußball auf der Dorfwiese. Er und seine Kumpels, von denen einige im ortsansässigen Verein kickten, ihm aber immer wieder Respekt zollten, wie gut er spielte und sich trotz seines schmächtigen Körpers schlug. Denn die Gegner waren nicht zimperlich. Regelmäßig fanden Spiele gegen die Nachbarortschaften statt, die mehr als nur Statussymbolcharakter hatten. Es war in gewisser Weise Krieg gegen die anderen Gemeinden. Ein Sieg zählte wie die totale Vernichtung und er hielt ein ganzes Jahr lang. In dieser Zeit brauchte der allen Unterlegene keine Forderungen oder Ansprüche zu stellen. Auch bei der Vergabe von Aufträgen oder Veranstaltungen, die überregional vergeben wurden, hatten die Verlierer keine Aussicht auf Berücksichtigung. Kurzum, die Gemeinde, die im Vergleich der Fußballmannschaften den Kürzeren zog, trat bei ihrer städtebaulichen Entwicklung ins Hintertreffen. Geschweige denn vom Ansehen und Ruf. Und es war der Spott, der auf sie herabfiel, wie das Pech in ihren renovierten Wehranlagen, das im Mittelalter auf die Angreifer gegossen wurde und sie zu bemitleidenswerten Kreaturen verwandelte. Herr Koniezky kämpfte im Bewusstsein dieser Tatsache aufopferungsvoll für die seinen und stand – trotz seiner Defizite – seinen Mann. Doch wie er so in Gedanken schwelgte, die ihn in die Kindheit zurückführten, fiel ihm der fürchterliche Abend ein, als sie nach einem Sieg gegen Wilburgbostel unter der Dusche feierten und sangen und Biermaße herum reichten. Die Stimmung war auf dem Siedepunkt. Der Gegner war wie ein begossener Pudel vorzeitig abgereist. Der Pokal wechselte die ruhmreichen Hände und hatte seinen Platz im Vereinsheim unter den anderen Trophäen sicher. Nach und nach verschwanden die Spieler aus den Duschräumen, deren Durst sie ins Lokal führte. Übrig blieben der Junge Koniezky und drei ältere Spieler, die die Leitwölfe der Truppe waren. Sich mit ihnen gut zu stellen war für das Überleben eines Jungen in der verschworenen Gruppe unabdingbar. Dazu zu gehören war die Eintrittskarte in den VIP-Bereich der Gemeinde. Diese Mannschaft wurde gefeiert, wie die deutsche

Nationalmannschaft nach dem Gewinn der Weltmeisterschaft. Alle Mitglieder genossen einen bevorzugten Umgang bei den bewundernden Einwohnern. Grüß Gott, Konnie – wie er von den Leuten genannt wurde – klasse Spiel letzten Sonntag. Die habter abber heimgschickt, die Burschen. Dene hammas zeigt. Was wolle se denn? Einen Korb Äpfel? Brauchen se fei net zu bezahle. Geht aufs Haus, gell.

Diese drei Jungs waren die Alphatiere und sie klopften Konnie anerkennend auf die schmale Schulter. „Hast gut gemacht, heute. Deinen Gegner haste kaltgestellt. Nur kurz vor der Halbzeit isser durch. Was war denn da?“

„Der ist mir auf den Fuß gestiegen. Das war ein Foul. Der Schieri hat es nicht gesehen.“

„Ach so. Bist schon ein toller Hecht, Konnie. Wie lange spielst du jetzt für uns?“

„Drei Jahre. Und der Trainer hat mich immer aufgestellt.“

„Drei Jahre. Verdammt lange Zeit. Da wird es Zeit, dass wir dich aufnehmen, in unsere Bande. Du weißt, dass wir in die Diskos überall umsonst reinkommen. Wir kennen alle. Wenn du was brauchst, sagste, du ghörst zu uns. Klar?“

„Klar. Is echt cool.“

„Aber als echter Mann, und ein solcher biste jetzt, wennste bei uns mitmachst, musste eine Mutprobe bestehen.“

Herr Koniezky wurde mulmig bei den Gedanken aus seiner Kindheit. Noch immer saß er zusammen gekauert im Hobbyraum und hörte einen weiteren Stein gegen seine Scheibe fliegen. Wann hören die auf? Was habe ich denen gemacht? Als draußen einen Moment Ruhe einkehrte, flüchtete seine Aufmerksamkeit wieder durch die Zeitmaschine in die Zeit unter der Dusche.

Die drei Jungs bedrängten ihn. Die Mutprobe trieb Herrn Koniezky heute noch die Schamesröte ins Gesicht. Er wurde aufgefordert, sich vor allen dreien einen runter zu holen. „Das kann ich nicht. Das bringe ich nicht fertig.“

„Hopp, jetzt sei kein Frosch. Biste ne Memme oder was. Das haben alle gemacht. Ich war der erste, der sich einen gewichst hat. Da is nix dabei.“

Dann stießen sie ihn und boxten ihm auf die Schulter. Konnie wurde flau im Magen. Was haben die mit mir vor? Wie komme ich hier raus? Er spähte verschüchtert ums Eck, ob nicht vielleicht doch jemand käme und ihn retten würde. War da nicht ein Geräusch?

„Was is jetz, Alter? Biste impotent, oder was?“

Die drei bogen sich vor Lachen und stießen sich gegenseitig an.

„Schau dir das Milchbübchen an. Der kriegt wahrscheinlich keinen hoch."

Wieder kringelten sie sich, während Konnie vergeblich auf seine Rettung hoffte. Wieder und wieder unternahm er einen Versuch, die Dusche dezent zu verlassen, aber immer wieder packten sie ihn grob am Arm und zogen ihn zurück.

„Wo willste denn hin. Brauchst nen Playboy, was?"

„Schau doch uns an, sind wir nicht geil", sagte der zweite und schaukelte aufreizend sein Gemächt. Konnie starrte darauf. Das Glied war ausgewachsen. Groß baumelte es herunter. Die Schambehaarung war dicht und sah erwachsen aus. Konnie hingegen war kahl und sein Glied war noch klein und unerfahren.

Die anderen lachten und stimmten in die Bewegung mit ein.

„Ich kann nicht! Lasst mich gehen!"

„Du spinnst wohl. Willst du uns verarschen? Erst machste, als willste dazu gehören, dann drückste dich. So geht's net Alter. Des kannste vergessen. Jetzt reiß dich zusammen, sonst erledigen wir die Sache."

„Bitte lasst mich gehen. Vielleicht ein andermal. Ich mach's das nächste Mal, ehrlich."

„Der will uns verscheißern, der Lahmi", sagte der erste und wandte sich den anderen empört zu, die zustimmend nickten und unerwartet sehr ernst wurden.

„Dann müssen's wir halt erledigen. Halt ihn fest."

„Stopp!" rief Konnie. „Nicht. Bitte nicht. Ich mach's. Aber lasst mich in Ruhe."

„Na also. Los, fang an."

Konnie umfasste sein Glied und fing an, die Vorhaut vor und zurück zu bewegen, aber es tat sich nichts.

„Des schaut abber kläglich aus, Schlappschwanz."

„Ja, des müssn wir unbedingt den anderen erzählen. Der Konnie kriegt keinen hoch."

Konnie kniff die Augen zusammen. Los, werde steif. Bitte. Er versuchte an ein Mädchen zu denken. Er tat sich schwer, sich zu konzentrieren. In der Not fiel im nur seine Banknachbarin aus der Schule ein: Simone. Sie trug häufig weiße Strumpfhosen. Darüber einen kurzen Rock. Sie hatte auf beiden Seiten kurze Zöpfe und war recht zart gebaut. Er ärgerte sie manchmal in der Pause im Schulhof, wenn er aus dem Hinterhalt ihren Rock lupfte und rief: Deckel hoch, der Kaffee kocht. Sie guckte dann verstohlen und schämte sich.

Manchmal lief sie ihm aber auch hinterher und drohte mit einer Ohrfeige. Er entkam aber jedes Mal und lachte. Diesmal würde er nicht entkommen. Die Jungs kicherten und feuerten ihn an. Sie erzählten ihm, um ihn heiß zu machen, Geschichten von Mädchen, die sie angeblich hinter der Schule flach gelegt hätten.

„Die Lisa war so heiß, die hat mich im Unterricht immer angestupst und gesagt, komm, wir gehen kurz raus. Wir taten dann so, als müssten wir mal austreten, sind in Wirklichkeit aber hinter die Schule. Da hat sie ihr Höschen ausgezogen und sich gegen die Mauer gestützt. Ich hab se von hinten genommen, das kannste dir gar net vorstelle. Der hab ich es fast bis zur Pause besorgt."

Endlich regte sich etwas bei Konnie. Er lächelte etwas vor Erleichterung und arbeitete weiter. Ich muss es schaffen. Ich muss es schaffen, sonst verpetzen sie mich und machen mich zum Gespött der Mannschaft. Dann wissen es alle.

„Schaut doch gar net so schlecht aus. Der Konnie kriegt's gebackn."

„Der is kurz davor. Schau, wie er keucht. Der is scharf wie ne Chilly."

„Bist auf dem besten Weg, wennste es der Lisa auch besorgen willst. Auf so ne Nummer steht die."

„Spritz ins Waschbecken, Wichsi. Mal schaun, was de zutage förderst." Ha, ha, lachten die anderen und spuckten ins Becken.

Konnies Körper war von oben bis unten angespannt. Sein Kopf war rot vor Anstrengung, aber es wollte ihm vor all den gierigen Blicken nicht gelingen, zum Ende zu kommen; egal, wie sehr er sich konzentrierte. Die anderen wurden sichtlich ungeduldig.

„Was issn jetz? Willste dir den ganzen Nachmittag einen schütteln, oder was?"

„Jetz fängt er an, es zu genießen, die geile Sau."

„Ey, Konnie, mach fertig. Die andern warten schon."

Allmählich wichen die Anfeuerungsrufe in Kundgebungen der Enttäuschung.

„Der schaffts net."

„Kommt, lass den wichsen, wir gehen. Bis der fertig ist, gibt's kein Bier mehr."

„Kommste halt nach Konnie. Und spül das Zeugs runter, nich, dass wir darin noch ausrutschen. Ha, ha …"

Äußerst belustigt zogen die drei ab. Schnell waren sie angezogen und schlugen die Tür hinter sich zu. Na, das war ein Spaß. Aus dem Konnie wird ein Großer. Dann verschwanden ihre Stimmen in den

Gängen der Katakomben. Ruhe. Konnie stellte sich mit zittrigem Gang unter die Dusche, wusch die Schmach aus seinem Gesicht. Sein Herz schlug vor Angst, dass ihm schwindelig wurde. Er rutschte an der gefliesten Wand in die Hocke, legte sein Gesicht in die Hände und begann zu wimmern, als er sich sicher war, dass keiner mehr zurückkommen würde.

Wie damals vor so vielen Jahren saß Herr Koniezky gehockt zwischen einem alten Tisch und einigen Stühlen, die er noch vom Winter im Keller stehen hatte. Wegen seines Aufenthalts in der Klinik war keine Zeit, sie nach draußen zu bringen. Außerdem konnte er sich in Anbetracht der Horden vor seinem Garten und den Menschen, die ihn vor seinem Klinikaufenthalt schon seit Tagen und Wochen anfeindeten, sowieso nicht vorstellen, sich draußen hinzusetzen. Ihm wurde klar, dass diese unbeschwerten Zeiten vorüber waren. Die Vergangenheit hatte ihn eingeholt. Wie lange würden sie ihn noch belagern? Das muss doch irgendwann ein Ende nehmen.

„Jetzt ist Schluss“, rief Herr Zuber, der sich mit einem strammen Schritt den tobenden Unruhestiftern näherte.

Neugierig fuhren die Blicke herum. Was will der Zuber schon wieder? Aber mit einem Mal vergingen ihnen das Lachen und das Wüten.

„Hast du jetzt die Polizei mitgebracht oder was?“

„Der Zuber ist doch ein Arschloch. Das wird er büßen, der Sauhund.“

Hinter Herrn Zuber trabten zwei Polizisten mit einem überaus ernsten Blick.

„Meine Herren, wir haben hier eine Anzeige wegen Hausfriedensbruch“, sagte der eine Beamte und blieb vor den Chaoten stehen.

„Das ist ein Missverständnis, Herr Oberkommissar“, säuselte der Wortführer. „Wir haben eine Verabredung mit Herrn Koniezky und warten hier nur auf ihn.“

„Und aus Langeweile schmeißen Sie mit Steinen auf die Fensterscheiben“, sagte der zweite Polizist und zeigte auf den Schaden am Terrassenfenster.

„Das waren wir nicht. Das war wahrscheinlich der Sturm von heute Mittag. Hat ziemlich gestürmt und geregnet. Das haben Sie ja sicherlich mitbekommen.“

„Wenn das Fenster tatsächlich während des Sturms zu Bruch ging, muss im Wohnzimmer ja ziemlich viel Regenwasser auf dem

Fußboden zu finden sein. Wollen wir gemeinsam einmal hinschauen, meine Herren?“

Daraufhin blickten die Ertappten ziemlich dämlich aus ihren Klamotten. Beide Polizisten nahmen die Personalien jedes einzelnen und den Vorfall auf.

„Sie gehen jetzt nach Hause, sonst verpassen wir ihnen noch eine Anzeige wegen Randalierens und Hausbelagerung. Den Schaden klären Sie mit Herrn Koniezky. Ende der Woche werden wir mit ihm reden. Da ist die Sache geklärt, sonst wird es Ernst für Sie, meine Herren!“

Es folgte ein einstimmiges Gemurmel. Die Ordnungshüter konnten erkennen, dass sich die aufgebrachten Gemüter allmählich beruhigten. Der Ausdruck in den Gesichtern bezeugte, dass sie sich ihres Fehlverhaltens langsam bewusst wurden.

„Wird geklärt, Herr Oberkommissar“, murmelte der Wortführer kleinlaut und blickte auf die anderen. Die stimmten ein, ja, wird geklärt. Alles in Ordnung.

„Dann ist gut, Wolfgang. Und hör auf mit dem Oberkommissar. Wenn du mich verarschen willst, kannst du mich auf der Wache besuchen. Da diskutieren wir über Beamtenbeleidigung.“

„Jetzt komm schon. War nicht so gemeint.“ Ja, man kennt sich auf dem Land. Abgekühlt gingen die Parteien ihres Wegs. Schnell waren die Herren in alle Richtungen verstreut. Aber natürlich musste sich Wolfgang noch einmal umdrehen und die Faust in den Himmel recken. „Und wir sprechen uns noch, Zuber.“

Der winke ab und verschwand in Richtung seines Hauses. Die Abendnachrichten müssten gleich kommen. Mal schauen, was in der Welt so passiert ist.

Die Nacht zog herein, in das liebliche Meiratshausen. Nach und nach gingen die Lichter aus. Jürgen lag in seinem Bett und legte sich die Worte in den Mund, die er Sina sagen wollte und sprach noch ein ihm Kraft gebendes Gebet. Pfarrer Sinkewitz starrte an die Decke seiner Schlafkammer in der Pfarrerswohnung. Ihn belasteten schwere Dinge, die sich nicht vertreiben ließen. Er warf sich unstet hin und her und rief immer wieder in sein Kissen, als könnte es die Schuld in sich aufnehmen und den Schmerz und das Leid in der Welt. Frau Liebermann hat noch mit ihrem Mann gestritten und lag jetzt neben ihm. Sie fand nicht nur deshalb keinen Schlaf, weil er schnarchte, dass das Betttuch vibrierte, sondern weil sie die vielfältigen Ereignisse und Probleme in Beschlag nahmen. Wie kann ein Mensch in Frieden leben, wenn die andern ihn nicht lassen. Und ein gespensterhaftes Bild von Herrn Koniezky wanderte über die nächtliche Decke. Der Grusel erfuhr seinen Höhepunkt, als sich zu dem schaurigen Gesicht des Kinderpeinigers noch das feiste Gesicht ihres Mannes gesellte. Das war auch für Frau Liebermann zuviel. Sie zog die Bettdecke über beide Augen und wollte nicht sehen, was nicht gesehen werden darf. Wolfgang schmiedete indes einen Plan, wie er dem Zuber eines auswischen könnte. Er würde ihm am Freitag, wenn dieser seinen Hund im Verein abrichtete, einen ganzen Liter Buttermilch in die Heizungsschlitze seines Autos kippen. Das wird nach einer Weile so stinken, wie der Zuber stinkt. Bis zum Himmel stinkt dem Wolfgang der Verrat. Der wird sich noch umsehen, der Zuber. Herr Koniezky musste sich mit den Bildern seiner Jugend auseinander setzen. Sie traten so deutlich klar wie ein scharfes Messer vor seine Augen. Dieses Trauma steckte in seiner Seele und auch die Ärzte im Sanatorium können solche unsichtbaren Messer nicht aus dem Herzen ziehen. Herr Koniezky fühlte, wie es in ihm brodelte. Er hatte Angst, dass er die Dämonen nicht auf Dauer unter Kontrolle haben würde. Sina wälzte sich indes schlaflos und kämpfte gegen die immer wiederkehrenden Gedanken, die sie verrückt zu machen schienen. Schließlich presste sie ihr Kopfkissen auf ihr Gesicht und wälzte sich so lange im Bett, bis sie irgendwann erschöpft einschief.

Ein Poltern, ein Krachen, ein Donner. Sina fuhr hoch, die Augen weit aufgerissen. Schweiß! Dann Licht. Schatten an der Wand. Ein Unbekannter! Ein Einbrecher, ein Verbrecher. Jemand war im Zimmer. Sina schrie. Kreischte. O Gott! Der Schatten bewegte sich. Wanderte zu ihr rüber. Über den Schreibtisch, am Schrank entlang, ans Bett. Sina zog die Bettdecke bis unter die Nase, kniff die Augen zusammen, schrie noch einmal. Dann ging die Tür auf. Licht vom Flur drang in ihr Zimmer. Der Lichtschalter wurde betätigt. Ihre Mutter stand in der Tür.

„Kind! Was ist denn? Warum schreist du das ganze Haus zusammen?"

„Hier ist jemand. Jemand ist in meinem Zimmer."

„Unsinn! Wer soll denn hier sein? Es ist alles verschlossen." Die Mutter blickte sorgenvoll auf ihr verängstigtes Kind, das kein Kind mehr war. „Was ist denn mit dir los. Du hast seit deiner Kindheit keine Angst mehr vor Gewitter gehabt."

Wieder donnerte es und Regen prasselte gegen die Scheiben. Vor dem Haus bogen sich die Bäume im Wind und stemmten sich dagegen, als wollten sie sich nichts gefallen lassen. Sina starrte nach draußen. „Ein Gewitter? Irgendetwas ist umgefallen. Ich habe mich erschrocken. Wahrscheinlich habe ich schlecht geschlafen. Mach dir keine Sorgen, Mama. Es ist schon alles wieder in Ordnung. Tut mir Leid. Geh wieder ins Bett."

Die Mutter lächelte, bettete ihre Tochter, fuhr ihr mit der Hand über das Gesicht, küsste sie zärtlich auf die Stirn wie schon so lange nicht mehr und verließ das Zimmer, nicht ohne zu vergessen, das Licht auszumachen. Stille. Sina war froh, dass die Mutter nicht bemerkt hatte, wie nass ihr Bett war. Sie schwitzte nie so stark, außer wenn sie krank war. Lassen mich die Bilder denn nie mehr los? Soll das bis in alle Ewigkeit so bleiben? Was mache ich bloß?

In den Worten schwang ein Anflug von Verzweiflung mit. Dann kam ihr ihr Vorhaben erneut in den Sinn. Pfarrer Sinkewitz. Ich werde ihn besuchen. Er ist der Strohhalm, den ich brauche. Wenn er mir nicht helfen kann, werde ich verrückt. Sie stieg aus dem Bett, lief herüber zu ihrem lieben, alten Schrank. Leise öffnete sie ihn und sah im Straßenleuchtenlicht ihre alten Sachen, die sie dort seit Jahren aufbewahrte, aber nicht – noch nicht – wegwerfen wollte. Wieder ein Blitz. Sina fuhr zusammen. Alles in Ordnung. Keine Panik. Ihr Blick wanderte zurück in den Schrank. Da unten musste er sein. Mit zwei Handgriffen hatte sie, wonach sie suchte. Einen großen Teddybären. Zottiges Fell, das wenig gepflegt zerzaust aussah, mit platt gelegenen Fellinseln und kleinen Bereichen, wo das Fell gänzlich fehlte. Sie drückte ihn an sich. Er roch noch immer nach Patschuli. Dieses Duftöl hatte sie vor vier Jahren von ihrer Freundin als Geschenk bekommen, als diese mit ihren Eltern aus Indien zurückkam. Sunni schwärmte seit dieser Ferienreise unentwegt von dem seltsamen Land mit den vielen Tempeln, in denen Rauch von unzähligen Räucherstäbchen aufstieg und die Luft durchwaberte. Vor den Altären liegen Opfergaben wie Obst und Blumen und verbreiten einen wohligen Geruch, der sich mit dem des Räucherwerks zu einem undefinierbaren Geruchserlebnis verbindet. In den Gebetshallen knien Mönche und summen ihre Sutren. Die Verse der Lehrtexte sind der heilige Grundton Indiens. Eine tiefe Religiosität berührt jedes Lebewesen und erhebt es zu einer Gottheit, deren Aufgabe es ist, die eigenen Taten so zu setzen, dass niemand in schädlicher Weise behelligt wird. Eingebunden in einen weit ausgeströmten Glauben treibt jeder geborgen im harmonischen göttlichen Feld und weiß seinen Platz im Weltengefüge. Ein jeder erkennt in seinem Tun einen heiligen Gottesdienst, dessen Vollzug ihn in wunderbarer Weise ermächtigt, über sein weiteres Schicksal zu entscheiden. So dem Wohl der ganzen Welt ergeben, wie ein Gläubiger es schafft, seinen Lebensprozess zu gestalten, so steigt er in der spirituellen Welt von einer Sphäre in die nächste, bis er sich, oben angelangt, mit den Göttern in einer phantastischen Gesellschaft befindet, die ihn in eine ewig währende Glückseligkeit hieven. In diesem Zustand vergeht der Erleuchtete, um im göttlichen Urlicht aufzugehen, wo er sich mit der das ganze Universum durchdringenden Urenergie verbindet. Diese Vorstellung stiftete Frieden in Sinas aufgewühlter Gefühlswelt. Der Geruch des Patschuli entführte sie in eine ferne, idealisierte Welt, in der eine übergeordnete Gerechtigkeit waltet. Eine Welt, in der das Verbrechen und die Gewalt unvermeidlich zu einer abschreckenden Strafe führen, dass das Opfer Genugtuung empfindet und kein Opfer mehr sein muss. Der göttliche Entwurf der hinduistischen Welt erledigt die Anklage und Verurteilung einer Verfehlung und erspart die Hoffnung auf eine weltliche Konstellation, die unter schweren Bedingungen zu Gerechtigkeit führen kann. Vielleicht muss jeder, egal ob Hindu oder Christ, für seine Taten büßen. Vielleicht gibt es ein göttliches Gericht, vor dem die Übeltäter eines Tages stehen werden und sich verantworten müssen. Vielleicht werden sie dann erfahren, was sie getan haben und werden genauso wie ihre Opfer leiden. Jeder Mensch, der Böses tut, wird gewiss am eigenen Leib die Leiden, die er verursacht hat, selbst erfahren. Das dachte sie.

Sina nahm den Teddybären, der beinahe halb so groß wie sie war, und legte ihn neben sich ins Bett. Der Geruch des Strauches, dessen Harz der Duftträger dieser herben Note ist, teleportierte sie in ferne indische Tempel, die auf schneeverhangenen Bergen sitzen und fern der menschlichen Zivilisation abseits des Trubels aus der Welt führen. Als unsichtbarer Beobachter sah sie Mönche im Gebet und Meditation versunken. Diese Vorstellung schenkte ihr kurzen Frieden. Sie überlegte, dass der Weg zur Erleuchtung in sie selbst führte. Über diesen brauchbaren Gedanken schlief sie endlich friedlich ein, und der Donner störte sie nicht mehr.

Am nächsten Morgen saß eine kummervolle Mutter am Frühstückstisch, knabberte lustlos an ihrem Brötchen und murmelte dabei etwas Unverständliches.

„Ich kann dich nicht verstehen, wenn du durch eine Semmel sprichst“, provozierte Sinas Vater, der mit einem ausgeprägten Tatendrang am anderen Ende des Tischs ein Scheibe Toastbrot mit Leberwurst bestrich.

„Ich spreche mehr zu mir. Gestern Nacht ist Sina aufgewacht und hat geschrien. Sie meinte, sie wäre erschrocken wegen des Donners. So kenne ich sie gar nicht. Sie hat sich eh verändert, in den letzten zwei Tagen. Sie ist so abwesend."

„Sie ist halt in einer schwierigen Zeit. Sie ist eine junge Frau."

„Junge Frau. So ein Blödsinn kann auch nur von dir kommen. Es ist ja wohl ein Unterschied, ob Sina heranreift oder ob sie ein Problem hat, über das sie mit uns nicht sprechen will."

„Das Alter ist das Problem."

„Du hörst mir überhaupt nicht zu. Sie benimmt sich seit zwei Tagen so, als sei ihr etwas zugestoßen."

„Woher weißt du das?"

„Das weiß eine Mutter, auch wenn es nicht immer den Anschein hat", antwortete sie bissig. „Und eine Mutter kann auch unterscheiden, ob die Tochter launenhaft ist, weil sie sich entwickelt oder ob etwas Gravierendes vorgefallen ist, das sie aus der Bahn wirft. Du kümmerst dich ja nicht, hast ständig andere Sachen im Kopf. Da fällt einem so etwas nicht auf."

„Jetzt hör doch endlich mal auf, mir dauernd Vorwürfe zu machen. Seit wir hier sitzen, hackst du auf mir herum. Ich mache mir genauso Sorgen wie du auch und ich kümmere mich um sie, wenn auch auf meine Art."

„Was ist denn ‚deine Art'? Sie zu ermuntern, endlich mit einem Jungen auszugehen? Öfters aus zu gehen und Spaß zu haben, anstatt zu Hause ihre Hausaufgaben zu erledigen."

„Ein bisschen Spaß kann nicht schaden. Und ich will nicht, dass sie ein Stubenhocker wird. Da draußen spielt die Musik und nicht in ihrem Zimmer in den Schulbüchern."

„Ach. Das weißt du so genau. Die Schule ist ja nicht so wichtig. Hauptsache sie macht schön Party."

„So meine ich das nicht. Und das weißt du auch. Mir ist nur aufgefallen – weil ich mich ja *nicht* um sie kümmere – dass sie sich zurückzieht. Sie geht nicht mehr so gerne unter Leute. Sie hat seit kurzem eine ungekannte Scheu. Sie lamentiert über die Kirche und die Scheinheiligkeit, spricht abfällig von Erwachsenen, die sich albern benehmen. Sie kommt mit ihren Freundinnen nicht mehr klar. Aber sich daheim einzuigeln bringt sie nicht weiter. Sie muss sich ihrer körperlichen und geistigen altersbedingten Veränderung stellen."

„Hast du schon einmal darüber nachgedacht, dass nicht alle Probleme mit der Entwicklung zusammen hängen. Was du gerade sagst, mag wunderbar in die Schiene passen. Aber das meine ich nicht.

In den letzten Tagen wirkt sie weltabgewandt. Sie ist schreckhaft und gereizt. Sie verfällt in kindliche Verhaltensweisen, und das ist nicht mit der Pubertät zu erklären."

„Lass sie. Sie wird sich früher oder später äußern, wenn sie ein Problem hat. Sie muss lernen, die Dinge selbst zu klären. Sie ist erwachsen oder wird es. Sie kann nicht immer nach Hause zu den Eltern kommen, wenn etwas passiert ist. Das gehört zu ihrer Entwicklung dazu. Und wenn tatsächlich etwas derartig Weltbewegendes vorgefallen ist, mit dem sie nicht klarkommt, weiß sie, dass sie uns jederzeit befragen kann."

„Ach? Glaubst du wirklich? Sie hat uns in den letzten Tagen des Öfteren vor die Füße geworfen, was sie von uns hält. Sie bekommt unsere Streits mit. Wie sollte sie sich jemandem anvertrauen, der mit sich selbst nicht klar kommt. Würdest du zu jemandem gehen, der selbst genug Probleme hat? Da kann ich auch den Teufel mit dem Belzebub austreiben."

Der Vater kaute lustvoll auf seinem Leberwursttoast herum. Dabei öffnete er den Mund und schmatzte augenfällig.

„Und wie du isst. Du bist so … so unästhetisch."

„Sag mal, geht das schon wieder los? Lass mich doch essen, wie es mir schmeckt."

„Man kann sich am Tisch ein bisschen benehmen. Immerhin bist du nicht alleine. Aber ich zähle ja nicht mehr für dich. Aber für Sina ist das auch kein Vorbild."

„Dein Gemeckere geht mir echt auf den Sack. Kannst du nicht woanders frühstücken?"

„Da hast du Recht. Ich gehe in die Konditorei. Da kann ich wenigstens in Ruhe essen. Die Leute dort wissen, wie man sich benimmt."

Es dauerte keine fünf Minuten, da war sie angezogen und schmetterte die Haustür hinter sich zu. Der Vater atmete erleichtert durch und wendete sich dem Toaster zu, der die nächsten zwei Scheiben auswarf.

„Mensch, Konnie, alter Wichser. Wo warste denn den ganzen Abend. Wir ham dich gar net mehr gesehe. Wir ham dir sogar a Bier bstellt."

„Ich habe gerade keine Zeit, Leute. Muss in die Schule."

„Jetz komm Konnie. Was willste in der Schule. Ist doch eh immer der gleiche Mist. Du ghörst doch jetzt zu uns."

„Genau Konnie. Du gehörst jetzt zu uns“, bestätigte Uwe und schlug Konnie auf die Schulter, dass er kurzzeitig in die Knie sank. Konnie bekam einen trockenen Mund. Was wollten die schon wieder von ihm? Genügte nicht die Demütigung vom Wochenende in der Dusche. Würden sie ihm jetzt jeden Tag auflauern. Das durfte nicht sein.

„Komm Konnie. Jetzt holen wir erst mal ein Frühstück.“

„Nee lasst mal. Ich habe schon gegessen.“

„Konnie. Jetzt sei mal nicht so uncool. Willste lieber mit Mami und Papi ne Frühstückssemmel essen oder mit uns ein bisschen Spaß haben?“

„Aber echt, Konnie. Ich glaube, da braucht man gar net überlegen.“

Beide legten ihre Arme von beiden Seiten um Konnies Schulter und dirigierten ihn zum Gugel, der kleinen Bäckerei an der Hauptstraße. Dort wartete schon Armin. Er stand vor einem runden Tisch in der Frühstücksecke des Ladens, vor ihm ein Kaffee. „Hey Leute. Wen habter denn da dabei? Den Konnie. Hey Konnie. Des is abber nett, dass du mit uns frühstückst.“

„Is aa feiner Kerl, der passt schon. Los Konnie. Bestell dir was.“

„Ich hab kein Geld dabei.“

„Macht nix. Brauchste net. Mit uns brauchste net zu bezahle.“

Und tatsächlich. Konnie bestellte schüchtern eine Laugenbrezel und einen heißen Kakao. Mit einem ernsten Gesicht legte die Angestellte nach einer Weile die Ware auf den Tresen und kümmerte sich umgehend um die nächste Kundschaft, ohne Konnie bezahlen zu lassen. Konnie wurde es mulmig. Wer waren die? Sie hatten eine ganz schöne Macht in diesem Dorf. Die Leute kuschten vor ihnen. Das kann nicht nur mit den Erfolgen im Fußball zusammen hängen. Ihm dämmerte, dass an der Sache etwas faul war. Uwe, Armin und Wolfgang mussten um die 18 Jahre alt sein. Er kannte sie nur flüchtig von früher. Sie waren, was man Halbstarke nannte. Sie spielten jedem, der ihnen in die Quere kam, einen Streich. Schon vor Jahren saßen sie rauchend an den Bushaltestellen und machten keine Anstalten, ihre Zigaretten zu verstecken. Sie spuckten rings um die Bank alles voll, so dass die meisten Fahrgäste beim Warten Abstand hielten. Sprach sie jemand auf ihr Verhalten an, pöbelten sie oder drohten sogar an, handgreiflich zu werden. Immer wieder belästigten sie ältere Leute. Spuckten Rentner an, die sich beschwerten, entrissen älteren Frauen die Handtasche und warfen sie durch die Luft. Erst als die Damen vor Aufregung nicht mehr konnten und zusammenbrachen oder laut schluchzten, schmissen sie die entwendete Tasche ins Gebüsch und liefen davon. Schlimmer erging es den jüngeren Mitschülern. Wann immer es ihnen in den Sinn kam, drangsalierten sie ihre Opfer, kippten den Büchertascheninhalt auf die Straße, warfen die Wehrlosen in Pfützen oder beschmierten sie im Gesicht mit Filzstiften, Marmelade oder anderen auffälligen Materialien, um sie zu bloßzustellen. Fiel es einem Aufständischen gar ein, sich zu wehren, fiel jede Zurückhaltung und sie droschen auf den Mutigen ein, bis der am Boden lag und sich nicht mehr rührte. Kurzum, diese Bande hielt die Anwohner in Angst und Schrecken. Maßnahmen wie Anzeigen verpufften so kläglich, so hilflos die Polizei solchen Rüpeln im Allgemeinen gegenüber steht. Sie wurden scharf ermahnt, wobei sie jedes Mal überzeugend Unschuldslämmer spielten oder jegliche Schuld von sich wiesen. Letzten Endes hatten die Polizisten nichts gegen sie in der Hand. Kam es dennoch einmal vor, dass ihnen etwas nachgewiesen wurde, so bereuten sie scheinheilig und mit großem theatralischen Aufwand ihre Tat und gelobten Besserung, bis die Polizisten abgezogen waren, um dann erneut und meistens noch skrupelloser in Unwesen zu treiben und sich zu rächen. Irgendwann hatten sie einen Freibrief und konnten handeln und walten wie sie wollten. Die Leute erduldeten es zwangsläufig und gingen ihnen so gut es ging aus dem Weg.

Erst als sie nachhaltige Erfolge im Fußball feierten und somit zu einem, wenn auch geringen Wohl der Gemeinde beitrugen, änderte sich die Haltung der Menschen ihnen gegenüber. Manche munkelten jedoch, dass die Spiele von den auch überaus dominanten Vätern der fiesen Triade eingeleitet und manipuliert wurden. Als Konnie sie besser kennengelernt hatte, dünkte ihm, dass die Väter außerordentlich rüde und brutal mit ihren missratenen Söhnen umgingen. Vielmehr drängte sich Konnie sogar der Verdacht auf, dass die Söhne wegen der Misshandlungen ihrer Väter *missraten* waren und derart gewalttätig und brutal auftraten, um die an ihnen begangenen Erniedrigungen verarbeiten zu können. Wird mir Gewalt angetan, so verfahre ich genauso mit einem anderen, schwächeren, um den Frust in einen Sieg umzuwandeln, war die von Konnie gemutmaßte Parole der Geschundenen. Konnie war sich seinerzeit ziemlich sicher, dass die drei Halbwüchsigen durch die Schreie, Tritte und Schläge ihrer überstrengen Väter zu dem geworden sind, was sie waren: Kleine, schwache Kinder, die ihren Schmerz durch grobes, asoziales Auftreten versteckten. Kein Kind wollte sein tiefes Leid vor aller Welt zur Schau tragen.

Diese tief sitzenden Erinnerungen peinigten Herrn Koniezky die ganze Nacht über, bis er erschöpft und aufgewühlt kurz vor Mittag aufwachte. Er zerrubbelte sein Haar und trottete ins Badezimmer. Als er noch schlaftrunken in den Spiegel blickte, sah er Uwe aus dem matten Glas hämisch grinsen. Jäh wich er zurück und weitete die Augen. Nein! Fort! Warum verfolgst du mich noch heute, du Scheusal? Du bist tot, tot, tot!

Mit ziemlicher Wucht schlug Herr Koniezky seinen Kopf zwei, drei Mal gegen die Wand, dass der Spiegel wackelte. Dann rannte er wieder ins Schlafzimmer, warf sich aufs Bett, wobei er das Laken mit dem Blut aus seiner Wunde an der Stirn einfärbte und schleuderte die Bettdecke über seinen Kopf, als hülfe ihm dieses Versteckspiel, seine Dämonen nicht mehr sehen zu müssen. Nach einigen Minuten hatte er sich beruhigt, atmete ruhiger und versuchte sich zu fassen. „Wie hast du es gelernt? Ruhig atmen. Niemand tut dir etwas. Ich habe alles im Griff. Ganz ruhig. Das wird wieder. Ich muss mit jemandem reden. Aber mit wem? Meine Nachbarn wollen mich aus dem Dorf werfen. Wenn die mich zu fassen kriegen, dann … Aber halt! Was ist mit Pfarrer Sinkewitz? Er hat mir schon mehrere Male geholfen. Er wird mir wieder helfen. Er kennt mich, er weiß, wie es um mich bestellt ist. Das ich nicht gleich darauf gekommen bin. Der Pfarrer. Ich werde rüber gehen zu ihm. Er kann mir bestimmt helfen. Vielleicht kann er mir den Teufel aus meinem Hirn austreiben.“ Dabei hämmerte er mit den Handknöchelchen gegen sein Haupt. „Ein Exorzismus. Ich will aus der Hölle. Er soll mich vom Teufel befreien.“

Jürgen warf sich in Schale. Er hatte sich geduscht und einparfümiert. „Ab heute ändert sich mein Leben. Jetzt wird reiner Tisch gemacht.“ Er hatte den unverbrüchlichen Vorsatz geschmiedet, sofort zu dem Haus von Sinas Familie zu gehen, und sich in aller Form bei ihr zu entschuldigen. Sein Verhalten tat ihm Leid, doch erst durch die Auseinandersetzung damit ist ihm deutlich vor Augen geführt worden, dass er sich unbedingt ändern müsste. Bestimmt unterlag er einem mächtigen Einfluss seiner Kumpels. Die Art und Weise, wie er sich in deren Gesellschaft veränderte, wurde ihm nicht gerecht. Das war nicht *er*. Er ertrug es nicht länger, sich selbst zu verleugnen. Er musste aufhören, dem falschen Vorbild einiger Jungs nachzueifern. Vor ihm stand die große Aufgabe der Selbstfindung oder der Individuation wie er es von seinem ältern Bruder gehört hatte. Freilich war dieses Vorhaben leichter gesagt als getan, aber dass diese Entwicklung anstand, leuchtete ihm ein. Der erste Schritt dazu war, den alten Fehler in Ordnung zu bringen, auch wenn er nicht so genau wusste, welche Ausmaße dieser Fehltritt hatte. Er wusste nur, dass der allseitige Spott nicht von ungefähr auf ihn niedergeprasselt war. Die anderen wussten mehr als er, und diesen Zustand wollte er nicht akzeptieren; dieses Nichtwissen war überdies für sein voranzubringendes Vorhaben abträglich. Er befand sich in einem unkontrollierten Zustand und tat etwas, wofür er sich zu verantworten hatte. Jürgen empfand diesen Kontrollverlust als unerträglich. Ein ernstzunehmender Mitmensch handelt kontrolliert, agiert maßvoll und rücksichtsvoll. Diese Tugenden schwebten ihm vor, als er nach einer Richtung suchte, in die er sich entwickeln wollte.

Er zwängte sich in die weiße Jeans, streifte das rot gemusterte Hemd über und richtete seine Haare. Entschlossen blickte er in den Spiegel, sprach sich Mut zu und verließ das Haus. Brächte man einen Fehler nicht in Ordnung, beginge man einen zweiten.

Sinas Vater indes saß bekümmert noch immer auf der Essbank, wobei er den Tisch längst abgedeckt hatte. In der Ruhe des Vormittags drängten sich ihm Fragen auf. Was war mit ihm und seiner Frau passiert? Warum hatte man sich so voneinander entfernt? Haben sich beide wirklich so verändert, dass ein weiteres Zusammenleben sinnlos erscheint? Nein. Die äußeren Umstände hatten sie in diese Krise gestürzt. Zwar war der Gedanke nicht gerade tröstlich, dass Einflüsse von Außen zu einem derartigen Chaos in der Beziehung führen können. Die Ehe sollte jedweden Stürmen standhalten. Trotzdem war in den letzten Jahren ziemlich viel auf sie eingestürzt. Angefangen hat es mit der Großmutter, ihrer Mutter. Nach einem Schlaganfall wurde sie bettlägerig und für beide eine nicht stemmbare Belastung. In der Arbeit wurde beiden immer mehr abverlangt, Überstunden aufgezwängt und Unterlagen mit nach Hause gegeben. Jeder war froh, den Tag über die Runde gebracht zu haben, dass man darüber vergaß, miteinander zu reden. Aber gerade durch ein Gespräch hätte vielleicht der Andere für den Anderen und seine Überforderung mehr Verständnis gewonnen. Man hätte sich gegenseitig aufbauen und unterstützen können. Stattdessen richteten sich der Frust und die Versagensangst gegen den Anderen. Ein Wort gab das andere. Die Missstimmung schaukelte sich auf, bis man überhaupt nicht mehr miteinander vernünftig sprach. Alles, was jeder auf seiner Seite von sich gab, waren Sticheleien und Anschuldigungen. Wächst einem die Alltagshetze über beide Ohren, wird man aggressiv und verletzend. Das dürfe so nicht weitergehen. Ein Entschluss verstärkte seine

Konturen: Ein offenes Gespräch unter vier Augen. Das ehrliche Geständnis, dass man ein Opfer der Umstände war und den andern immer noch respektiere, ja brauchte und liebte. Es kann nicht sein, dass man aufgrund einer schlimmen Zeit seine Partnerschaft aufs Spiel setzte. Im Gegenteil, gerade weil die Zeiten so beanspruchend sind, müsste man jetzt zusammen halten. Man müsste sich Mut zusprechen, den anderen beruhigen, ihm Kraft geben. Zusammen muss die Krise überwunden werden und als Chance begriffen werden, dass beide nach Überwindung einer so belastungsreichen Zeit gestärkt hervor gehen. Eine starke Ehe ist die Anzahl der überwundenen Krisen. Überzeugt ballte er die Faust und nahm sich vor, das Gespräch zu suchen. Einen Bleistift kann man leicht zerbrechen, aber zwei Bleistifte leisten einen bemerkenswerten Widerstand. Und mit einem liebevollen Gedanken an Sina kam ihm der siegreiche Gedanke, dass man drei Bleistifte auf einmal nie und nimmer brechen kann.

Herr Koniezky hatte es nach langem Hin und Her geschafft, den Weg in die Kirche anzutreten. Für ihn war der Schritt vor die Haustüre nicht vergleichbar mit dem unbeschwerten Hinaustreten eines beliebig anderen. Panische Ängste bemächtigten sich Herrn Koniezkys, sobald die Tür hinter ihm ins Schloss fiel. Er blickte jedes Mal ängstlich zu allen Seiten, mitunter auch nach oben, als ob die Gefahr überall lauerte. Völlig verstört lief er Wege immer auf der äußersten rechten Seite, so dass er fast die Wand oder den Zaun berührte. Seine Atemfrequenz war so hoch wie bei einem Dauerläufer, was ein Grund gewesen sein könnte, dass er sich alle paar hundert Meter den Schweiß von der Stirn wischen musste. Sein Gang war flink, hektisch, als hätte er einen eiligen Termin. Entstand irgendwo ein Geräusch, fuhr er herum, als drohte ein Bombenangriff aus der Luft. Manche Rasselbande machte sich einen Spaß mit der auffälligen Erscheinung und warf aus einer Laune kleine Steinchen in seine Richtung. Aufgescheucht wie ein Huhn hupfte er mal rechts mal links und wann immer er getroffen wurde, schrie er auf, als hätte ihn eine Gewehrkugel durchbohrt. Derart belästigt, lief Herr Koniezky meistens noch schneller, was ihn überaus verdächtig erscheinen ließ. Seine Bewegungen wirkten linkisch, weswegen er ein erbärmliches Bild abgab, das zeitlebens verhöhnt und verlacht wurde. Heute allerdings blieben ihm die heimtückischen Attacken erspart und er erreichte erleichternd seufzend den Kircheneingang. Umständlich lehnte er sich gegen die wuchtige Tür, um sie aufzustemmen. Erst als er in der Stille des weiten Raums stand, beruhigte er sich. Sein Blick wanderte von einer Ecke in die andere. Langsam lief er den Gang zwischen den Stuhlreihen nach vorne. Über dem Altar hängt ein übergroßes Abbild des gekreuzigten Jesus. Herr, dachte er, schenke mir inneren Frieden. Wenn ich schon in diesem gemeinen Kaff keine Ruhe finde, so erlöse mich von meinen inneren Qualen. Wann verstummen die vielen fordernden, warnenden Stimmen? Wann lässt die Angst nach? Jesus, hat nicht jeder Mensch einen Schutzengel, der über ihm wacht? Wenn das so ist, frage ich dich inständig, wo ist meiner? Warum lässt du mich so alleine? Verzweifelt fiel er in der ersten Reihe auf den Kniebalken und legte sein Gesicht in seine gefalteten Hände.

Nach einer Weile öffnete sich die Seitentüre, die neben dem Ministrantengestühl in einen Nebenraum führte. Pfarrer Sinkewitz trat ein und wirkte überrascht, jemanden in der Kirche zu sehen. „Herr Koniezky! Grüß Gott."

„Grüß Gott, Herr Pfarrer." Herr Sinkewitz wirkte erleichtert, nicht mehr allein zu sein. Auch schien er froh, den Pfarrer zu sehen, sein Ton wirkte freudig. „Herr Pfarrer, darf ich mit Ihnen reden. Sie kennen mich und wissen, dass ich kein schlechter Mensch bin."

„Herr Koniezky, was ist denn los. Sie wirken recht niedergeschlagen."

„Ich kann nicht mehr. Jeder Tag, den ich hier im Dorf verbringe, ist die Hölle. Die Menschen scheinen in mir den leibhaftigen Teufel zu sehen. Oder ein Monster, das nächtens im Gebüsch den Kindern auflauert."

„Darf ich mich setzen?" Sachte nahm der Pfarrer neben Herrn Koniezky Platz ohne eine Antwort abzuwarten, faltete die Hände und blickte nach vorne auf das Kreuzigungskunstwerk.

„Ich weiß, dass ich krank bin. Und ich weiß, woran es liegt. Im Sanatorium hat man mir zugehört und mir klar gemacht, dass ich eine traumatisierende Kindheit hatte. Aber die schlimmsten Sachen konnte ich denen gar nicht erzählen, es ist so schrecklich."

„Ich weiß viel über ihre Kindheit, über die Hänseleien, über die Bedrängnisse der allseits bekannten Rabauken. Ich weiß, dass sie von Ihnen unmögliche Sachen, die ein Kind überforderten, verlangten."

Die schlimmsten Sachen kann ich nicht erzählen. Ich bringe es nicht fertig es zu sagen. Vieles von dem, was mir zugestoßen ist, habe ich auch vergessen oder verdrängt. Vielleicht ist auch besser so."

„Das ist nicht besser, weil sie, wenn sie das Kind nicht beim Namen nennen, nie Ihren Frieden finden werden."

„Ich weiß nicht, wie ich es sagen soll. Ich kann nicht so gut reden."

„Sagen Sie es, wie Sie können. Jesus hat allen Menschen zugehört und ihm kommt es nicht auf die Art und Weise, wie etwas gesagt wird an, sondern dass es gesagt wird."

Herr Koniezky brauchte viele Minuten, um *in* sich zu gehen. Freilich hatte er sich aus freien Stücken entschieden, hier her zu kommen. Freilich wollte er endlich mit jemandem reden mit der Hoffnung, sich aus der Zwangssituation zu befreien. Aber in diesem Augenblick, in dem er seinen langjährig Vertrauten eine Armlänge neben sich hatte, verspürt er einen nicht bezwingbaren Kloß im Hals. Zu groß war die Furcht, die schrecklichen Augenblicke wieder hervorzukramen, sich wieder mit dem Unaussprechlichen konfrontiert sehen zu müssen. Er konnte vor lauter Trockenheit im Mund kaum etwas sagen. Er stand davor, sein Innerstes aufzudecken, so als würde er sich vollständig entblößen. Gerade davor hatte er ja die größte Angst. Nackt da zu stehen. Die letzten Jahrzehnte seit seiner Kindheit hat er gezielt alle Anstrengungen in die Vermeidung einer solchen entsetzlichen Situation gesteckt. Aber der augenblickliche Leidensdruck war größer, als alle Angst, die zusammen kommen konnte, um in Herrn Koniezkys Schädel Platz zu haben. Jetzt, da der Terror seinen Höhepunkt erreicht hatte, jetzt, da die Menschen kurz davor waren wie einst vor vierzig Jahren, ihm ernsthaften Schaden zuzufügen, jetzt, da er niemanden hatte, musste er über seinen Schatten springen und sich öffnen, musste er seinen Panzer absteifen und sich nackt vor Jesus stellen. O Jesus, nimm mich in deine Arme!

In seinem Herzen wallte es und im Angesicht des Erlösers, dessen Fingerzeig Wunder vollbringen konnte, wähnte er sich auf eine Art geborgen, wie er sich seit seiner frühesten Kindheit nicht gefühlt hatte. Er könnte sich fallenlassen in die heilbringenden Hände des Heilands, der seinen Vertreter gesandt hatte, der diese Aufgabe in seinem heiligen Auftrag erledigen werde, so wie es die hehre Lehre vorhergesagt hat. Er empfand zum ersten Mal seit undenklichen Zeiten die Chance, die Waffen gegen das Heer des Elends zu erheben. „Sie kennen mich schon lange, Herr Pfarrer, ich muss nicht bei Adam und Eva anfangen."

Der Pfarrer nickte.

„Sie kennen meinen Trieb", sagte er mit einer gedehnten und unsicheren Stimme. „Ich habe eine Sehnsucht nach Kindern. Heute weiß ich, dass es die Sehnsucht nach der eigenen Kindheit ist, einer unschuldigen, unbefleckten Kindheit. Kinder spielen so ausgelassen, so unbeschwert, sind frei. Meine Kindheit wurde mir in gewisser Weise geraubt. Ich habe fürchterliche Ängste ausstehen müssen. Als

Kind kann man diese Erlebnisse nicht verarbeiten. Wenn man beginnt, sich von der Kindheit zu verabschieden, sollte dieser Prozess behutsam vor sich gehen. Bei mir war es so, dass er wie ein Paukenschlag mit all seiner Intensität in mein Leben kam. Ich sollte in sexueller Hinsicht von heute auf morgen wie ein Erwachsener funktionieren. Damit war ich auch noch als Spätentwickler, der in die Geheimnisse der Intimität nicht eingeweiht war, überfordert. Ich habe mich aus Selbstschutz zurückgezogen in meine innere Fantasiewelt. Ich saß apathisch in meinem Zimmer und habe die grausamen Erlebnisse durch Spielen mit Supermännern und zauberhaften Märchenwelten aus meinem Bewusstsein radiert, um sie ins Unterbewusstsein hinunter zu schieben. Da lagerten sie versteckt und warteten auf ihren großen Tag. Den schob ich hinaus so gut ich konnte. Die eigenen Dämonen sind mächtig und Angst einflößend. Durch die Flucht in eine ferne Welt entwickelte ich mich noch viel weniger. Während andere das andere Geschlecht entdeckten, blieb für mich diese neue Welt fremd, noch viel schlimmer, sie erschien mir bedrohlich, widerwärtig. Ich konnte mit Gleichaltrigen nichts anfangen, weil ich ihre anzüglichen Themen nicht einordnen konnte, nicht damit umgehen konnte. Mit Kleineren hatte ich keine Probleme. Sie waren gewohnt auf einer Ebene wie der meinen zu spielen und zu sprechen. Bei ihnen fühlte ich mich geborgen. Wenn ich die Nähe von Kindern suche, dann nicht vorrangig aus sexuellen Absichten, sondern um die vertraute Zeit des Spielens wieder zu erleben. Die sexuelle Annäherung geschieht, weil ich das Versäumte nachholen muss. Die Phase der Entwicklung, in der ich stehengeblieben bin, ist die Phase der Kindheit. Hier habe ich mich hinorientiert und gehofft, dass ich die Entwicklung mit meinen *geistig* Gleichaltrigen nachholen könnte. Heute weiß ich, dass ich diese Infantilität nicht mit Kindern überwinden kann, dass der Prozess zur Gesundung weitaus komplizierter verlaufen muss. Wenn ich ehrlich bin, habe ich erkannt, dass die sexuelle Beschäftigung mit den Kindern mich auch nicht weitergebracht hat. Es vermittelt einem das kurzzeitige Gefühl der Befriedigung, aber es löst die Sehnsucht nicht nach einem normalen Entwicklungsstand, der ja als Ziel, wenn auch unbewusst, angestrebt wird.“

Eine Welle der Erleichterung wogte im Bauch des Bekennenden. Herr Koniezky fühlte sich befreit; derart offen und tiefschichtig hatte er sich noch nie kundgetan. Er seufzte, als hätte er gerade alleine ein Hochhaus gebaut. Dabei ist der Vergleich gar nicht so abwegig, weil Herr Koniezky an einem neuen Gebäude seines Ichs arbeitete. Würde er den guten Beginn, das stabile Fundament, anständig nutzen, wer weiß, vielleicht würde er einen glänzenden Wolkenkratzer seiner Persönlichkeit in den Himmel bauen.

„Was ist Ihnen noch passiert? Wie haben die Halbstarken ihnen noch zugesetzt? Sie sprachen von Dingen, die Sie noch nicht erzählt haben, weil sie zu grausam sind."

„Sie kennen die Torturen, die an mir verübt wurden, allerdings nicht zu Genüge. Ich tue mich schwer, darüber zu reden, weil ich nicht genau weiß, ob es meiner Fantasie entsprungen ist oder tatsächlich wahr ist. Oft bete ich im Geheimen, dass es wirklich eine meiner Welten ist, die ich erfunden habe, weil die Begebenheiten für die Realität zu grausam sind."

Pfarrer Sinkewitz schluckte schwer, presste die gefalteten Hände stärker zusammen und holte sich Kraft beim Betrachten des Gekreuzigten.

„Der Übergang von dem, was Sie bisher wissen und dem, was ich nicht zu sagen mir getraue, ist folgender: Ich war gerade 14, als meine drei Tyrannen mich am verabredeten Treffpunkt trafen. ‚Da ist er ja, der Konnie', rief Uwe, als ich auftauchte, ‚hätte nicht gedacht, dass er kommt.' Mir blieb nichts anderes übrig als zu kommen. Einmal als ich nicht kam, fanden sie mich auf der Wiese, packten und zerrten mich zu einer Baugrube. Sie traktierten mich mit ihren Zigaretten, die sie mir in den Arm brannten. Dann zwangen sie mich, mich auszuziehen. Protestieren half nichts. Nach zwei weiteren Brandwunden am Hals kapierte ich das. Verschämt schaute ich mich um, ob uns jemand sehen könnte. Mittlerweile glaube ich, dass selbst wenn uns jemand gesehen hätte, es keinen wirklich interessiert hätte. Menschen kümmern sich nicht um den Kummer der anderen. Ich hatte wahnsinnige Angst, streifte meine Kleidung ab und stand nackt vor den Anklägern. Sie beäugten mich von oben bis unten und lachten über meinen kurzen Faden. Dann ergriffen sie ihn und zogen daran, als wollten sie ihn verlängern. Als ich mich wehrte, warfen sie mich zu Boden, legten sich auf mich und spielten an mir herum. Schließlich brannten sie mir mit ihren Kippen in den Hoden. Als ich wie am Spieß schrie, ermahnten sie mich, augenblicklich ruhig zu sein, ‚sonst lernst du uns wirklich kennen, Konnielein.' Natürlich konnte ich nicht still sein. Es sind höllische Schmerzen, wenn sich die Glut in die empfindliche Haut frisst. Schlimm war auch, dass ich kaum atmen konnte. Die Zwei, die mich festhielten, lagen auf meinem Brustkorb. Der eine warf mir immer wieder Erde und Sand in den Mund, wenn ich schrie, so dass ich mich verschluckte und ausspucken musste.

Dann fing ich eine. Ich sollte das schlucken. Wenn ich nicht schreie, müsste ich auch nichts schlucken. Dann schrie ich nicht mehr. Das passte ihnen auch nicht. Sie zogen daraufhin meine Vorhaut zurück und verbrannten meine Eichel. Ich schrie und schluckte Erde."

„Das ist ja grausam."

„Das ist noch nicht alles. Abgesehen davon, dass man mit so einer Verbrennung nicht mehr richtig Wasserlassen kann und auch sonst sehr beeinträchtigt ist und alles Wochenlang angeschwollen bleibt, kam es noch schlimmer. Als ich nicht mehr konnte und es mir wegen des Luftmangels schwindelig wurde, zerrten sie mich zum Loch und warfen mich hinein, um die Grube anschießend mit mehreren Brettern abzudecken. Dann wälzten sie einige Steine darauf und drohten mir, falls ich heraus kommen würde, verbrennten sie mich im Hintern, indem sie mir eine brennende Zigarette hinten reinschieben würden. Ich blieb zwei Stunden nackt in dem Loch. Als ich mich schließlich traute, mich nach einiger Anstrengung aus der Falle zu befreien, waren natürlich meine Sachen weg. Ich habe eine Bauplane um mich gewickelt und bin nach Hause. Das war der Grund, weswegen ich künftige Verabredungen nicht mehr platzen ließ. An diese Tortur habe ich mich erst wieder während der psychiatrischen Behandlung erinnert. Das Wissen darum war jahrelang nicht grundlos zugeschüttet."

„Was ist bei dieser künftigen Verabredung passiert?"

„Wolfgang sagte: 'O du hast ja ganz schön viel Sand gefressen', und lachte hämisch, ‚Als du so ausgezeichnet geschluckt hast, ist uns eine Idee gekommen. Komm, wir zeigen es dir.' Sie gingen mit mir über die Baustelle, auf der wir uns getroffen haben. Reihenhäuser standen im Rohbau, aber sonntags war dort kein Bauarbeiter. Wir gingen über ein quer liegendes Brett in den Keller eines Mittelhauses. Den feuchten Betongeruch habe ich noch heute in der Nase. Heimlichtuerisch gingen wir in eine Abteilung, die später einmal der Heizungsraum werden sollte. Wolfgang holte aus seiner Armeejacke einen Zwieback. Den legte er fein säuberlich auf eine nicht fertig gestellte Mauer vor uns. Sie erklärten mir, dass wir jeder im Kreis onanieren würden. Der Reihe nach sollte das Ejakulat auf den Zwieback gebracht werden. Der letzte müsste diesen Zwieback dann essen. Sie können sich vorstellen – um die Sache kurz zu machen – dass ich nicht gewonnen habe, und den widerlichen, schleimigen Zwieback unter Androhung von Konsequenzen, falls ich mich nicht an die Spielregeln halten würde, runterwürgen musste. Den Geruch und Geschmack des Spermas ist mir tagelang nicht aus der Nase gegangen. Kurz nachdem die gemeinen Schufte lachend abmarschiert waren, musste ich mich erbrechen. In dem Alter kann man mit solchen Sachen nicht umgehen. Das haben wir dann jeden Sonntag gemacht. Am Ende war es so – nachdem ich nie gewonnen habe – dass ich mich hinknien musste, quasi um die Sache abzukürzen, und sie mir gleich in den Mund ... na ja, sie wissen schon." Herr Koniezkys Mund stand offen und er saß regungslos da, als sei seine gesamte Lebenskraft aus ihm geflossen. Für einen kurzen Moment dachte Pfarrer Sinkewitz, dass er über dieser unsäglichen Kraftanstrengung ohnmächtig geworden war und nur noch von der massiven Banklehne gehalten wurde. Ein buntes Panoptikum an Erinnerungsfetzen huschte vor Herrn Koniezkys Augen, die nur noch innerliche Bilder wahrnehmen konnten. Er wurde so markant, so unmittelbar wie noch nie mit den Traumen seiner Vergangenheit konfrontiert. Dieses Karussell beängstigender Schnappschüsse der Vergangenheit glich beinahe den Wahnvorstellungen neurotisch Erkrankter, die in diesen Bildern gefangen sind. Die verwirrende Fahrt in die inneren Felsengänge der großen Geheimnisse hat für einen Mutigen begonnen, der sich am Rande des Wegdriftens in die ewige Gefangenschaft des Labyrinths befand. Dringend brauchte er jetzt den Fährmann, der ihm den Weg über die Wasser zeigte, um ihn unversehrt übersetzen zu lassen.

„Das ist ja entsetzlich", hauchte sichtlich ergriffen Pfarrer Sinkewitz. „Haben Sie denn nie etwas den Eltern gesagt? Die hätten Ihnen doch helfen können."

„Auf die Idee bin ich auch gekommen. Meine Peiniger aber auch. Sie haben mir gedroht, falls ich petzen sollte, sie unser Haus abfackeln würden. Und das glaubte ich ihnen auch."

„Sie haben gesagt, das sei erst der Übergang zu den wirklich schlimmen Begebenheiten?"

Herr Koniezky erschauderte bei der Vorstellung, tiefer in seine Schattenwelt eintauchen zu müssen, als er vertragen konnte. Tiefer konnte und durfte er nicht blicken. Scylla blickte gefährlich aus dem Seelengrund mit der Absicht, ihn zu verschlingen und Charybdis Strudel lockte ihn in die Falle. Die Odyssee musste enden. Hier und jetzt!

„Nein!" schrie er, dass Pfarrer Sinkewitz zusammenzuckte. „Bitte ersparen Sie mir die Schilderungen dieser Sachen. Ich habe *damit* schon ziemlich gekämpft, und bin heilfroh, dass ich es überhaupt fertig gebracht habe, sie jemandem anzuvertrauen. Seien Sie versichert, dass das gerade erzählte sich im Vergleich zu dem, was ich nicht sagen kann, zumindest heute nicht, wie ein lustiger Knabenstreich anhört."

Der Pfarrer bekreuzigte sich und murmelte in seine Hände. Dann richtete er sich auf und wandte sich seinem Gegenüber zu. „Ich bin tief schockiert, ich wusste nicht, was Ihnen alles widerfahren war. Ich erkannte die Qualität der Tragik nicht. Ich kann nur hoffen, dass Sie, vielleicht auch wir gemeinsam, wenn Sie mögen, diese grausamen Taten aufzuarbeiten vermögen. Versuchen Sie es zusätzlich mit einem Gespräch mit Gott. Gott kann sie läutern, reinwaschen von dem Unaussprechlichen. Auch wenn die Narben bleiben, die Wunden können geschlossen werden. Ich bin für Sie immer da. Sie haben einen langen, harten Weg vor sich, aber glauben Sie mir, auch wenn sie unterwegs oft zweifeln werden und ihren Gang verfluchen, wenn Sie erst angekommen sind, werden sie sehr glücklich sein und für alles, was Sie jetzt auf sich nehmen, entschädigt werden."

Ohne weitere Worte stand er auf, lief zum Altar herüber, wo nebenan ein Schränkchen stand. Mit einem Handgriff öffnete er ihn, kramte darin und kehrte zurück. „Herr Koniezky, das will ich Ihnen schenken. Es ist ein Rosenkranz. Ganz egal, ob Sie daran glauben oder nicht, tragen Sie ihn bei sich. Er wird Ihnen Kraft geben und Sie immer wieder in der Not an unser Gespräch erinnern. Dieser Anhänger ist gesegnet. Vielleicht kann er Ihnen helfen, schwere Stunden besser zu ertragen. Ich wünsche es Ihnen."

Herr Koniezky war sichtlich gerührt. Seine Lippen verzogen sich zu einem angedeuteten Lächeln. Dann erhob er sich und trottete zum Ausgang. Obwohl sein Gang nicht federleicht war, so war er doch beschwingter als in dem Moment, als er vor einer guten halben Stunde in die Kirche trat.

Kaum war er verschwunden, knickte Pfarrer Sinkewitz ein und heulte wie ein Schlosshund. „Was tun die Menschen einander an? Und ich bin genau so abartig. Ich bin keinen Deut anders. Ich bin genauso hassenswert wie der Rest des menschlichen Gesindels. Was ist der Mensch nur für eine Ausgeburt der Hölle. Sind wir wirklich so schlecht, dem Bösen so viel näher als dem Guten? Und eines Tages werden wir für unsere Taten büßen, jeder auf seine Weise. Wir werden schmoren in der Selbsterkenntnis und brennen, dass uns Angst und Bange wird. Das Gewissen wird uns zerfleischen, so wie wir es verdienen. Warum nur, Herr, hast du es uns so schwer gemacht, ein aufrechtes Leben zu führen? Warum *verführst* du uns immer wieder und warum sind wir so schwach? O Gott! Der Tag der Wahrheit naht. Der Tag der Wahrheit naht."

In der gleichen Konditorei, in der vor mehr als 30 Jahren Herr Koniezky der Verlockung aufsaß, einer angesagten Gruppe zuzugehören, die das Sagen hatte und deren Mitglieder man Respekt zollte, und damit sein Unheil besiegelte, saßen Frau Liebermann, die noch immer ungekürte Meisterin der provokanten Rede, Frau Dohany, die Sinas Mutter war, und Frau Jakobi am Kaffeetisch. Der Tratsch machte die Runde. Auch besagter Herr Koniezky war Thema. Wäre er wirklich imstande, die Schwäche und Unerfahrenheit eines Kindes für seine Zwecke auszunutzen? Brächte er es fertig, ein unfertiges Wesen anzufassen, zu verführen und zu missbrauchen? Wie weit ginge ein solcher Trieb? Hat ein Pädophilier soziale Verantwortung, Wissen um seine Tat und die Kontrolle, einen Übergriff zu entsagen? Fragen über Fragen, die Frau Dohany nachdenklich machten. „Sina benimmt sich seit der Kirchweih so merkwürdig. Ich weiß, dass etwas vorgefallen ist und so wie ich sie kenne, vermute ich, dass ihr Gewalt angetan wurde."

„Gewalt? Du meinst, jemand hat sich an sie rangemacht?" Frau Jakobi war außer sich.

„Sie traut es sich nicht zu sagen, aber ich weiß es. Und ich mache mir so große Sorgen."

„Ja, dann rede mit ihr!"

„Wie soll ich mit ihr reden. Ich komme nicht an sie heran."

„Aber wie kannst du sicher sein, dass da etwas war?"

„Sie hat ihre Klamotten weggeschmissen, die wir erst im Frühjahr gekauft haben. Ist das Grund genug? Das macht man als junges Mädchen nicht aus einer Laune heraus. Das macht man, wenn etwas vorgefallen ist."

„Ja glaubst du, der Koniezky hat ihr aufgelauert?" Frau Liebermann wollte unbedingt ihren Senf auch dazu geben.

„Keine Ahnung. Aber das wäre das letzte. Wenn der damit was zu tun hat, dann weiß ich nicht ..."

„Aber warum sollte sie nicht darüber reden. Gerade wenn etwas in der Hinsicht passiert ist, öffnet man sich doch, will darüber reden."

„Nicht Sina. Sie ist wie ich."

„Bitte was? Soll das heißen, dass du auch ...?" Frau Jakobi zeigte sich sichtlich ergriffen.

„Ach das ist schon so lange her. Das vergisst man wieder."

„Quatsch! *So etwas* vergisst man nie. Eine Vergewaltigung ist das schlimmste, was einer Frau passieren kann. Das ist demütigend und erniedrigend. Das lässt einen an allem zweifeln für sehr lange Zeit."

„Ihr habt gut Reden."

„Erzähl, was ist passiert", drängte Frau Liebermann und begann, innerlich zu kochen ohne zu wissen, was überhaupt folgen sollte.

„Wie gesagt, ich kann mich gar nicht mehr so daran erinnern."

„Humbug. Das kannst du uns nicht weismachen. Ein derartiger Eingriff brennt sich bis zum Boden der Seele. Die Bilder verschwinden nie mehr. Diese Ohnmacht, die Hilflosigkeit, mit der man so unmittelbar konfrontiert ist, sind Auslöser für Alpträume, die einen überall hin verfolgen."

„Du sprichst, als hättest du genauso Erfahrung darin."

„Ihr wisst, ich war vor Egon mit einem anderen Mann verheiratet", begann Frau Jakobi. „Anfangs war alles gut, bis er die Arbeit verloren hat. Er begann zu trinken und mit dem Alkohol kam die Gewalt in die Ehe. Erst war es eine Ohrfeige, die ihm angeblich ausgerutscht ist. Später eine zweite. Er entschuldigte sich jedes Mal sehr aufrichtig und glaubhaft. Aber die Aggression, die sich in ihm wegen seiner misslichen Lage aufbaute, konnte er nicht steuern. Er kam sich vor wie vor die Tür getragener Müll. Sagte er jedenfalls. Man spottete oder redete über ihn. Auf den Ämtern behandelten sie in abfällig. In der Kneipe wurde gelacht und aufgezogen. Irgendwann musste die Wut heraus. Wo geht das besser als zu Hause?"

„Na du bist gut. Jetzt verteidige ihn auch noch", sagte Frau Liebermann streng. „Das klingt ja so, als sei es logisch, dass man halt daheim Dampf ablässt, wenn die Welt draußen auf einem herumtrampelt."

„So kann man es nicht sehen. Das meine ich nicht. Ich konnte es nur verstehen, wie es sich entwickelt hat. Später habe ich nicht mehr damit umgehen können."

„Wann?"

„Als er mich zum ersten Mal richtig verprügelt hat. Vier, fünf Mal hat er auf mich eingeschlagen, ich bin gegen die Wand geknallt und umgefallen. Da ist er in die Küche und hat einen Schnaps getrunken. Ich hatte eine Wunde am Kopf und habe mich im Bad selbst verarztet. Das war der Anfang vom Ende. Irgendwie waren da die Hemmungen gefallen. Das nächste Mal kam er um Ein Uhr morgens, schrie die ganze Bude zusammen. Als ich ihm entgegeneilte und zur Mäßigung aufforderte, haute er mir eine runter. Ich saß in der Ecke, heulte vor Schmerz und rieb mir die Wange. Da packte er mich, riss mich hoch, schleifte mich ins Schlafzimmer, warf mich aufs Bett. Den Rest könnt ihr euch denken."

„Er hat dich vergewaltigt, die Drecksau."

„Das schlimmste ist: Er ist dein Mann. Was soll man machen? Ich kann schlecht zu Polizei gehen und sagen, mein Mann hat mich vergewaltigt. Da kommen bloß blöde Sprüche. Und das Ansehen will man vor den Nachbarn auch nicht beschmutzen, also behält man es für sich."

„Aber, das muss ja eklig sein, so ein betrunkener Mann."

„Das ist es. Es ist widerlich. Er stinkt aus dem Mund. Man weiß gar nicht, wie man sich drehen soll. Dazu ist er wenig einfühlsam. Er packt dich roh. Reißt deine Beine auseinander. Kein Vorspiel und nichts. Du erkennst den Menschen, den du geliebt hast nicht wieder. Er benimmt er sich wie ein Tier. Kein lieber Blick, kein liebes Wort, nur Trieb und Schluss."

„Wie oft hat er dich …"

„Ich weiß es nicht mehr. Es war oft."

„Ich weiß nicht, ob ich das ertragen hätte."

„Was willst du machen? Sag es mir. Am Anfang machst du gar nichts. Du denkst, dass die Scheißzeit irgendwann vorüber geht, dass, wenn er nur wieder Arbeit hat, alles in Ordnung kommt. Du willst ja weitermachen. Du hattest ein Leben und wolltest nicht plötzlich alleine vor der Tür stehen. Wieder neu anfangen. Man kennt ja seinen Mann, wie er früher einmal war. Man hofft, dass es wieder so werden wird."

„Aber es wird nicht so wie früher?"

„Nein, es ist alles kaputt. Irgendwann, und das dauert nicht lange, schaust du in den Spiegel und hasst dich. Hasst dich für deine Schwäche, hasst dich dafür, was für ein Leben du führst. Du sagst, du bist selbst schuld. Hast es nicht anders gewollt. Diese Zeit der Selbstanklage ist die schwierigste. Denn wenn man genügend Selbstvertrauen hat, sagt man tschüss. Dann hat man die Kraft zu gehen. Die wird dir aber genommen. Stück für Stück. Du bist ein Häufchen Elend und keiner hilft dir, weil es keiner weiß. Da wieder rauszukommen ist sehr, sehr schwierig."

„Das stimmt", nickte Sinas Mutter. „Da kann ich dir Recht geben. Das ist die grausamste Zeit. Weil man sich selbst die Schuld gibt. Weil man keinen Ausweg sieht und weil man glaubt, dass alle Welt einen mitleidig betrachtet oder gar verachtet."

„Nun erzähl schon. Was ist dir passiert?"

„Ich war als junges Mädchen auf einer Geburtstagsfeier. Es wurde viel getrunken. Ich hatte keine Ahnung, was Alkohol anrichten kann. Es war meine erste richtig große Feier. Die bierselige Stimmung schwappte schnell über. Witze wurden gemacht, die ersten frivolen

Spiele gespielt. Am Anfang Flaschendrehen, dann mit Ausziehen. Am Anfang habe ich mitgemacht, bis es mir zu heikel wurde. Ich habe mich geschämt. Die andern waren nicht so gehemmt. Waren auch schon deutlich älter. Sie begannen zu fummeln. Bert und Michael haben sich ‚um mich gekümmert'. Sie stopften mir immer wieder einen Flaschenhals in den Rachen. Es war Wodka oder irgend so ein Zeugs. Ich musste immer wieder schlucken, habe mich gewehrt, wollte nach Hause. Sie haben sich neben mich gesetzt und mich bedrängt. Ich konnte mich kaum bewegen. Wenn ich schrie, lachten die anderen, die weiter weg im Wohnzimmer zugange waren. Schließlich rissen sie mir nach und nach die Kleider vom Leib. Es nützte nichts, dass ich bitterlich weinte. Sie waren grob und wollten nur das Eine. Und das recht nachdrücklich. Sie betatschten mich, pressten ihren Mund immer auf meinen, wenn ich um Hilfe gerufen habe. Wie du schon gesagt hast, so eine Alkoholfahne ist eklig, da ist man lieber ruhig und muss sie nicht ertragen. Schließlich lag der erste auf mir. Der andere hielt mich fest. Ich konnte nichts als Heulen. Die Tränen schossen mir ins Gesicht. Ich musste immer mehr schluchzen. Halts Maul, haben sie immer wieder gesagt, aber ich konnte nichts dafür. Dann hat mir der eine den Wodka in den Mund laufen lassen, dass ich mich verschluckte und husten musste. Das hat den anderen geil gemacht, weil ‚die Kontraktionen unten ihn antörnten'. Immer wieder goss er mir den Schnaps ins Gesicht. Schließlich, als der erste fertig war, kam der zweite. Für mich war es eine Ewigkeit, bis alles vorüber war. Ich will, dass niemand das erleben muss. Es ist das Grausamste, was einem als Mädchen widerfahren kann. Am Ende liegt man da und ist von oben bis unten schmutzig und elend, während die Schänder ein Bier trinken und sich gegenseitig auf die Schulter klopfen wie toll sie waren. Ich habe meinen Eltern nie davon erzählt."

„Und jetzt hast du Angst, dass so etwas Sina passiert ist? Warum?"

„Weil sie sich genauso benimmt, wie ich früher. Sie verlor ihr Lachen, ihre Unbekümmertheit. Sie ist ernst, böse und sarkastisch. Und: Sie erzählt nichts von sich. Sie kritisiert nur ständig."

In dem Moment kam Jürgen zur Tür herein. „Guten Tag. Und? Wie schmeckt der Erdbeerkuchen?"

„Mensch Jürgen, hau doch ab", sagte Frau Jakobi.

„Wie bitte? Was ist denn hier los?"

„Wir unterhalten uns gerade", erklärte Frau Dohany.

„Ja. Apropos: Ich würde mich auch gerne unterhalten. Und zwar mit Sina."

„Wieso denn das?“

„Nun ja. Ich weiß nicht so recht wie ich es sagen soll. Und dazu noch vor versammelter Mannschaft.“ Jürgen blickte verschreckt auf die anwesenden Damen, die nicht gerade einen entspannten Eindruck machten.

„Jetzt bist du schon hier. Es ist immer besser, wenn man mit der Sprache rausrückt“, meinte Frau Liebermann und schob ihn mit einer klaren Geste an.

„Das fällt mir nicht leicht, das zu sagen.“ Jürgen wurde sehr ernst. Alle beobachteten ihn und hörten förmlich, wie seine Zahnräder klapperten. Es verging eine lange Minute, in der er ratlos von einer Dame zur anderen blickte, bis er keinen Ausweg mehr sah und sprach: „Bei der letzten Feier am Samstag, da hab ich viel getrunken und das tut mir auch Leid. Ich weiß nicht genau, was passiert ist. Ich habe ein schlechtes Gewissen und will deshalb mit Sina reden.“

„Wieso hast du ein schlechtes Gewissen?“

„Weil ich wahrscheinlich über sie hergefallen bin.“

„Was!“ schrie Frau Dohany. „Das kann ja wohl nicht wahr sein.“ Sinas Mutter lief rot an. Jetzt kam alles zusammen. Tausend Bilder der Gewalt tanzten vor ihren Augen. Schnipsel des Hasses, der Bitterkeit, der Rache blitzten in einem rauschenden Raum der Galle. All die wirren Gedanken, die sich während des Gesprächs aufgebaut hatten, fanden ein Ventil, sich zu entladen. Sie sah in Jürgens Gesicht hunderte hämisch lachende Fratzen. In einer Sekunde sah sie das ganze Elend in der Welt zusammengerafft, die Misshandlungen von Tausenden von Kindern und Frauen, Verstümmelungen, Prügel und Herabwürdigungen, sie sah die Millionen Tränen, die achtlos beiseite gewischt werden, die niemand sehen will. Tod und Verderben stiegen aus den Löchern ihrer schwindenden Beherrschung, brauten sich zu einem platzenden Kessel. Ich wusste es, dachte sie. Ich hatte Recht. Ich kenne meine Tochter. Und das ist das Schwein. „Ich bring dich um du …“ Sinas Mutter umschloss die Kuchengabel mit einem eisernen Griff und stieß auf Jürgen ein. Gerade noch rechtzeitig hielten ihre Nachbarinnen den Hieb zurück, der mit Sicherheit sein Ziel nicht verfehlt hätte.

„Beruhig dich!“ keuchte Frau Jakobi, die mit der Hand von Frau Dohany rang.

„Was ist denn los? Was ist denn jetzt?“ Jürgen war aschfahl im Gesicht und starrte entrückt in die aufgeregte Frauenrunde. Er war aufgrund des Gefühlsausbruchs mehr als irritiert. „Vielleicht ist es doch gar nicht so schlimm? Ich weiß ja nicht …“

„Hau ab, du … Mistkerl, du Schweinehund, bevor ich dich absteche wie einen räudigen Köter …“ Mit Mühe und Not konnten die beiden Freundinnen Sinas Mutter zurückhalten und vor einer Tat bewahren, derer sie sich nach einer Weile wohl zutiefst geschämt haben würde. Sie beruhigten sie und schoben das Besteck vorsichtshalber außer Reichweite. Jürgen indes rannte verstört aus dem Laden und irrte die Straße entlang. Was habe ich gesagt, dass die mich so angreift? Hat sie etwas erfahren, was ich nicht weiß? Aber was soll ich schon groß getan haben? Ich war sternhagelvoll. In dem Zustand kann man doch nichts anstellen – oder doch? Und dann traf ihn ein Gedanke tief ins Mark. Was wäre, wenn ich nur Mitstreiter gewesen wäre? Vielleicht waren da noch andere, die eine günstige Gelegenheit schamlos ausgenutzt haben? Und weil ich betrunkener Weise leicht zu übertölpeln war, hat man mir die Schuld in die Schuhe geschoben, hat man mir die Schandtat angehängt. Jürgen torkelte über dem entsetzlichen Gedanken weiter, bis er überraschend Sina am Ende der Dorfstraße erblickte. Sina. Sina. Wir müssen reden. Ich habe nichts gemacht. Ich bin Opfer von irgendwelchen durchtriebenen, falschen Freunden, dachte er. Er näherte sich ihr und rief ihren Namen von weitem. Sina lief unbeeindruckt von seinen Bemühungen, ihre Aufmerksamkeit zu erregen, ihres Wegs. „Sina. Ich muss mit dir reden. Ich muss was klären …“

„Hau ab und reg mich nicht auf.“ Sie stieß ihn schroff beiseite, dass er beinahe das Gleichgewicht verlor. „Aber Sina, nur ganz kurz.“

„Hau ab, habe ich dir gesagt. Wenn du mir zu nahe kommst, wirst du mich erleben.“ Eilig ging sie die Straße entlang und nach einem Häuserblock bog sie in einen Seitenweg und verschwand aus Jürgens Sicht.

„Was ist nur mit den Frauen los? Was habe ich denn nur Fürchterliches angestellt, dass die so hysterisch reagieren? Welche Gerüchte kursieren über mich? Der Hass in den Augen. Ich fühle mich, wie der größte Verbrecher des Orts. O wüsste ich nur, was in dieser Nacht passiert ist. Es muss doch eine Möglichkeit geben, das heraus zu finden.“

Ein leises Gemurmel aus dem Beichtstuhl verlor sich in der Weite des kühlen Kirchengewölbes. Auf einer engen Holzbank saß Pfarrer Sinkewitz in sich zusammengekauert. Die Last der Welt schien ihn niederzudrücken.

„Vergib mir Herr. Ich weiß nicht mehr weiter. Es ist alles so schrecklich. Seit dem Wochenende ist nichts wie es vorher einmal war. Die Menschen haben sich verändert, als wollten sie mich bestrafen. Sie sind wild und ungestüm, überall wird gehetzt. Gestern sah ich sie selbst im Regen an den Gartenzäunen stehen und sich die Mäuler zerreißen. Großes Unheil ist geschehen. Eine grausame Sache. Die Gewalt, die du in deiner göttlichen Weitsicht den Menschen in die Büchse der Pandora gelegt hast, hat sich befreit. Das entfesselte Unheil traf ein liebreizendes Mädchen, das so lebensfroh der aufkeimenden Fraulichkeit entgegenstrahlte. Eine unbändige Freude sprühte aus jedem ihrer tiefen Blicke. Herr, welch Grausamkeit hast du gesät? Warum machst du die Menschen zu Opfern und zu Tätern, obwohl sie es nicht wollen? Warum ist immer und überall das Leid so gegenwärtig? Hüben wie drüben. Wir können nicht in Frieden leben, wenn überall das Unheil lauert. Kaum spitzt die Sonne hernieder, schon kommt eine unheilvolle Wolke aus dem Nichts und vertrübt das Leben. Kaum ist die Haut getrocknet, da ergießt sich der nächste Wolkenbruch über den gebeugten Häuptern. Keiner deiner vielen Kinder kann die aufkeimende Gewalt beherrschen, kein Erdenbürger ist stark genug, die hereinbrechende Zerstörung zu stemmen, die jedes Jahr schlimmer wird. Die Gier, die Begierde zerfleischt uns, die Klauen der Lust zerreißen uns. Opfer hier wie da. Die Verderbnis aus der Büchse lässt überall nur Verheerung zu. Herr, ich verstehe die Lehre nicht. Wie kann das Leid, das uns in jedem Winkel deiner Welt begegnet, uns Nutzen bringen? Ich sehe nur Niedergeschlagenheit und Zerstörung."

Die andächtigen, reuigen Worte verloren sich augenblicklich, als die Eingangstüre knarrte. Des Pfarrers wache Augen lugten aus den Beichtstuhlritzen auf das einfallende Licht. Darin zeichnete sich eine zögernde Gestalt ab. Sie stand wartend im Türspalt, als überlegte sie, ob es richtig sei, einzutreten. Nach einer Minute der Besinnung setzte sie einen Fuß vor. Langsam fiel die Tür zurück in den Rahmen, und nahm das Gegenlicht fort. Da endlich erschien das Mädchen erkennbar im schalen Licht aus den Deckenfenstern. Es war Sina. Dem Pfarrer pochte das Herz bis zum Hals. Sina, mein liebes Kind. Die Not treibt dich in die Obhut des Herrn. Zaghaft trat er aus dem hölzernen Verschlag und ließ die Tür offen stehen.

„Sina. Du warst schon lange nicht in der Kirche."

Sina trat an ihn heran, so dass er ihre Tränen sehen konnte. „Ich brauche Hilfe."

Natürlich. Ich tue alles für dich. Sachte nahm er sie am Arm, führte sie in die offene Tür des Beichtstuhls und half ihr, niederzusinken. Behutsam ließ er sich auf der anderen Seite des Sprechgitters nieder und schloss die Augen. Das Beste war, sie nicht zu drängen. Er wusste, dass das, was ihr Herz beschwerte, so gewaltig war wie die Wassermassen im Frühjahr, die die Flüsse über die Ufer treten lassen. So gewaltig wie die Sintflut, die eine Welt verschlang. Er schwieg. Wenn sie soweit war, würde sie von selbst sprechen. Minuten der Stille vergingen. Das einzige Geräusch, das Alfred Sinkewitz deutlich hörte, war der Schlag seines Herzens. Des schmerzenden Herzens über das fortwährende Leid, das ihm stets begegnete. Ob es eines Tages zerbrechen würde? Die Schuld riss erbarmungslos an der feinen Haut, die sein Organ ummantelte. Alfred Sinkewitz bangte ob der Worte, die ihn bestürmen würden. Was wäre darauf zu erwidern? Wie spendete man einem Mädchen Trost, das sogar den schweren Weg über die Schwelle des zurückgewiesenen Gotteshauses wagte, obwohl sie bis vor einigen Tagen vor Selbstbewusstsein Bäume ausgerissen hatte? Einer starken jungen Frau, die nie auch nur mit einem flüchtigen Anflug eines kummervollen Gesichtszugs in die Welt hinausging. Wo war ihre Unbeugsamkeit geblieben?

„Fragt der Pfarrer nicht, wann man zu letzten Mal gebeichtet hat?“ fragte sie mit zittriger Stimme.

„Normalerweise ja. Ich dachte jedoch nicht daran, dass du zum Beichten gekommen bist, sondern vielmehr, da dich etwas bedrückt.“

Sina nickte und starrte ins Leere. „Mir ist etwas Grausames passiert“, flüsterte sie fast unhörbar, „und ich weiß nicht, wie ich damit umgehen soll. Ich weiß nicht, was …“ Sie erklärte mit den Händen, wurde aber von den anstürmenden Gefühlen übermannt und begann bitterlich zu schluchzen.

Pfarrer Sinkewitz wollte zu ihr herüber greifen, hielt aber in der Bewegung inne. So etwas ist absolut tabu. Eine Berührung an diesem Ort, bei einer solch heiligen Handlung der Öffnung und des sich Anvertrauens, auch wenn sie tröstend gemeint ist. Pfarrer Sinkewitz schüttelte sich ob seiner Versuchung, die völlig untypisch für ihn war. Verzeih mir Herr. Ich kenne mich nicht wieder. Ich verliere mich. Bitte, gib mir Kraft. Gib mir Kraft.

Sina beruhigte sich allmählich, sie wischte die Tränen ab. „Mir wurde Gewalt angetan. Es ist so schrecklich.“

„Sina, sag mir, was passiert ist.“

„Bei dem Fest, nachts, ich bin aus dem Zelt rausgelaufen, auf das Feld. Ich wollte alleine sein. Aus dem Dunkel, ich konnte nichts sehen, wirklich nicht. Aus dem Dunkel sprang eine Gestalt auf mich und riss mich um …“ Sina versagte erneut die Stimme.

Der Pfarrer sank nach hinten und lehnte sich an. „Und dann?“

„Dann hat er mich betatscht. Hat mich überall angefasst."

„Wer war es?"

„Ich weiß es doch nicht, es war so dunkel und er war vermummt."

„Und dann?"

„Er war auf mir gelegen und hat so schwer geatmet. Hat mir ins Gesicht gekeucht. Und mich angelangt. Das war schrecklich."

„Was hast du gemacht. Hast du dich nicht gewehrt? Nicht geschrien?"

„Natürlich habe ich geschrien. Doch da hat mich keiner gehört. Wer sollte mich hören bei dem Lärm im Zelt?"

„Verstehe!"

„Ich habe um mich geschlagen und getreten. Aber er war so schwer. So kräftig. Das war so ein Koloss, so übermächtig. Er hat mich geschlagen. Ich dachte, wenn ich mich nicht wehre, tut er mir nicht weh. Ich wollte nur nicht, dass er mir weh tut."

„Was hat er dir angetan?"

„Was hat er dir angetan, was hat er dir angetan?" Sina sprang auf und schrie, dass der Pfarrer erschrak und zusammenfuhr. „Was hat er mir getan? Was soll er schon getan haben, vergewaltigt hat er mich …" Sina klappte zusammen und stürzte von dem Hocker, dass sogleich die Tür aufsprang. Sie krümmte sich am Boden zusammen und weinte und schrie.

Pfarrer Sinkewitz stürzte aus seiner Abteilung und beugte sich über sie. Vorsichtig versuchte er, sie an der Schulter zu berühren. Sofort schlug sie aus und schrie: „Lassen Sie mich. Fassen Sie mich nicht an!"

Sofort wich der Pfarrer zurück und setzte sich neben sie auf den Boden. „Bitte steh auf Sina."

Ihr Körper wackelte, als sie innerlich weinte. Pfarrer Sinkewitz strich mit der Hand über sein verzweifeltes Gesicht. Das arme Mädchen. Wie kann ich ihr nur helfen? Er sah die junge Sina, wie sie als Kind auf den Feldern umhertollte. Oft beobachtete er das unbeschwerte Spiel, als sie mit Reifen oder Bändern mit ihren Freundinnen herumtanzte. Er sah sie inmitten ihrer Eltern mit ihrem Sonntagskleid in der Messe sitzen, rechts vorne in der zweiten Reihe. Sonntag für Sonntag kam sie, über so viele Jahre hinweg. Er rechnete. Wie alt würde sie sein? Achtzehn? Wann kam sie in die Schule? Ja, stimmt. 1996 wurde sie feierlich eingeschult. Was für ein schöner Tag. Wie sich die Erstklässer mit ihren Schultüten auf dem Hof versammelten. Sie hatte ein rosa Kleid mit weißen Puffärmeln an. Und schwarze Lackschuhe mit einem Riemchen. Ihre langen blonden

Haare waren seitlich zu Zöpfen zusammengebunden, so dass sie ein bisschen frech aussah. Die meiste Zeit stand sie mit ihrer Freundin Hand in Hand und machte einen stolzen Eindruck. Um sie versammelt waren die Eltern, Onkel und Tante. Ein emsiges Gewusel von Menschen, Farben und Geräusche, bis der Direktor die begrüßenden Worte am nüchternen Katheder sprach. Anschließend wurden sie auf die Klasszimmer verteilt. Er bekam sie in der vierten Klasse im Religionsunterricht. Da war die Schüchternheit bei ihr bereits verflogen. Frech war sie zu ihren Mitschülern. Ließ sich nichts gefallen. Sie wusste, wie man Oberwasser behält. Erst vor einigen Jahren wurde sie ruhiger, zurückgezogener. Sie kam nicht mehr in die Kirche, blieb den Veranstaltungen fern. Selbst bei dem ausgelassenen Kirchfest im Frühjahr war sie nicht erschienen, obwohl da ein jeder mit Kind und Kegel auftaucht. Seit sie auf dem Gymnasium war, hatte er keine Gelegenheit, ihre schulische Entwicklung weiter zu verfolgen, aber er war sich sicher, dass sie ihren Weg gehen würde. Nur vereinzelt kreuzten sich ihre Wege im Dorf. Einmal war sie in Begleitung von ein paar Freundinnen, ein anderes Mal schien sie sich zurecht gemacht zu haben für einen Discoabend. Junge Männer warteten auf sie, um mit ihr in einem umgebauten Sportwagen fortzubrausen. Pfarrer Sinkewitz hörte noch in Gedanken die stampfenden Bässe des vorbeifahrenden, rotgestreiften Flitzers. Sie hatte sichtlichen Spaß am Leben. Genoss es in vollen Zügen. Jetzt lag sie wie ein Häufchen Elend vor ihm auf dem kalten Kirchenboden und weinte.

Endlich hob sie den Kopf, strich sich die Haare zurück und versuchte, ihr nasses, verwischtes Gesicht mit dem Handrücken zu trocknen. Pfarrer Sinkewitz kramte unbeholfen in seiner Hosentasche, holte dann aber doch unerwartet ein Taschentuch hervor und reichte es ihr. Sina tupfte schmerzgebeugt ihre Wangen, schluchzte noch einmal auf und erhob sich mühselig. Sofort sprang der Pfarrer auf die Füße und half ihr hoch. Sie bedankte sich durch ein kurzes Nicken, ohne ihren Blick vom Boden zu lösen.

„Ich kann jetzt nicht reden“, sagte sie und wandte sich zum Gehen.

„Bleib!“ rief Pfarrer Sinkewitz. „Es ist besser, wenn du mir alles erzählst.“

„Nicht jetzt.“

„Wann dann?“

„Wenn der Schmerz nachlässt.“

„Aber er wird nicht so einfach nachlassen. Das erfordert Arbeit.“

„Ich weiß. Aber der Anfang ist ja gemacht.“

„Ja. Der Anfang ist gemacht. Ich warte auf dich.“
„Danke.“
„Ich habe immer Zeit für dich.“
Sina zögerte eine Sekunde, dann verschwand sie anmutig in dem knalligen Licht, das von außen hereinflutete. Als sie vollends der Kirche entschlüpft war, und die Tür fast lautlos schloss, sank Pfarrer Sinkewitz wieder auf seine Bank. „O Gott, was ist nur passiert. Ich wünschte, die Welt würde untergehen.“ Es war so still, dass es Alfred Sinkewitz fast schmerzte. Die Stille konnte verbunden mit quälenden Gedanken eine Folter sein. An diesem Tag sollte die Folter für Pfarrer Sinkewitz lange andauern.

Marko rückte umringt von drei Mädchen an. Lautes Geplapper und gute Stimmung. „Kommt Mädels, ich lad euch ein. Wollt ihr einen Kuchen?“
Na klar, also wurde schnurstracks die Konditorei angesteuert, in der die zwei Klatschbasen es gerade geschafft hatten, Sinas Mutter durch besänftigendes Zureden vor einem Tobsuchtsanfall zu bewahren. Die Wolken verrauchten und die zwei aufgetakelten Damen unternahmen alle Anstrengungen, Sinas Mutter klar zu machen, dass es während des derzeitigen Stands der Dinge keinesfalls offenkundig sei, dass Jürgen der Sina etwas Bösen angetan hätte. Sinas Mutter verlor allmählich den bitteren Gallegeschmack in ihrem Mund, als zur selben Zeit Marko drei Erdbeerkuchen, zwei Kaffee und ein Maß Bier bestellte. Während die Verkäuferin darüber war, die Bestellung appetitlich anzurichten, guckte der Aufreißer unverhohlen auf die beschäftigte Ecke.
„Brennt’s bei den drei Damen vom Grill? Sie schauen so aus, als hätten Sie Feuer gefangen“, fragte er stichelnd und lachte dabei unangemessen laut und blöd. Die Mädchen kicherten.
„Hast du dir schon das letzte bisschen Hirn im Alkohol ertränkt oder warum laberst du so dämlich daher“, fragte Sinas Mutter angriffslustig, der das neue Ziel gerade Recht kam. So hatte sie wenigstens wieder eine Projektionsfläche für ihren Frust.
„Da täuschen Sie sich, Werteste, Alkohol konserviert. So gesehen bleibt mein Hirn frisch und wird noch Kapriolen schlagen, wenn das ihrige bereits völlig verdörrt ist.“
„Jetzt langt es. Das geht zu weit. Dir hau ich doch eine auf dein vorlautes Maul …“ Frau Dohany sprang von ihrem Rattanstuhl hoch, ballte die Fäuste und näherte sich mit einem fiesen Blick dem ungleichen Gegner. Daraufhin platzte Marko ein Lachen heraus und er

konnte sich kaum beruhigen, so dass ihn seine Begleiterinnen stützen mussten. Glücklicherweise gelang es erneut den beiden aufmerksamen Damen, ihre Freundin zurück zu halten, ohne merklichen Schaden an ihren adretten Frisuren zu nehmen, sonst hätte es sich zweifelsfrei ergeben, dass ein unnachgiebiger Kampf gekränkter Amazonen für derart Aufsehen gesorgt hätte, dass in dem lieblichen Siebenhundertseelenkaff das Getuschel für Wochen genügen Stoff gehabt hätte.

Als sich Marko endlich wieder von seinem Lachanfall beruhigt hatte, fand er erneut bissige Worte: „Sparen Sie sich die Energie lieber auf, ihre kleine Prinzessin zu schützen. Sie hat nämlich ein Auge auf mich geworfen. Beim nächsten Fest …"

Diesmal war Marko zu weit gegangen. Er sah nur noch die Kaffeetasse auf sich zufliegen. Nach einer Schrecksekunde fand er sein extrem lässiges Kent-Kragen-Hemd von oben bis unten versaut vor. Er konnte nur froh sein, dass Sinas Mutter wegen der ganzen Aufregung den Kaffee lange hatte stehenlassen und dieser deshalb so weit abgekühlt war, dass der übergossene Pudel mit keinen ernsthaften Verbrühungen rechnen musste. Jetzt, wo es an seine Klamotten ging, war aber auch für ihn der Spaß vorbei. Ärgerlich formte er eine ätzende Grimasse: „Sie sind ja wohl nicht normal! Kein Wunder, wenn ihre Tochter auch einen kleinen Schlag hat."

„Was sagst du da? Was soll das heißen?" Aufgebracht versuchte sie die Kaffeetasse ihrer Nachbarin, in deren festem Griff sie sich seit der olympiareifen Wurfleistung befand, zu ergreifen, wobei die freie Frau Liebermann aber geistesgegenwärtig dieses potentielle neue Wurfgeschoss mit einem beherzten Vorbeugen außer Reichweite schob.

„Die versteht doch keinen Spaß. Will alles ausdiskutieren. Ist so spontan wie eine rostige Regenrinne." Diese stellte er anschaulich durch wackelnde Finger, die nach oben zeigen, nach und ließ dabei den Arm nach unten fallen, als ließe er ein bisschen Sina fallen, zumindest was den Respekt vor ihr betraf. „Ist so scheu und geziert wie ein Reh. Und so schreckhaft wie ein Grashüpfer, wenn man sie anspricht", spottete er mit einer verstellten Stimme und einem mimischen Ausdruck, dass er beste Chancen beim nächsten Casting für den neuen Superstar gehabt hätte. „Aus der wird eine alte vertrocknete Jungfer, die mit einem bunten Schürzchen ein Leben vor dem Herd verbringt."

„Ach, und dann muss man sie wohl vergewaltigen, ihr Schweine!"

„Bitte was?“ Marko verschlug es beinahe die Sprache. „Jetzt bleib mal cremig. Wer soll *die* denn vergewaltigen. Eine Vergewaltigung soll doch Spaß machen, haha.“ Marko hatte blitzschnell seine Lässigkeit wieder gefunden und auch die drei Täubchen konnten sich nicht zurückhalten und gackerten ausgelassen.

Sinas Mutter war in Gedanken dabei, Markos Gesicht mit einer abgesägten Schrotflinte vom Hals zu schießen. Doch trotz des geballten Zorns wurde ihr schlagartig klar, dass sie sich auf dem falschen Dampfer befand. Sie versuchte, herunter zu kommen, schluckte und überlegte, während die beiden Frauen, den Griff lockerten, nachdem Sinas Mutter mit dem Zerren nachließ. „Heißt das, der Jürgen hat ihr nichts getan?“

„Der Jürgen und die Sina? Haha. Der Jürgen war so sturzbetrunken, der hätte nicht mal die Hose alleine aufmachen könne. Haha …“

„Außerdem war der Jürgen bei uns“, lachte Marlies, die Gespielin rechts neben Marko, die ihre Hand lässig über seine Schulter und den Kaffeefleck hängen ließ. „Den Jürgen haben wir ein bisschen verarscht. Der ist vor dem Zelt umhergelaufen und hat ein recht klägliches Bild abgeben. War aber dermaßen spitz, dass man mit ihm das Telefonbuch hätte lochen können. Zugegeben hat er dauernd Sinas Namen gelallt, die ist aber aufs Feld raus. Keine Ahnung, wo die hin wollte. Wir drei jedenfalls haben den Jürgen ein bisschen becirct und ein paar urkomischen Aufnahmen mit dem Handy gemacht. Die stellen wir demnächst ins Internet ein. Wenn Sie wollen, können sie ja mal reinschauen. Da sehen sie ein Bild von dem Don Juan mit eingeklapptem Schnappmesser in Aktion. Haha.“

Marko zog beide Mädchen dichter an sich und strahlte mit den Erdbeeren auf dem Kuchen, der gerade über den Tresen gereicht wurde, um die Wette. Als dann noch sein Bier folgte, ging der belustigte Tross zu der gegenüberliegenden Ecke des Cafes, wo sie sich gemütlich, halb aufeinanderliegend, in der Sofanische niederließen. Aus dem Hintergrund rief er noch trotz der koketten Belagerung deutlich: „Die Rechnung der Reinigung werfe ich in den Briefkasten. Sie sollten mal ein Stressabbauseminar besuchen. Machen Sie drei doch mal einen Wellness-Urlaub. In Feuerland oder so. Hauptsache weit weg, nicht dass hier noch Gerüchte über fliegende Untertassen ausländische Reporter in unser beschauliches Nest treiben.“

„Dann ist der Jürgen ihr gegenüber gar nicht grob geworden“, stellte Sinas Mutter in einem nachdenklichen Ton fest, ohne auf die provozierenden Worte aus der lüsternen Ecke einzugehen.

„Das hätte ich mir auch nicht vorstellen können“, überlegte Frau Liebermann. „Der ist doch zutiefst friedfertig, der könnte keiner Fliege etwas zuleide tun. Ich hatte schon die ganze Zeit eher meinen Freund in Verdacht.“

„Was?“ meldete sich die dritte im Bunde zu Wort. „Der Koniezky oder was?“

„Das glaube ich nicht“, konstatierte Sinas Mutter, „der ist doch nur auf Kinder scharf. Sina ist ja weiß Gott kein Kind mehr.“

„Nö, den Koniezky kann ich mir auch nicht vorstellen. Aber wer sagt denn, dass der Sina überhaupt etwas in *der* Richtung passiert ist? Vielleicht geht es um etwas ganz anderes?“

„Um was soll es denn sonst gehen?“ empörte sich Sinas Mutter und strich dabei ihr Kleid glatt, das bei den Handgreiflichkeiten seinen makellosen Sitz eingebüßt hatte.

„Das war bestimmt jemand, an den wir im Moment überhaupt nicht denken.“

Jürgen saß ratlos auf einem Steinmäuerchen mit Blick auf die Kirche, in die er Sina vor etwa einer Viertelstunde gehen sah. Seit wann geht sie denn dorthin, fragte er sich. Soweit er sie kannte, hatte sie mit christlichen Glaubensgrundsätzen nicht viel am Hut. Er hatte ein ganz gegensätzliches Bild von ihr. Sie ließ kein gutes Haar an der Religionsmeierei. Es verging keine Diskussion, in der sie sich nicht ausließ über die Scheinheiligkeit der Kirche und das Religion *im Menschen* stattfinde und nicht in der Gesellschaft. Sie schimpfte über die Heilige Schrift, die seit dem Mittelalter von den Kirchenobersten nach Gutdünken umgeschrieben wurde, um die Machtstellung der Kirche zu untermauern. Von der wahren Lehre Jesu sei nicht viel übriggeblieben. Schaute man nach Rom, sähe man ein riesiges Vehikel der Macht, das unbeugsam auf seinem Thron sitze und mit aller Gewalt an seiner irdischen Führungsrolle festhalte. Den Gläubigen werde das Geld aus der Tasche gezogen und die fragwürdige Moral werde derart resolut von den Medien, die auch von den Mächtigen der Kirche gesteuert werden, verbreitet, dass die unkritischen Leser keine Alternative sähe als sich an die strenge Auslegung zu halten. Die meisten Menschen seien so mit dem Beachten der redlichen Tugenden beschäftigt, dass sie das Leben in seiner Vielfalt gar nicht genießen könnten. Sobald sich ein

Wagemutiger einer Verfehlung schuldig machte, kläfften die übermoralischen Gemeindemitglieder so lange nach dem Frevler, bis dieser zurück zu einer duckmäuserischen Haltung fände, um wie ein Lemming mit den anderen dem Abgrund zuzueilen. Der Knackpunkt sei, dass das ganze Getue für den Menschen keinen Sinn und Zweck habe, im Gegenteil, die Menschen machen sich das Leben durch ihre eingeengte Betrachtungsweise ihres Seins schwer. Wir seien nicht mehr in der Lage, das Leben in seiner ganzen Bandbreite zu erleben. Uns ginge die bunte Palette mit all ihren Nuancen verloren. Einzig die Kirche profitiere durch die perfekt organisierte Streuung von Gewissensbissen. Sie steuern die Gesellschaft in die Büßerecke. Wir sind immerfort damit beschäftigt, den anderen zu beobachten und zu verurteilen, weil wir so erzogen worden sind. Unzählige Sendungen liefen über den Äther, in denen eifersüchtige Frauen ihre Freunde auf die Probe stellen, indem sie einen Lockvogel auf ihn hetzten und überprüften, ob er treu sei oder der Flirtversuchung auf den Leim gehe. Nachmittägliche Gerichtssendungen würden von einem Großteil der Bevölkerung verschlungen, in denen man von einer sicheren Distanz einen, der vor Gericht steht, beschimpfen und sich über ihn ereifern kann. Die übermoralisierte Gesellschaft versäume über ihrer strengen Richtschnur, die sie angelegt habe, ein unbeschwertes Leben zu leben. Deshalb nimmt es auch nicht wunder, wenn sich der von den übertriebenen Moralvorstellungen Eingeengte Schlupflöcher schaffe, die ihm die versprochene und hochgehaltene Freiheit bieten, die man ja in Wirklichkeit nicht hätte, sondern nur permanent von den immerfleißigen Medien eingetrichtert bekäme. Deshalb hätten wir eine grenzenlose Maßlosigkeit beispielsweise im Internet. Hier darf man verborgener Weise alles. Wenn man seinen sexuellen Gelüsten schon keinen freien Lauf lassen kann, weil die Gesellschaft schon einen flüchtigen Blick auf einen Fremden streng verurteile, so hat man doch im Internet eine unendliche Spielwiese der Befriedigungen. Hier gibt es keine Grenzen. Jürgen erkannte aber über seiner Betrachtung, dass der letzte Gedanke eher seiner Vorstellungswelt entsprungen war und nicht die Äußerungen von Sina wiedergebe. Aber sicher wären beide darüber, dass, wenn die Gesellschaft nicht in dieser überzogenen Weise fehljustiert wäre, man sein Auskommen unter den Menschen fände und sich nicht verstecken und verleugnen müsste. Gingen wir ehrlicher miteinander um, so sagte nicht nur Sina, hätten wir vielleicht kein Paradies auf Erden, aber einen lebenswerteren Flecken. *Die Informationen über die anderen machen uns verlogen.*

Wir denken über uns zu wenig nach, meinte Jürgen. Dächten wir mehr nach über das, was wir wollen, und wäre es nicht so schwierig, es entgegen der heuchlerischen Gesellschaft umzusetzen, dann wäre das Leben viel ergötzlicher. Aber jeder Mensch trägt eine Sehnsucht in sich, die nicht gestillt werden kann, weil uns die rigiden Regeln klein halten. Darunter leidet unsere Entfaltung, was sehr traurig ist. Könnten wir uns entfalten, hätten wir nicht so viel Neid und Missgunst in uns. Würden wir unsere Fantasien besser ausleben können, bräuchten wir keine ständigen unnatürlichen Anreize mit einem verbotenen Anstrich, die uns das ersetzen, was wir nicht ausleben dürfen.

Jürgen war so sehr in seinen Gedanken vertieft, dass er um ein Haar verpasst hätte, wie die schwere Kirchentür aufging, aus der sich Sina wand. Sie ließ den Kopf hängen und trottete den Seitenweg entlang. Jürgen sprang von der Mauer und eilte Sina entgegen. „Bitte. Nur ein Wort, mehr verlange ich nicht."

„Was willst denn du schon wieder?" blaffte sie ihn an.

„Ich weiß, dass du dich nicht gut fühlst und ich befürchte, dass ich der Grund dafür bin."

„Du? Dass ich nicht lache."

„Ich habe dich den ganzen Abend beobachtet, bei der Feier. Und ich wollte immer wieder mit dir ins Gespräch kommen, aber du hast mich weggestoßen und mich zurück gewiesen. Daraufhin habe ich zuviel getrunken."

„Und?" Sina wirkte kurz angebunden und genervt.

„Dann weiß ich nur noch, dass ich dir nach bin. Du bist irgendwo in der Dunkelheit verschwunden. Die anderen haben mir erzählt, dass ich ziemlich heiß war. Ich befürchte, dass ich dir hinterher bin."

„Was!" echauffierte sich Sina, die wie verwurzelt dastand. „Du hast mich in der Nacht … angegangen?"

„Wie gesagt, ich weiß es nicht, aber es ist nicht unwahrscheinlich."

Sina schrie auf einmal hysterisch auf und stieß Jürgen wuchtig auf die Wiese. „Ich hasse dich, du Schwein. Dich mache ich fertig. Das garantiere ich dir."

„Sina. Bitte warte." Aber die Worte waren vergebens. Sina huschte davon. Sie war voller Wut und Verzweiflung. In einem Hickhack der Gefühle erkannte sie, dass sie einerseits wütend war, als die Konfrontation mit der Ohnmacht der schlimmen Nacht wieder zutage trat. Andererseits bot sich jetzt ein Ziel ihres Hasses. Endlich war sie in der Lage, das schlimme Gefühl des Ausgeliefertseins zu bekämpfen und durch die Annahme des Kampfes zu überwinden. Jürgen soll für seine Tat büßen, bis die Hölle gefriert. Sie bastelte sich einen Schlachtplan, was sie ihm alles antun würde, wie sie sich angemessen an ihm rächen konnte. Aber in Anbetracht, wer das Ziel sei, verlor der Kampf an Qualität. Kann es wirklich sein, dass Jürgen mich derart brutal behandelt hatte? Der, von dem sie wusste, wie einfühlsam und umgänglich er war. Wie könnte er zu solch einer Tat imstande sein? Selbst wenn er viel getrunken hatte, wie er es gerade zugegeben hatte, bedarf es einer gravierenden Charakterwandlung, von einem lammfrommen zu einem wölfischen, gemeingefährlichen Menschen zu werden. Ihr war klar, dass bei vielen nach reichlichem Alkoholgenuss eine Art Enthemmung eintritt, und es ist gemeinhin bekannt, wie sich manch einer vom Gehemmten zum Raubein verwandelt. Vor ihren Augen schwirrten prächtige Beispiele aus dem Bekanntenkreis, die alkoholisiert forsch und frech wurden, vom Leisetreter zum Star des Abends mutieren. Aber ein sensibler Mensch wie Jürgen ist ihres Wissens noch zu keinem Vergewaltiger geworden. Von Jürgen hatte sie viel mehr den Eindruck, dass er nach ein paar Schnäpsen eher einschlafen würde, als brutal zu werden. Je mehr sie darüber nachdachte, desto abwegiger wurde die Vorstellung, Jürgen sei der Gesuchte. Selbst wenn Alkohol eine derartige Wandlung herbeiführen könnte, konnte sie sich nicht im Entferntesten vorstellen, dass Jürgen, mit einem erhöhten Pegel an Stimulanzien noch die Kraft und Vehemenz hätte, ein Mädchen zu missbrauchen. Dazu bedarf es einer bestimmten inneren Einstellung. Freilich hatte er ihr gerade gestanden, dass er ein Auge auf sie geworfen hätte und zurückgewiesen worden ist. Und bei einigen Charakterschwachen brennt sicherlich nach so einer Situation eine Sicherung durch. Aber langt das bei Jürgen, sich von Doktor Jekyll zu Mister Hyde zu verwandeln. Nein. Das war barer Unsinn. Dafür kannte sie Jürgen zu gut. Bestimmt wäre er in der Lage, angetrieben von ein paar Schnaps, ihr mit einem betont prahlerischen Auftreten zu imponieren oder ein alkoholgetriebenes Balzverhalten aufzuführen und bestimmt mag ihm in einer überschwänglichen Laune ein Übergriff in Form eines läppischen Antatschens oder Begrabbelns zuzutrauen sein. Aber den Schritt vom unsicheren Jüngling mitsamt einiger dummer Sprüche und pubertärer Fummelei zur zielbewussten Verletzung der Intimsphäre durch eine Vergewaltigung? Je länger Sina darüber nachdachte, desto mehr fragte sie sich allen Ernstes, ob Jürgen überhaupt wusste, wie *das* funktionierte. Also, in letzter Konsequenz, mit allen Einzelheiten. Nein! Ihre Androhung von Hass ist lächerlich, weil sie in ihm nicht das Objekt des Hasses sehen konnte. Jedem anderen mag sie das zutrauen, Jürgen nicht. Da kann er ihr erzählen, was er will. Jürgen ist kein Vergewaltiger. Und dann kam ihr wie aus dem Nichts der schlagkräftige Beweis ihrer Annahme. Der Vergewaltiger hatte keine Alkoholfahne. Hätte sie Jürgens Atem getroffen, wäre er mit Sicherheit von einem starken Alkoholgeruch durchsetzt gewesen. Aber das, was ihr entgegen kam, war alles andere als das. Jürgen war unschuldig.

So erleichternd, wie diese Erkenntnis wirkte, so ernüchternd war sie auch. Denn wenn es nicht der Geständige war, wer dann? Sie wähnte sich keinen Schritt weiter. Wer käme für diese Tat infrage? Wer passte in das Schema, vom Normalbürger zur Bestie. Wem sei diese Wandlung zuzutrauen? Wem? O würde sich diese Frage nur bald klären, so dass sie ihrem Peiniger ins Gesicht schauen, ins Gesicht hauen könnte. Dieser respektlose Mensch wäre ihrer Missachtung ausgeliefert für den Rest seiner Tage.

Jürgen war bedient; er konnte keinen weiteren Tiefschlag mehr ertragen. Die letzte Stunde war für ihn die Hölle. Zuerst fielen ihn die drei los gelassenen Furien aus der Bäckerei an, dann Sina, die entgegen des Versprechens des Pfaffen *nicht* zugänglich war. Der Gardinenprediger brauchte ihm jedenfalls keine Tipps mehr zu geben. Alles würde gut, wenn man nur spräche, äffte er ihm nach. Erst mal können vor Lachen. Darüber hinaus die schwierige Beziehung zu seinen Eltern und zum Alkohol. Wenigstens das letzte Problem hat sich in Luft aufgelöst. Das Alkoholproblem hat sich verdünnisiert, frohlockte er, um bei dem verdrießlichen Spiel wenigstens noch einen erquicklichen Strohhalm zu haben, an dem er sich hochziehen konnte. Sina konnte er, nachdem sie sich verdünnisiert hatte, nicht erreichen, aber die aufgemotzten Schreckschrauben vom Kuchenstand. Denen wollte er es zeigen. Erst jetzt wird im bewusst, was er sich gefallen gelassen hat. Es könne nicht angehen, dass die Krähen ihn zur Minna machten, ohne zu wissen, was vorgefallen sei. Aus einem bloßen Verdacht heraus. Und zu allem Überfluss hat er ihnen noch durch seine Ehrlichkeit und seinem aufrichtigen Bedauern das Öl ins Feuer gegossen. Dieses Problem gehe ich heute noch an. Darauf könnt ihr euch verlassen. Mit der Faust in der Tasche näherte er sich der Konditorei und trat zornig ein. „Ich wollte nochmals mit Ihnen reden. Ich finde es nicht in Ordnung, wie Sie mich angefeindet haben. Das lasse ich mir nicht …“

„Jürgen! Gut, dass du da bist“, schleimte Frau Dohany mit einer überfreundlichen Stimme, dass er stockte. „Jürgen. Es tut mir so Leid.

Ich wollte dich nicht so unfein attackieren. Dazu hatte ich kein Recht. Vermutlich hast du uns auch nur im falschen Moment etwas gesagt, was du dazu gar nicht hättest sagen brauchen."

„Was soll denn das jetzt heißen?" Da verstehe einer noch die Frauen. Zuerst lesen sie einem die Leviten, indem sie sie einem um die Ohren hauen, dann balsamieren sie die angerichteten Wunden mit einer sahnigen Ansprache, dass Tote lächeln. Jürgen glotzte befremdet.

„Da ist er ja", tönte von hinten eine Stimme.

„Marlies? Was macht ihr denn hier?" Jürgen war übertölpelt; war er der neue Kandidat für ‚Verstehen Sie Spaß?" Er war einen Moment versucht, die versteckte Kamera zu suchen. Was ging hier ab? Zuerst wollten sie mich ungespitzt in den Boden rammen, dann verhalten sie sich, als sei ich der nette Kumpel von nebenan.

„Na dich verarschen", prustete Marlies und verschluckte sich beinahe an dem vollen Erdbeermund. Marko prostete ihm indes in bester Laune zu und forderte ihn mit einer winkenden Geste auf, zu ihnen herüber zu kommen.

„Wieso verarschen?"

„Na, wir haben einen geilen Film von dir gemacht. Der Oberfummler aus Meiratshausen. Das wird der Abräumer bei YouTube. Wie reiße ich mir ne Tussi auf und penn dann ein?" Jetzt flog die saftige Erdbeere doch noch im hohen Bogen durch das Cafe. Marlies krümmte sich vor Lachen und legte sich über Marko, der die größte Mühe hatte, sein Bier nicht zu verschütten. Die Ecke lachte so mitreißend, dass auch die drei Damen Mühe hatten, einen kleinen Anflug von Heiterkeit angemessen zu verbergen.

„Was ist das für ein Mist hier?" fragte Jürgen am Rande seiner Auffassung.

„Also, Jürgen, jetzt einmal in deinem Tempo", sprach Annika, die dermaßen intensiv an Markos Ohr geknabbert hatte, dass sie bisher nicht zu Wort gekommen war, um dann in einer extrem langsamen Sprechweise fortzufahren: „Du haben viel getrunken. Massig viel. Echt krass. Dann du rumtorkeln und lallen. Marlies haben dich angebaggert. Aus Spaß, weil du so dicht waren. Sie dich haben provoziert. Dann du wollen tanzen mit Marlies. Die dich wegstoßen, weil du Fahne gigantisch aus Mund. Du, voll spitz auf Marlies, die mit dir spielen, weil so lustig, hast dich angeklammert wie Affe. Dann ihr seid umgefallen. Ich haben alles gefilmt. Du ihr langen unter Bluse, echt scharfer Dreh, dann schlafen auf Wiese."

„Was? Ich habe mir der Marlies rum gemacht? Aber dann habe ich Sina ja gar nicht …“

„Sina? Ne. Die ist wahrscheinlich vor dir abgehauen, weil du so plump bist“, kicherte Marlies und wackelte aufreizend mit ihren Brüsten. Marko haute vor Lachen zwei Mal auf den runden Tisch, dass die Kaffeetassen klapperten.

„Aber dann war die ganze Aufregung umsonst.“

Sina war inzwischen wieder aus dem Dorf gelaufen und hat ihr Plätzchen am Waldrand erreicht. Erschöpft vom Weg und den kräftezehrenden Gedanken sank sie auf ihre Bank und schloss die Augen. Seit Tagen hatte sie nicht mehr durchgeschlafen. Ihre Lider waren bleischwer. Erst in der Stille der Natur wurde sie gewahr, wie müde sie war. Sie lehnte sich zurück und döste vor sich hin, indem sie den Stimmen der Vögel und der Bäume lauschte. Das milde Säuseln der Bäume ließ sie tiefer lauschen, sie fühlte ein Reh durchs Unterholz steigen, sie hörte das liebliche Pfeifen eines bunten Vogels, der auf einem wippenden Ast angestrengt seinen Ruf in den Wald sandte. Rauschend blies der Wind hier und da durchs nadelige Geäst der dunkelgrünen Tannen. Sie mischten ihre spitzigen Nadeln mit den herzförmigen Blättern der Birken, die sich unter das Nadelgehölz verstreuten. Jetzt hörte sie das leise Plätschern eines unweiten Bachs, der seinen Platz im Waldboden forderte und tagein und tagaus daran grub. Selbst die großen Steine wurden unermüdlich umflossen und im Verlauf der Jahrhunderte abgetragen oder in ihrer Größe reduziert. Das Wasser hatte über die Zeit gesehen, eingedenk seiner Geduld und Beständigkeit, die besten Aussichten als Sieger aus dem Kampf der Elemente hervorzugehen. Könnte der Mensch davon lernen, und durch unbeirrbare Beständigkeit seine Spur im Boden des Lebens graben. Aber wir sind zu flüchtig. Heute bahnen wir da unseren Weg, morgen dort. Letztlich verlieren wir uns im Dickicht der vielen Bäume, die unseren Weg verstellen. Wir schlagen keine gerade, zielorientierte Schneise, wir verlaufen uns ob der vielen Eindrücke. Wie aufgescheuchtes Wild springen wir kreuz und quer und gelangen an kein Ziel. Aber was ist das Ziel? Gibt es einen Endpunkt im Leben, dessen Erreichung der Mühe lohnt oder ist es der verschlungene Weg, der das Leben ausmacht. Viele Menschen kommen nie irgendwo an, aber sind glücklich. Vielleicht ist der ständige Wandel das Erstrebenswerte. Eine Krähe flog vorbei, laut krächzend. Ein Geräusch im Wald. Ein Knacken, ein Ast bricht. Schritte, nähernde Schritte im tiefen Dunkel. Eine Hand, an der ein schwarzer

Lederhandschuh steckt, greift voraus und macht den Weg frei. Der Weg hat ein Ziel. Die Hand nähert sich Sina, die arglos auf der Bank dem Wind zuschaut. Sie nähert sich ihrem Hals. Ein Griff und Sina sinkt zu Boden. Ein schwarz gekleideter Mann lässt sich auf sie fallen, sein Gesicht ist schwarz, der Hut weit hinein gezogen. Nein, ruft sie. Lass mich in Ruhe! Seine Augen sind rot geädert. Er keucht. Er öffnet den Mund. Eine ekliger Hauch, faulig, modrig. Der Mund öffnet sich weiter und weiter, unnatürlich weit, bis völlig überraschend Fledermäuse aus ihm herausfliegen und dicht über Sina kreischend hinweg fliegen. Sina schüttelt sich und kneift die Augen zu. Das ist widerlich. Da greift sie einen Stock, der hinter ihr liegt. Sie sticht ihn dem Mann in die triefenden Augen. Er schreit nicht, bleibt unbewegt. Langsam fließen die Augen aus den Höhlen. Erst ein weißer Brei, dann rot. Dann fliegen noch mehr Fledermäusen aus den Augen, und Sina erwacht. Sie war wohl auf der Bank eingeschlafen und unbemerkt hinab geglitten. Jetzt lag sie zwischen Halmen und Moos und Steinen auf der Erde. Ihre Hände schmerzten. Als sie sie unter die Lupe nahm, sah sie, dass sie wundgescheuert waren. Sie vermutete, dass sie während des Traumes um sich geschlagen und dabei verletzt hatte. Sina weinte wieder. Hört das denn nie auf? Wie lange verfolgen mich noch die Chimären dieser Alptraumnacht?

Wieder tauchte die Sonne in ihr Grab und hinterließ das Örtchen Meiratshausen, das umhüllt von Dunkelheit einen Ruf der Hoffnung in die Nacht ausstieß. Alltägliche Schicksale kreuzen ihre Bahnen, obwohl doch jede Bahn einzigartig ist. Aber vielleicht gerade weil die Wege so verschlungen sind, bieten sie die Möglichkeit, die Wege der anderen immer wieder zu durchwandern. Aber anstatt dass Menschen die Gelegenheit der kurzen Phase der Gleichschaltung nutzen würden, verpassen sie, die Worte zu sagen, die die Wege wertvoll machen. So schlängeln und schlingern wir weiter durch ein haltloses Leben, dessen Wert wir kaum erfahren. Kann die Stunde vor dem Einschlafen, die Stunde der Ruhe und des Alleinseins uns nicht ein Leuchtturm sein auf dem Weg, der sich nicht durch den Alltag wühlt, sondern der an die Quelle führt? Da liegen sie, die Einwohner von Meiratshausen und starren an die Decke ihres Zimmers.

Frau Liebermann erboste sich über Marko, der gleich einem Hallodri mit Mädchen umherzieht, anstatt sich endlich um einen Ausbildungsplatz zu kümmern. Aber je mehr sie die blonden Locken und die blauen Augen von Marko vor sich sah, desto gramvoller wurde sie. Die vergangene Jugend mit ihren vergangenen

Möglichkeiten wurden ihr im Verlauf der Sichtung schmerzvoll bewusst. Insgeheim war da eine Sehnsucht nach dem wilden Treiben, nach dem unbeschwerten, ausgelassenen Fest, das ungebundene Menschen zu feiern pflegen. Aus der Trauer nach dem nicht Ausgelebten erwuchs über Jahre eine Melancholie, die tief in ihrem Herzen steckte. Sie erkannte das klägliche Niveau ihres kümmerlichen Fortexistierens, welches solcherart eingefahren war, dass sie kein Vehikel kannte, das sie aus ihrer Lage zu steuern vermochte. Sollte das alles gewesen sein?

Herr Koniezky zitterte ob der Grausamkeiten, die vor seinen Augen wiederauferstanden. Sein Weg führte geradlinig ins Zentrum des Leids, das ihm angetan wurde. Aber sein Weg war ein aufrichtiger, wenngleich kein einfacher. Er wusste, dass Monate, vielleicht Jahre vergehen würden, bis er die Foltern und Schmähungen aus den gebetsmühlenartigen Wiederholungen herausgearbeitet haben würde. Am Ende des Weges wartete ein geheimnisvoller Garten, der verlockend im schillernden Licht stand. Eines Tages würde er diesen Garten erreichen und Frieden finden. Im Moment musste er aber seine Qualen nacherleben und wälzte sich in seinem Bett hin und her und vergoss Tränen, die so schmerz- und leidvoll waren wie die versteckten Tränen des Kindes, das ausgeliefert Grausamkeiten ertragen musste, die niemand auch nur im Ansatz ahnen konnte. Die Seele eines Kindes ist überaus empfindlich, obwohl manche Kinder bereits Züge und das Verhalten der Erwachsenen mit sich umhertragen, die den Eindruck vermitteln, sie seien schon fest im Leben verwurzelt. Aber ebenso wie man einen Sämling mit zwei Fingern aus der Bordsteinfurche ziehen und in die Gosse werfen kann, so kann man mit zwei Worten oder zwei unbedachten Taten ein Kind mit seinen dürren Wurzeln aus seinem Nährboden des Vertrauens und des Geborgenseins ziehen. In die Gosse braucht man es nicht zu stürzen, es fällt von ganz alleine. Und wo der menschliche Anker fehlt, jagt es entwurzelt in einem Sturzbach der Gefühle jäh in die Tiefe, in der es haltlos in den brausenden Wassern untergeht. Nur, wer so viel Mut und Stärke zu entwickeln wie Herr Koniezky imstande ist, kann hoffen, den Strohhalm zu erwischen, mit dessen Hilfe man ein Ufer erreicht. Wünschen wir ihm viel Glück auf seiner Heimkehr.

Sinas Vater hat es nicht geschafft, sich mit seiner Frau auszusprechen. Als sie zurückkam, war er bereits verschwunden, als er zurück kam, lag sie schon im Bett und schlief. Jetzt blickt er nach oben in eine ungewisse Zukunft mit seiner Frau. Ist es wirklich so schwer, die ersten Worte zu sprechen? AM ANFANG WAR DAS

WORT! Dieser Satz brannte vor seinen Augen an der Schlafzimmerwand wie das Menetekel von Babylon an den Wänden des Tempels. Die Worte sind es, die klären. Reden wir nicht, können wir nicht verstehen, das wusste er. Wäre es nur nicht so schwer, sie im passenden Moment in der angemessenen Formulierung an den Menschen zu richten, der einen so lange auf seinem Weg begleitet hat. Wollen wir schnell an ein Ziel kommen, müssen wir alleine gehen, wollen wir weit kommen, so müssen wir gemeinsam gehen. Nein! Er wollte sich nicht trennen. Er wollte nicht alleine weitergehen. Er wollte kämpfen um den Menschen, der ihm die Kraft gab, überhaupt den Weg zu meistern. Beide zusammen kannten die Tücken und Hindernisse ihres gemeinsamen Wegs. Und wenn es schwer war, einen Brocken aus seinem Leben zu wälzen, zusammen war es ein Klacks. Er lag da und starrte an die Decke. Und auf der Decke tanzten Worte. Er müsste sie nur aufklauben und in seinem Herzen sammeln. Bald könnte er dann hineingreifen und sie hervor holen. Worte, die vom Herzen kommen, binden die Menschen aneinander und vermögen allen Streit und Zank aus der Welt zu schaffen.

Sina starrte ins Nichts. Bedrohungen tanzten im Dunkel und ließen sie wachsam sein. Wann dringt aus dem Verborgenen ein Schatten? Hier war einer, oder dort? Überall huschten sie herum. Hinter dem Vorhang, neben dem Schrank, hinter der Tür. In ihrer größten Angst dachte sie an Pfarrer Sinkewitz. In ihm keimte die Hoffnung auf Erlösung. Er war der ruhende Pol in der Welt des Bösen. Er war der Bote Gottes, der das Wort verkündete. Er war der Wegweiser zum Guten. Der Weg aus der Hölle. Hatte man seinen Fuß da hinein gesetzt, riss sie an einem mit einem mächtigen Sog. Das lodernde Inferno stieß einen Lockruf des Grauens in das Herz des den Ruf Erhörenden. Hätte sie nur nie mit dem Feuer gespielt. Sie hatte selbst Schuld. Sie öffnete die Pforte zur Hölle, sie setzte den Fuß hinein. Ein kleiner Stoß genügte, sie nun darin schmoren zu lassen. Sie wurde abtrünnig, warf alles Heilige fort und verlor sich. Nun musste sie diesen Frevel ausbaden. Die Höllengeister wird sie nicht mehr los. Wie mächtig sind sie? Welchen Rat würde das Sprachrohr Gottes ihr geben, sie loszuwerden? Sind die Engel, die sie durch das Fegefeuer emporheben mögen, stark genug, sie gegenüber den Schatten zu läutern?

Pfarrer Sinkewitz war als einziger nicht im Bett. Er saß in der ersten Bank vor dem Kreuz und stieß Worte der Verzweiflung in Richtung des Erlösers. Können Sünden, die so schwerwiegend sind, dass sie einen Tag und Nacht verfolgen, dass sie *die anderen* Tag und

Nacht verfolgen, können derart schlimme Sünden reingewaschen werden? O Herr, welche Sünde wiegt so schwer, dass du dich abwendest und nicht mehr zu helfen vermagst? Wann ist der Mensch hoffnungslos verdammt bis in alle Ewigkeit? Wenn eines Tages ein solcher Sünder beim Jüngsten Gericht vor dir steht, was tust du ihm dann an? Fährt ihn der Blitz der Verdammnis an und schleudert ihn geradewegs in die lodernden Kammern der Hölle? Wirfst du ihn auf den Boden, damit die Niedrigsten ihre Füße auf ihm abstreifen? Welche Strafe kann groß genug sein, wenn der Abschaum der Menschheit vor dir steht und schuldig ist? O Herr, wie elend ist mir. Ich würde am liebsten versinken im tiefsten Grab und vergehen, damit ich dir nicht ins Antlitz blicken muss. Aber welches Grab ist für mich tief genug? Ein Jammern und Flehen hallte durch den einsamsten Ort in Meiratshausen. Pfarrer Sinkewitz glaubte manchmal das Kreuz vor sich schaukeln zu sehen, als ob Jesus, der das Leid der ganzen Welt zu tragen in der Lage ist, sich umwenden wollte, um der dunklen Gestalt in der ersten Reihe nicht ins Gesicht sehen zu müssen.

Kaum erreichte die Sonne ihren höchsten Stand, als Sina vor dem Beichtstuhl stand und Pfarrer Sinkewitz um eine weitere Unterredung bat. Er atmete gedehnt aus, weil er befürchtete, die Müdigkeit könnte ihn die schwere Bürde des Zwiegesprächs nicht tragen lassen, zeigte aber kurzerhand auf die freie Kabine und nahm auf der gegenüberliegenden Seite Platz.

Sina sah fürchterlich aus. Ihre Haare hingen zerzaust ins Gesicht, ihre Augen waren halb geschlossen, als würde sie jeden Augenblick einschlafen. Die Wangen schimmerten in dem kargen Licht eingefallen und tiefe Augenringe ließen sie alt wirken. „Sina“, sprach Pfarrer Sinkewitz mit einer betont fürsorglichen Stimme, „verzeih, wenn ich so offen rede, aber du siehst nicht gut aus.“

Sina versuchte ruhig zu antworten. „Herr Sinkewitz. Ich weiß nicht, was ich machen soll. Ich kann nicht mehr schlafen. Überall hin verfolgen mich Bilder der Gewalt. Kaum mache ich die Augen zu, huschen Schatten vorbei. Mittlerweile habe ich Angst einzuschlafen. Ich träume von grausigen Dingen. Ich kann an nichts mehr anderes denken. Ich möchte wieder normal sein.“

„Ich weiß Sina, dass du dich von dem christlichen Glauben abgewendet hast. Das ist nicht unnormal in deinem Alter. Du wirst erwachsen und beleuchtest kritisch, was dir in den letzten Jahren gesagt worden ist und was du gelernt hast. Das ist ein normaler und gesunder Prozess. Dir wird klar, dass nicht alles, was man dich gelehrt hat, richtig ist. Vielleicht war es im kindlichen Alter richtig, vielleicht war es bequem für die Erwachsenen, dich etwas zu lehren, so dass du ihren Anweisungen folgst. Mehr und mehr wirst du das Wissen umformen, so dass es für dich vernünftig und plausibel erscheint. Du wirst dein Denkstübchen aufräumen. Dabei wirst du viel rausschmeißen, dessen Wert du im Eifer des Gefechts übersiehst. Manchmal ist es tragisch, weil viele Dinge nicht umkehrbar sind. Andere wirst du wieder erlernen oder neu in dein sich veränderndes Weltbild aufnehmen. Nun, mit der Religion ist es nicht einfach. Du hast viel in der Schule und während der Messe gelernt. Du hast viel in den Nachrichten gehört und gesehen und nicht alle, die gegen die Kirche wetterten, hatten Recht. Jeder versucht zu jeder Zeit, seinen Standpunkt in der Welt zu verteidigen. Dabei entsteht viel Unrecht. Höre auf dein Innerstes. Wenn du die Institution Kirche ablehnst, ist das eine weltliche Entscheidung. Wenn du aber Gott und Jesus ablehnst, ist das eine geistliche Entscheidung, die der guten Sache nicht Rechnung trägt und aus Überlegungen stammt, die durch den Einfluss von Leuten kommt, die sich so weit vom Glauben entfernt haben, dass sie nicht mehr umkehren können. Das ist aber schade. Der Glauben bietet eine reiche Welt, in der man sich geborgen fühlen kann, unabhängig von dem, was dir auf der Erde widerfährt."

„Aber woher weiß ich, dass ich den richtigen Glauben habe? Haben die Buddhisten nicht auch Recht? Oder die Hindus? Ist ihr Gott der falsche?"

„Nein. Sicherlich nicht. Aber denke daran: Wir sind Menschen und können das Himmlische, das Göttliche nicht begreifen. Wir haben viele Kulturen und viele Methoden, auf der Erde zu leben. Die Welt ist voller Vielfalt. Und aus der Vielfalt ist eine religiöse Vielfalt entstanden. Das ist nicht verkehrt. Das hat Gott so gewollt. Wenn für dich der Buddhismus der dir am meisten zusagende Glaube ist, dann wende dich ihm zu. Aber bedenke, es ist völlig egal, welchen Glauben du wählst. Wichtig ist, *dass* du glaubst, denn nur daraus schöpfst du Kraft. *Es gibt nur einen Gott*, den wir nicht begreifen, ob wir uns nun von der buddhistischen, der hinduistischen oder der christlichen Seite aus ihm zuwenden. Aber Gott ist da und erwartet dich. Und da wir im europäischen Kulturkreis leben, ist der christliche Glaube nicht der schlechteste."

„Aber manchmal denke ich, dass Gott mich verlassen hat."

„Du bist jung, und da zweifelt man oft. Aber Gott verlässt niemanden. Nicht einmal den größten Sünder, solange er den Weg wieder zurückfindet."

„Was ist mit dem, der mir das angetan hat? Wird er auch mit offenen Armen empfangen?“

Pfarrer Sinkewitz erkannte das Problem in der Frage sofort. Wie könnte es Gerechtigkeit geben, wenn auch der Peiniger im Himmelreich aufgenommen würde? Wie kann man einer Religion vertrauen, die Täter und Opfer ins gleiche Boot setzt? „Sina schau. Wir betrachten die Welt von einem sehr weltlichen Standpunkt aus. Im übergeordneten Sinn, da wo die Geister und Engel die profanen Gefilde verlassen und aufsteigen in die höheren Ebenen, gibt es nur Licht. Da gibt es die Gefühle, die uns auf dieser Erde in unserem jetzigen Leben peinigen, nicht mehr. Da werden wir zu Lichtwesen, die als pure Energiewolke sich wiedervereinigt mit dem göttlichen Urstrom des Universums. Wenn in der Bibel steht, dass Gott jedem vergibt, dann gilt das nur in einem Bereich, der weit über der Sphäre, die wir als die unsrige bezeichnen, existiert. Hier auf Erden wird der Täter Höllenqualen leiden. Er wird jeden Tag die wütenden Flammen der Wahrheit spüren, er wird jeden Tag aufs Neue brennen und versengen. Er wird sich und seine Tat hassen.“

Sina sah nachdenklich aus. „Woher wollen Sie das wissen. Vielleicht hat es ihm Spaß gemacht. Vielleicht beklatscht er sich selber und ist stolz darauf, die Tat vollbracht zu haben. Vielleicht plant er schon voller Freude die nächste.“

„Niemals!“ entgegnete Pfarrer Sinkewitz Sinas Vermutung mit übermäßig lauter Stimme. Aber sofort fasste er sich wieder und sprach ruhig weiter: „So schlecht sind die Menschen nicht. Verzeih, wenn ich mich so für die Menschen einsetze, aber das ist mein Beruf und meine Berufung. Fändest du jemanden mit derartigen Überlegungen, handelte es sich um einen sehr kranken Menschen. Ein Mensch mit dieser Art zu denken und zu handeln hat eine schwere psychische Störung. Meistens ist es so, dass bei solchen Erkrankungen der Mensch nicht so klug und überlegt agiert. Er ist auf seine Weise eingeschränkt und Gefangener seiner gestörten, verzerrten Welt. Aber es gibt die Möglichkeit, dass ein – sagen wir normaler – Mensch einen triebhaften Anflug hat. Dass er in einer Weise abgelenkt ist, die nicht seinem tatsächlichen Naturell entspricht. Dass er, wegen mir, eine kurzzeitige Anwandlung hat, der er nicht widerstehen konnte, weil sein bewusstes Denken für eine kurzen Augenblick abgeschaltet war. In diesem Rausch, hingegeben an den Moment, hat er eine Tat begangen, die er eine Weile später, wieder ernüchtert, zutiefst bereut und die ihn vielleicht ebenso wie dich verfolgt.“

„Ich kann mir nicht vorstellen, dass man so von sich selbst durch einen Rausch abgelenkt ist, dass man nicht weiß, was man tut. Ich meine nämlich nicht ein bisschen rumlallen und ein paar anstößige Lieder singen, ich meine einen Missbrauch."

„Aber schaue dir einige Jungs an, die meinetwegen zu viel Alkohol getrunken haben. Sie tun auch oft Dinge, die sie später peinlich berühren und von denen sie Abstand nehmen wollen. Sicherlich werden Entgleisungen im Vollrausch von vielen Jugendlichen zusätzlich noch gefeiert und bewundert. Für den Betroffenen ist es aber meistens nicht der Knüller. Es gibt aber noch viel garstigere Dinge als Alkohol."

„Selbst bei Amphetaminen oder Koks hat man noch eine gewisse Kontrolle."

„Um dir das Gegenteil zu beweisen müsste ich nur die Tageszeitung holen. Ich weiß nicht und will es auch gar nicht wissen, wie viele Unfälle durch übermäßigen Drogenkonsum geschehen sind, wie viele Selbstmorde in einem durch Drogen hervorgerufenen negativen Gefühlsrausch verübt wurden, wie viele Untaten, und dazu gehört auch die Beschaffungskriminalität, begangen wurden. Alles wegen Drogen. Aber es gibt einen Rausch, der nicht von Drogen, zumindest nicht von außen zugeführten Drogen herrührt."

„Was meinen Sie?"

„Ich meine das Tier mit den Hörnern, das die Apokalypse anschaulich beschreibt. Das Tier in uns, das es immer wieder schafft, aus seinem Labyrinth zu entkommen und sein Unwesen zu treiben."

„Der Trieb."

„Der Trieb lässt uns mitunter alles vergessen. Das soll nicht heißen, dass alle Menschen ständig zu triebgesteuerten Amokläufern werden. Das soll heißen, dass es in einigen seltenen Fällen passiert, dass der Trieb so übermächtig wird, dass er nicht mehr gesteuert werden kann, dass wir ihn nicht mehr unter Kontrolle haben."

„Das kann ich Ihnen beim besten Willen nicht glauben. Dass jemand so von seinem Trieb beherrscht wird, dass er jegliche Moral vergisst und zum Tier mutiert."

„Dann schaue doch nur mal auf Menschen, die meinetwegen Hunger haben. Wir haben in unseren Bereitengraden zum Glück nicht das Problem, dass wir Hunger leiden. Aber in anderen Ländern kämpfen manche Menschen ums Überleben und töten deswegen sogar. Wegen eines Triebs. Denke hierzulande einfach daran, was passieren kann, wenn man ungeahnte Gelüste entwickelt, selbst wenn wir keinen Hunger haben. Wir entreißen anderen die letzte Praline, streiten um das letzte Steak in der Gefriertruhe im Supermarkt und begehen woanders Mundraub. Denk an die Schlachten am Büffet; obwohl genügend da ist für alle, verhalten sich manche Menschen, als ob es um Leben und Tod ginge. Sie laden ihre Teller auf, als sei dies ihre letzte Mahlzeit, um dann die Hälfte zurückgehen zu lassen oder fortzuschmeißen."

„Die Triebe können einen erschrecken. Aber der Mensch hat doch seine Vernunft, um sie gegen die Triebe einzusetzen, um Schaden abzuwenden."

„Es wäre einfach, wenn das funktionieren würde. Aber so weit sind wir noch nicht. Die Evolution ist im Werden. Wir müssen uns entwickeln. Es ist noch nicht so lange her, da waren wir den Affen ähnlicher als dem Menschen. Da war es überlebenswichtig, den Trieben zu gehorchen. Heute ist das nicht mehr so, aber das menschliche Gehirn muss erst umgebaut werden. Das passiert nicht in ein paar Tausend Jahren. Wie lange sind wir soziale Lebewesen, die vom Überlebenskampf in der Steppe zum Dorfbewohner, samt anderer Regeln und Gesetze geworden sind? Lass der Evolution Zeit, die Menschen an die sich verändernde Umwelt anzupassen."

„Wir sollten uns schneller anpassen, bevor wir aussterben."

Pfarrer Sinkewitz musste lachen. „So schnell sterben wir nicht aus."

„Ihr Wort in Gottes Ohr. Ich finde, dass die Menschen die Welt, auf der sie leben, gewissenlos zerstören. Sie machen alles kaputt. Wir rotten die Tiere aus, fällen die letzen Regenwälder, legen die letzten Sümpfe trocken. Wir zerstören nicht nur die Natur, wir zerstören auch den Menschen. Wir sind derart von Trieben gesteuert, dass wir den Blick auf das Schöne im Leben verstellt haben. Wie sagten Sie? Das Bewusstsein war nur einen Augenblick lang getrübt. Unsinn! Unser Bewusstsein ist ständig getrübt, weil wir gierig, machthungrig und falsch sind. Wir wollen die Stärksten, Mächtigsten und Reichsten werden. Und dafür gehen wir über Leichen. Ich finde die Menschen verachtenswert."

„So darfst du nicht denken. Die Menschen befinden sich erst auf dem Weg zum Menschen. In dieser Zeit passieren Fehler. Aber es wird jedes Jahrhundert besser. Der Mensch entwickelt sich zu einem lichten Wesen."

„Das ich nicht lache. Der Mensch steckt fest in seiner Entwicklung. Wir lassen gar keine Entwicklung zu, weil wir jetzt leben wollen und uns eine Entwicklung in tausend Jahren völlig schnuppe ist. Die

Menschen wollen rausholen was geht, und weil jeder so denkt, passiert überhaupt nichts in Richtung Lichtwesen."

„Du bist sehr verbittert, weil man dir großes Unrecht angetan hat. Aber du darfst dir diese Denkweise nicht aneignen. Tust du es doch, hat alles keinen Sinn und das wäre schade."

„Vielleicht bin ich nicht mehr verbittert, wenn ich dem Schwein eines Tages in die Augen sehen kann. Wenn ich ihn fragen kann, wie das mit seinem Trieb war. Wenn ich die jämmerliche Kreatur, deren Kontrolle den Trieben unterstellt ist, zu Gesicht bekomme und ihn vor der Welt anklagen kann. Dann wird es mir besser gehen und vielleicht werde ich dann eines Tages wieder glauben können. Aber im Augenblick sehe ich keinen Hoffnungsschimmer für die falsche Menschheit. Ich bitte Sie nur, mir zu helfen, den Mistkerl zu finden. Sie hören dies und das und vielleicht ergibt sich aus den vielen Informationen ein Hinweis auf den Vergewaltiger. Ich will ihn nur sehen. Das ist mein einziges Ziel."

„Lass los, Sina. Es ist falsch, mit Scheuklappen durchs Leben zu gehen, nur fokussiert auf den Täter. Denk daran, was das Leben noch zu bieten hat, welch schönen Dinge dich erwarten. Irgendwann ist das alles eine blasse Erinnerung an einen grausamen Tag deiner Jugend. Enge deinen Blickwinkel nicht ein."

„Falsch. Es gibt keine schönen Dinge im Leben für mich. Nicht, so lange ich das Tier nicht gesehen habe. Dann bekomme ich Ruhe, wenn ich weiß, wer es war, kann ich weiterleben, aber nicht, wenn er da draußen unerkannt umherläuft und mir vielleicht jeden Tag ins Gesicht lächelt. Ich will ihn kennen, so dass ich seinen überheblichen Blick erwidern kann. Er soll mich angucken und jeden Tag, den er mich sieht, bereuen, was er getan hat."

Sina schien unversöhnlich, und Pfarrer Sinkewitz atmete schwer. Er wusste nicht, wie er Sina von ihrem Vorhaben abbringen konnte. Er sah sie ins Verderben rennen, fand aber kein Mittel, ihr zu helfen. Ach Sina, wie kann ich dir nur helfen? Ich würde alles tun, das kannst du mir glauben. Sina ihrerseits stand auf und verließ ohne weitere Worte die Kirche. Sie blickte kein einziges Mal zu Jesus, was Pfarrer Sinkewitz innerlich beklagte. O würde sich die Tür für sie öffnen, so dass sie Frieden fände, so könnte ich den meinen finden.

Kurz vor Mittag standen nach dem Einkauf die drei bekannten Damen mit Frau Pauli vor der Konditorei, wo man sich halt wieder einmal über den Weg gelaufen ist. Frau Liebermann lief gerade zur Hochform beim Schimpfen über andere auf, da lief Marko schnurstracks dicht an ihnen vorüber in den Laden. Frau Liebermann verfolgte unter den Blicken der anderen Frauen seinen Gang. Kaum war er im Laden verschwunden, fing sie zu schimpfen an: „Kann der Bengel nicht grüßen? Läuft an uns vorbei und macht keinen Mucks. Eine Frechheit ist das. Wo ist der Anstand der Jugend geblieben?“

„Na ja. Ein Jugendlicher ist er nicht mehr“, gab Frau Pauli zu bedenken.

„Aber ein junger Mensch“, verbesserte sich Frau Liebermann in einem scharfen Ton. „Das ist nicht besser. Gerade die sollten den nötigen Anstand haben. Keinen Respekt haben die.“ Sie zog den Unterkiefer vor und gab sich kämpferisch mit einem angriffslustigen Blick in den Laden.

„Kommen Sie schon, Frau Liebermann. Die Zeiten haben sich geändert. Die jungen Leute haben andere Ideale“, sagte Frau Dohany und versuchte die aggressive Stimmung herauszunehmen.

„Was haben die schon für Ideale? Wie man die anderen wieder ausnutzen kann. In der heutigen Zeit ist doch jeder rücksichtslos und egoistisch. Jeder schaut nur auf sich. Deswegen kriegen auch alle Krebs“, provozierte Frau Liebermann. Die anderen Damen weiteten ob der abrupten Folgerung die Augen. „Krebs ist die Erkrankung der Egoisten.“

„Das ist aber gewagt“, wendete Frau Jakobi ein, der solche in den Raum gestellten Theorien zu weit gingen. „Wie können Sie denn so etwas sagen?“

„Ist Ihnen nicht aufgefallen“, fuhr Frau Liebermann in einem überzeugten Ton fort, „dass Krebs immer häufiger wird. Vor hundert Jahren ist so gut wie niemand an Krebs erkrankt. Aber in der heutigen Zeit hat jeder damit zu tun.“

„Früher hat den Krebs keiner erlebt, da sind die Menschen mit Dreißig gestorben“, konstatierte Frau Jakobi.

„Bei uns erkranken nicht nur die Alten daran. Gerade Junge sind davon betroffen. Wie viele Menschen mittleren Alters sind betroffen? Das sind gerade die, die auf dem Egotrip sind.“

„Aber was ist mit den Kindern, die an Leukämie erkranken? Sind das auch Egoisten?“ hakte Frau Jakobi nach.

„Die sind am meisten zu bemitleiden. Nicht *sie* sind die Egomanen, *die Eltern* sind es. Sie übertragen durch ihr selbstherrliches Verhalten die Auslöser auf die Kinder. Oder sie belasten die Kinder mit Trennungsabsichten oder anderen psychischen Konflikten. Die können nichts dafür, werden aber krank, weil sie nicht so gut wie die Erwachsenen die Anfänge der Krankheit bekämpfen können.

„Was sind denn das für Auslöser“, fragte Frau Jakobi sarkastisch nach. „Gibt es wohl einen Krebsvirus?“ Die anderen lachten.

„Das nicht“, meinte Frau Liebermann in einem festen und ernsten Ton, indem sie die Augen ein wenig wütend zusammen kniff. „Der Auslöser ist eine psychische Disposition.“

„Eine psychische was?“ lachte Frau Jakobi, die den Scheibenwischer gestikulierte. Die anderen überschlugen sich vor Lachen und johlten ob der abgehobenen Formulierung, die so gar nicht zu Frau Liebermann passte.

„Was ist das denn für ein Gegackere?“ fuhr Frau Liebermann ärgerlich dazwischen. „Ihr müsst euch nicht so blöd produzieren. Ist doch klar: Die psychische Haltung, die das Unterbewusstsein als falsch erkennt, dessen Ruf aber unterdrückt wird, somatisiert sich. Das heißt, das, was wir nicht wahrhaben wollen, offenbart sich als Krankheit, um uns zum Nachdenken anzuhalten.“

Nachdem die Frauen nach der Zurechtweisung eine Sekunde inne hielten und den Satz abwarteten, platzten sie wieder mit einem herzhaften Lachen heraus. Diesmal derart ungehalten, dass Frau Liebermann genervt die Augen rollte und dachte, dass man sich nicht mit so ignoranten Personen über solche Themen unterhalten könnte.

„Wo hast du denn das her?“ fragte Frau Jakobi und wischte sich die Tränen aus den Augenwinkeln.

„Stand das denn in der ‚Gesundheit für die Frau’?“ prustete Frau Dohany, die bestens in der guten Stimmung aufging. Frau Liebermann zog sich in ein verstocktes Schweigen zurück und verschränkte schmollend die Arme vor der ausladenden Brust. Das Lachen endete erst schlagartig, als die Ladentür wieder aufging und Marko mit einer großen Tüte heraus trat. Er warf einen flüchtigen Blick auf die heitere Runde und ging nach einem verwunderten Zögern weiter.

„Schau den Marko an. Hat Kuchen für die Mutti gekauft. Kleine Familienrunde heute.“ Aber diesmal hielt das Lachen nicht lange.

„Was ist eigentlich mit Sina?“ fragte Frau Jakobi, um zu zeigen, dass über der ganzen Fröhlichkeit die ernsten Dinge nicht hinten anstehen.

„Keine Ahnung“; entgegnete Frau Dohany. „Es ist schlimm. Sie hat eine Mauer um sich herum aufgebaut. Gestern ist sie spät nach Hause gekommen. Ich muss unbedingt mit ihr reden. Weiß aber nicht wie.“

„Ich möchte wissen, was da passiert ist“, flocht Frau Pauli ein und blickte auf die beleidigte Frau Liebermann, der es ganz recht war, dass sich das Thema gewechselt hatte, da ihr die entgegen gekommene Albernheit aufstieß.

Frau Dohany wand sich verlegen. „Ich würde es mir nicht verzeihen, wenn ihr etwas zugestoßen wäre. Ich bin für sie verantwortlich. In letzter Zeit haben wir nicht mehr so viel geredet. Früher war das anders. Da kam sie immer gleich und hat mir alles brühwarm erzählt. Wollte meine Meinung wissen oder meinen Rat. Vielleicht färben auf sie auch die Meinungsverschiedenheiten mit meinem Mann ab, so dass sie sich aus Rücksicht zurückzieht. Sie hat schon einmal durch die Blume gesagt, dass ich erst einmal meine Probleme lösen soll. Das ist für eine Mutter schon hart."

„Man kann es den Kindern nicht immer Recht machen", sagte Frau Pauli, und forderte mit einem Blick auf Frau Liebermann eine Bestätigung. Die blickte demonstrativ in die Luft, als verfolgte sie einen fliegenden Vogel.

„Das kann man nicht", stimmte Frau Dohany zu, „aber man muss immer sein Bestes geben. Ich weiß seit gestern wieder, wie wichtig es ist, mit seinem Kind zu reden, weil ich die Möglichkeit als Kind nicht hatte. Man muss als Eltern immer, und zwar wirklich immer dem Kind deutlich zeigen, dass man da ist, dass man es liebt. Auch oder gerade wenn es eine Krise gibt. Man darf streiten und sich seine Meinung sagen. Man darf Gefühle haben und sich auch mal zurückziehen. Aber nie darf das Kind das Gefühl haben, dass die Eltern aus seiner Welt getreten sind. Die Eltern sind das wichtigste Land, das Heimatland des Kindes. Und zieht es hinaus in die Welt um Erfahrungen zu sammeln, so soll doch immer eine leichte Sehnsucht nach der Heimat mitklingen.

Sina lag am Nachmittag in ihrem Zimmer auf dem Bett und schrieb in ihr Tagebuch, wie jeden Tag. Sie fand heute für die schreckliche Pein, die ihr zugestoßen war, wieder keine Worte mehr in erzählender Form, weil diese ihren Gefühlen keinen angemessenen Ausdruck gestattete. So fing sie an, die Erlebnisse zu verarbeiten, indem sie sich die Sprache der normalen Ausdrucksform enthob und in die Lyrik wechselte. Als sie ausprobierte, wie ihre Regungen in Gestalt von Worten transformierten, erkannte sie so klar wie nie zuvor die Macht der Poesie. Wie aus einem Guss fielen ihr die Worte ein, als flösse ihre innere Qual in die Feder. Sie notierte am vierten Tag nach der Vergewaltigung:

Narben der Vergangenheit
Tönen im hellen Geist
Dunkle Macht der Seele frisst
Geister aus meinem Fleisch

Schwarze Schatten folgen mir
Todesstimmen wecken mich
Die ew'ge Schuld hält mich vom Tod zurück
Der Tränen Röte furcht mein Gesicht

Der Ruf der Stimmen dröhnt
Lockend in meinem Wahn
Graue Schleier hüllen mich
In tiefe Schwermut ein

Die Wirklichkeit wirkt fremd
Die Brücken sind zerstört
Des Grabes Pforte tödlich vor mir gähnt
Des Traumes Schwere mich in Farben hüllt.

Als sie fertig geschrieben hatte, schloss sie ihr Tagebuch. Erste Tränen haben bereits ihr Schreiben behindert, als sie fortwährend aufs Papier tropften. Aber jetzt, da alles raus war, wälzte sie sich herum und weinte bitterlich in ihre Hände. Das Gedicht war die Grube, in die sie die Gülle ihres Herzens goss. Somit war das Tagebuch ihr heiligster Ort, den sie behütete, wie den heiligen Gral.

Am Nachmittag des trüben Donnerstags trat Sina wieder ins Innere des Gottestempels, wo sie sich Milderung ihrer inneren Aufgewühltheit erhoffte. Unter ihrem Arm geklemmt war das Tagebuch, das mehr und mehr ihr ständiger Begleiter wurde. Wann immer eine Stunde verging, in der ihre Gedanken um ein Bild kreisten, nahm sie die nächste Seite und versuchte, das Unsagbare in ein Gedicht zu formen. Als sie nahe dem Beichtgestühl kam, blickte sie enttäuscht umher, da sie Pfarrer Sinkewitz nirgendwo sehen konnte. Zunächst steuerte sie in Richtung der kleinen Tür neben dem Altar, der in den Nebenraum führte. Aber schließlich besann sie sich und wandte sich zum Gehen, als im gleichen Augenblick die Tür aufging und Pfarrer Sinkewitz heraustrat.

„Sina. Bist du schon lange hier?"

„Nein. Trotzdem wollte ich gerade gehen."

„Warum?"

„Weil ich Sie nicht stören wollte. Ich möchte Ihnen nicht auf den Wecker gehen. Sie haben bestimmt besseres zu tun, als jeden Nachmittag mit mir zu verbringen."

„Das stimmt nicht. Ein Pfarrer ist für die Menschen der Gemeinde da. Das ist sein Auftrag, seine Bestimmung."

„Aber es hat sich eigentlich nichts verändert. Ich fühle mich noch genauso mies wie gestern und vorgestern und …"

„Ich denke, dass dich die Sache schwerer und nachhaltiger getroffen hat, als ich zuerst dachte …"

„Für mich ist alles durcheinander geraten. Ich kann mich an nichts mehr festhalten. Ich bin so enttäuscht, dass ich nur noch heulen könnte. Ich will nicht mehr mit den Menschen zusammen leben. Am liebsten würde ich abhauen und irgendwo alleine für mich leben."

„Aber das geht nicht, Sina."

„Das weiß ich selbst. Aber die Menschen ertrage ich nicht mehr."

„Sina. Es war *ein* Vorfall in deinem Leben. Du hast so viele schöne Momente mit unzähligen Menschen verlebt. Da kann man doch nicht sagen, dass die Menschen schlecht und verabscheuungswürdig seien."

„Sie verstehen das nicht. Es ist etwas derart Einschneidendes, wenn sie irgendwo irgendjemand ausgeliefert sind. Eine unbeschreibliche Angst taucht plötzlich in Ihnen auf, die sie noch nie gekannt haben. Mit einem Mal haben Sie Angst vor Menschen, weil Sie wissen, was sie einem antun können und auch tatsächlich *tun*."

„Im Leben passieren hin und wieder schlimme Dinge, das bringt das Leben mit sich. Dir wird noch öfters etwas Schreckliches widerfahren. Denke nur an die Menschen in deiner Umgebung. Der eine verliert seine Arbeit, ein anderer hat einen Unfall und trägt wochenlang einen Gips, wieder ein anderer verliert seine Frau, wie Herr Markoni vor nicht allzu langer Zeit. Alle müssen lernen, mit Schicksalsschlägen umzugehen. Ich weiß, es ist nicht immer leicht. Viele finden Zuflucht bei Gott oder einem Schutzengel, denen sie ihren Schmerz anvertrauen können und wissen, dass ihnen Mitgefühl zuteil wird. Das hilft ihnen oft, über den Schmerz hinweg zu kommen und wieder in den normalen Lebenszyklus zurück zu gelangen."

„Ich bin kein Kind mehr. Ich glaube an keine Schutzengel mehr, die über mir schweben und ihre Hand über meinem Haupt ausbreiten."

„So darf man es auch nicht sehen. Diese bildliche Darstellung ist richtigerweise für Kinder gedacht, weil sie es sich nicht anders vorstellen können. Sehe Gott als eine sehr große Kraft, die alles durchfließt. Sie ist die ewige Quelle einer wunderbaren Lebenskraft. Wir müssen sie nur abgreifen. Reiche mit deinen imaginären Händen in den Raum und versuche, die strömende Kraft zu spüren. Breite deine Arme aus, so dass sie wie Antennen den Fluss aufnehmen können. Du wirst sehen, es wird dich eine unglaubliche Lebensenergie durchströmen. Sie ist immer für dich da. Wann immer du willst, kannst du sie anzapfen und auftanken. Es ist so viel Kraftstoff da, dass er nie verbraucht wird. Hast du einmal diese Kraft gespürt, wirst du wissen, warum so viele Menschen beginnen zu glauben. Anders kann man sich diesen Lebensquell nicht erklären als mit Gott. Versuche Gott zu spüren."

„Das klingt alles sehr verlockend und doch ist es Humbug. Die Menschen wollen an etwas glauben und sie werden eine Erfahrung haben, wenn sie sich einlassen. Das ist wie mit einem Placebo."

„Und selbst wenn es nur ein Placeboeffekt ist. Solange es hilft, hat es seine Daseinsberechtigung." Sina blickte ungläubig in Pfarrer Sinkewitz' Augen. Er hielt dem festen Blick stand. Nach einer Weile lächelte er voller Güte und machte Sina einen Vorschlag. „Komm! Wir gehen in meine Wohnung. Ich mache uns einen Tee. Dabei lässt es sich gemütlicher plaudern.

Sina zögerte erst. Ihr war der Vorschlag unangenehm. Sie wollte nicht zu lange woanders verweilen, noch dazu in einer fremden Umgebung. Sie stellte sich vor, dass sie noch einiges erledigen musste. Nachdem der Pfarrer sie jedoch unausgesetzt mit diesem unerklärlichen Blick umwarb, ließ sie sich erweichen und sagte zu.

„Fein", sagte er und ging voraus durch die kleine Tür. Sina war zum ersten Mal in diesem Nebenraum. Sie blickte sich aufmerksam um. Es standen eine Handvoll Stühle darin. Vier wuchtige Kerzen, die beinahe so groß waren wie sie und mit einem durchkreuzten P verziert waren, standen im hinteren Teil der Kammer. Ein Waschbecken mit Waschutensilien und einer Zahnpasta befand sich im gegenüberliegenden Eck. Daneben erblickte sie wieder eine Tür, fester als die erste mit einem massiven Türschloss. Pfarrer Sinkewitz ging durch sie durch und gelangte ins Freie. Dieser Nebeneingang ist Sina noch nie aufgefallen. Vielleicht, weil alle Besucher, die den Weg zur Kirche liefen, durch die beiden großen Eingänge in das Kircheninnere gelangten und nicht den Sackweg an der Kirche entlang weiter gingen. Pfarrer Sinkewitz durchlief zügig den kleinen Platz und gelangte nach ein paar Metern zur Pfarrerswohnung. Er betätigte die Klinke, und Sina war verwirrt, dass nicht abgeschlossen war.

„Wer sollte einen armen Pfarrer überfallen und das vor den Augen Gottes“, kam er Sinas Frage zuvor, und lächelte dabei überzeugt.

Sina lächelte in sich hinein, während sie die winzige Wohnung betrat. Die Einrichtung und Ausstattung waren schlicht. Die Kommode neben dem Eingang war einfache Machart und bestimmt kein Schmuckstück. Ebenso verhielt es sich in der Küche. Eine funktionelle Küchenzeile zierte die Kopfseite, gegenüber befand sich eine mit Kunststoff überzogene Sitzecke, wie sie in den Siebziger Jahren üblich war. Ohne Umschweife öffnete Pfarrer Sinkewitz die Küchenschublade und holte eine Dose hervor. Daraus entnahm er drei Teebeutel. Rasch war eine Teekanne aus dem Wandschrank geholt und die Beutel darin eingehängt. Die Arbeiten schienen routiniert. Sina fragte sich, wie viele Gäste der Pfarrer schon bewirtet haben musste. Das mit Abstand modernste Gerät in der Küche war der Wasserkocher. Der weiße Becher war umgehend mit Wasser gefüllt und aufgesetzt. Erst als alles vorbereitet war, blickte sich der Pfarrer um zu Sina, die mittlerweile Platz in der Sitzecke genommen hatte.

„Ich habe Angst im Dunkeln. Früher hat es mir nichts ausgemacht, in den Keller zu gehen. Manchmal habe ich sogar bewusst das Licht ausgelassen, um zu sehen, ob ich mich im Finsteren orientieren kann. Es hat mir Spaß gemacht, im Dunklen umher zu stöbern, bis ich gefunden hatte, weswegen ich runter gegangen bin. Manchmal wollte ich mich auch in einen Blinden einfühlen und habe deswegen extra kein Licht angemacht. Ich habe mich dann auf meinen Tastsinn verlassen. Ich wollte erfahren wie es ist, wenn man nichts sieht. Das war alles spielerisch und bereitete mir Freude. Seit ein paar Tagen ertrage ich die Dunkelheit nicht mehr. Sobald ich nichts mehr sehe, gerate ich in Panik. Sobald es dunkel wird, sehe ich überall Gestalten, sehe ich Gesichter und blinkende Augen. Mein Herz rast und ich bekomme Schweißausbrüche. Ich will nichts anderes, als wieder normal sein. Ich will wieder Spaß am Leben haben, will wieder wie früher sein. Warum lässt sich die Uhr nicht zurückdrehen?“

„Im Leben kommt es darauf an, wie wir mit Erlebnissen umgehen. Jeder Mensch tut das auf seine Weise. Einer tut ein einschneidendes Erlebnis locker ab, indem er nach kurzer Nachdenkphase wieder zum alten Leben zurückkehrt, ohne dass er sonderlich beeinflusst wäre. Ein anderer wälzt die Erlebnisse und versucht einen Sinn dahinter zu finden. Es passiert auch, dass man sich verstrickt und dann nicht mehr loslassen kann, dass sich die Gedanken nur noch um dieses eine Ereignis drehen und den Betroffenen vom normalen Weiterleben zurückhalten. Dieses Dilemma wurde in einer sehr anschaulichen

Geschichte in der Bibel beschrieben, im Ersten Buch Moses. Hier wird die Zerstörung der Städte Sodom und Gomorrha beschrieben: Da ließ der HERR Schwefel und Feuer regnen vom Himmel herab auf Sodom und Gomorra und vernichtete die Städte und die ganze Gegend und alle Einwohner der Städte und was auf dem Lande gewachsen war. Und Lots Frau sah hinter sich und ward zur Salzsäule."

„Das kennen Sie auswendig?"

Das habe ich schon so oft gepredigt. Ja. Ich kenne es auswendig. Lot und seine Frau hatten von Engeln die Anweisung erhalten ohne sich umzudrehen nach vorne gehen. Die beiden Städte waren Symbol für den Sittenverfall. Der Herr gab Lot die Gelegenheit, sein altes Leben abzustreifen, die Vergangenheit abzuschütteln und ein neuer Mensch zu werden. Lots Frau gelang das nicht. Neugierig blickte sie zurück und erstarrte dabei zur Salzsäule. Wenn wir im Leben zu sehr an der Vergangenheit, an dem Zurückliegenden verhaften, können wir uns nicht in die Zukunft entwickeln. Wir erstarren in unserer Entwicklung."

Das Wasser kochte und der Pfarrer goss das Wasser in die Kanne. Als er den Kocher beiseite geräumt und die Kanne bedeckt hatte, drehte er sich wieder zu Sina. „Verhafte nicht an den Dingen, die nicht zu ändern sind."

„Sie sagen das aus einer nüchternen Haltung heraus, weil sie das Geschehene von einer anderen Warte aus betrachten können. Freilich ist es leicht zu sagen, nimm dies und das nicht zu schwer. Aber wenn man das Opfer ist, kann man die Blicke zurück nicht einfach sein lassen, kann man das Geschehene nicht einfach beiseite wischen. Vielleicht geht das einmal, wenn sich gewisse Grausamkeiten wiederholt haben. Wenn man als Erwachsener alles schon einmal in dieser oder jener Spielart erlebt hat. Dann weiß man, wie man mit seinen Gefühlen umgehen muss. Vielleicht weiß man dann auch, dass das Vorgefallene gar nicht so schlimm einzuschätzen ist, wie es mir die ständigen Wiederholungen vorgaukeln. Aber für mich ist es das erste Mal, dass etwas derartig Gewaltiges auf mich einbricht. Ich habe keine Abwehrmethode, die ich aus dem Ärmel schütteln kann. Ich bin gefangen in den bestialischen Bildern, die sich wie ein Kaleidoskop vor mir ständig drehen, wiederkehren, und in abgewandelter Form vor mir stehen. Ich komme aus dieser Gefängnis nicht mehr heraus."

Pfarrer Sinkewitz kniff ratlos die Lippen aufeinander, um kurz darauf den zweiten Hängeschrank zu öffnen, um zwei Tassen hervorzukramen. Diese stellte er fein säuberlich auf den Tisch, klemmte jeweils eine kleine Serviette unter die Untertasse und legte zum Schluss einen Teelöffel derart akkurat dazu, als empfinge er den Bürgermeister der Gemeinde. Wieder verschwand er. Dieses Mal bückte er sich, so dass sich Sina nach vorne beugen musste, um ihn nicht aus dem Blick zu verlieren. Aus dem unteren Schrank beförderte er eine Weißblechdose und schien darüber hoch erfreut. „Hier habe ich noch ein paar Kekse. Ich hoffe, dass sie dir schmecken werden."

„Ich mag keine Kekse."

„Welches junge Mädchen mag denn keine Kekse?"

„Ich bin kein junges Mädchen mehr. Ich fühle mich schrecklich."

„Komm Sina. Koste sie wenigstens." Sorgfältig öffnete der erprobte Küchenmeister die Dose, indem der den Deckel mit einigem Geschepper abhob, um dann beinahe an der Klarsichtfolie scheiterte. Ratlos kratzte er sich am Hinterkopf und schielte zu Sina. Diese gestattete sich belustigt den Anflug eines Lächelns, bis der Pfarrer schließlich in die mittlere Schublade griff und ein Gemüsemesser zur Hilfe nahm. Mit ihm war es ein Kinderspiel, die Folie anzuritzen und dann endlich aufzureißen. „Da sind sogar Schokoladenkekse dabei", hob er freudig hervor.

Sina zeigte ihre Zähne und meinte: „Sie sind sehr nett. Vielleicht versuche ich später einen."

Endlich hat der Tee nach Meinung des Pfarrers ausreichend gezogen, denn alle paar Sekunden schnupperte er an dem Dampf, um festzustellen, ob sich das volle Aroma bereits entfaltet hatte. Schwungvoll stellte er die Kanne mit wohlriechendem Früchtetee auf den Tisch, als er – auch ein wenig umständlich, aber in gewohnter Manier – die drei Beutel mit einem Teelöffel aus dem Wasser fischte und die Schildchen mit ihrer Schnur um die Beutel wickelte, um sie mit diesem Kniff auszudrücken, als sei das beste noch im vollgesaugten Beutelrest. Dann setzte er sich auf einen Stuhl und blickte Sina durchdringend an. „Ach Sina", sagte er schwermütig. „Wie kann ich dir nur helfen?"

„Ich weiß es ja auch nicht. Normalerweise bin ich ein fröhlicher Mensch. Mir ist auch schon viel passiert. Auch schlimme Dinge. Aber irgendwie hat sich alles wieder eingerichtet. Diesmal scheine ich aber zu zerbrechen."

„Hast du schon mit deinen Eltern gesprochen?"

„Nein. Ich weiß, das sollte ich tun. Aber zurzeit haben sie genug Probleme mit sich. Ich will da nicht auch noch mit meinem Ballast auf sie drücken. Sie sollen erst einmal ihr Leben in den Griff kriegen. Ist halt dumm gelaufen. Manchmal kommt alles zusammen."

„Das stimmt nicht. Man glaubt es nur. Wenn man verletzt ist, ist man ja auch sensibler. Man nimmt in so einer Phase alles viel intensiver wahr. Da fallen einem unterschwellige Tatsachen auf, die sonst vielleicht nicht so viel Gewicht haben wie sonst."

„Nein. Es ist schon so, dass sie sich mehr streiten als früher. Früher haben sie nie oder kaum gestritten. Und wenn, dann war es schnell vorbei und nicht so ernst wie jetzt."

„Sprich mit deinen Eltern. Wenn du dich ihnen anvertraust, wirst du sehen, dass alles nicht so schlimm ist und dass sie Zeit für dich haben. Ich kenne sie ja sehr gut und ich weiß, was du ihnen bedeutest."

„Vielleicht morgen oder am Wochenende. Bestimmt haben sie sich bis dahin ausgesprochen."

„Wie gehst du dann mit deinem Problem um, wenn du nicht darüber redest?"

„Ich schreibe mir das Leid von der Seele. Ich schreibe Gedichte in mein Tagebuch."

„Das ist nicht die schlechteste Lösung. Willst du mir eins davon vorlesen?" fragte Pfarrer Sinkewitz mit ernsthaftem Anliegen und goss den Tee in die Tassen.

„Sina beobachtete die Aktion aufmerksam, als vermutete sie jeden Augenblick ein Malheur. Als der Teezeremonienmeister sein Werk tadellos vollendet hatte, überlegte sie ein paar Sekunden und schlug schließlich ihr Buch auf. „Okay", sagte sie ernst. „Ich werde ihnen das letzte vorlesen, das ich gestern Nacht geschrieben habe.

Pfarrer Sinkewitz lehnte sich zurück und legte aufmerksam den Zeigefinger auf seine Lippen.

Sina zog den Tee ein wenig näher an sich heran und hob an:

„Ein mildes Abendlicht
Schimmert durch den Wald
Kein Laut zerbricht
Die Stille all sobald

In der Lichtung stand ein Reh
Vom Lichte hold beschienen
Und äste in dem Klee
Leise summten Bienen

Im dunklen Ästemeer
Tauchten dunkle Augen auf
Wo kommen die nur her?
Kalt blitzt der Lauf.

Ein Schuss, ein Jubilieren
Jäh sank es in den Klee
Lag auf allen Vieren
Verwundet war das Reh

Ein zweiter Schuss
Das Fleisch flog in die Luft
Blut im roten Fluss
Hämisch lacht der Schuft

Matt sank der Kopf aufs Klee
Blut lief in die Erde
Der letzte Hauch entwich dem Reh
Auf dass es ein guter Braten werde“

„Das hast du geschrieben?“

„Diese Gedanken kommen mir, wenn ich alleine bin.“

Tränen traten ungebeten in Pfarrer Sinkewitz’ Augen. Klar wie nie zuvor blickte er in das Herz von Sina. Er konnte förmlich ihren Herzschlag spüren, er blickte auf ihre Seele wie auf ein offenes Feld. Er sah das kleine, zerbrechliche Wesen vor sich und er gewahrte, dass sie nicht so robust wie andere Mädchen war. Sie war von einer außerordentlichen Sensibilität. Ihre Wahrnehmung, ihre Empathie war ungleich ausgeprägter als bei den Menschen, mit denen er sonst zu tun hatte. Zum ersten Mal baute er aus vielen Eindrücken ein Bild von einem Menschen zusammen, den er nicht für möglich hielt. Er dachte tief in seinem Innersten, dass die Menschen verroht und derb geworden waren. Durch das Fernsehen waren die meisten abgestumpft. Durch die zur Normalität gewordenen Unsitten im gegenseitigen Miteinander sind die Menschen kalt und teilnahmslos geworden. Er sah die Menschen als einen gut gemischten Brei aus gleichgeschalteten modernen Individuen, bei denen ein Ist-mir-doch-egal-Gefühl vorherrschte. Die Anteilnahme an dem Leid der anderen und noch darüber hinaus ein Mitgefühl für alle Lebewesen in dieser Welt war den meisten fremd oder zumindest unrelevant. Er war zutiefst von der Gefühlsintensität von Sina angetan und merkte, wie er innerlich in einem Maße aufgewühlt war, wie er es seit Jahren oder gar Jahrzehnten nicht mehr war. Sina saß in einem völlig neuen Licht vor ihm. Ihre wunderbare Seele, die so hochentwickelt und rein war, fasste ihn an. Er entwickelte eine tief empfundene Liebe für sie und glaubte beinahe, eine farbige Aura um sie wahrzunehmen. Was für ein außergewöhnlicher Mensch, einer, wie ihn ein Lehrer ein Leben lang sucht, dachte er und war zugleich zutiefst erschüttert, dass gerade ihr ein so grässlicher Akt der Brutalität zugestoßen war. Ein Mensch, der so empfindet, leidet unendlich mehr als ein durchschnittlicher, der sich mit der zum Alltag gewordenen Lebenshärte arrangiert hat. Dieses Empfinden stößt in Bereiche vor, die so tief in der Seele liegen, dass nur wenige Menschen das Glück oder Pech hatten, hineinzublicken. Sina macht Qualen durch, die andere nicht im Mindesten zu deuten vermögen. Pfarrer Sinkewitz war so schockiert, dass er kein Wort mehr sprechen konnte. Er bat Sina, weitere Gedichte vorzulesen. Sie las, bis die Nacht einbrach. Als sie ging, stand er an der Tür und blickte ihr hinterher, bis sie schon lange verschwunden war. Dann ging er in die Kirche und legte sich vor das Kreuz.

„Wir müssen miteinander reden."

„Jetzt auf ein Mal?"

„Das letzte Mal bist du einfach gegangen."

„Weil es keinen Sinn hatte."

„Reden hat immer einen Sinn. Nicht immer ist man auf der gleichen Wellenlänge. Manchmal ist man in keiner guten Stimmung. Aber es ist nicht gut, ein Gespräch einfach so abrupt abzubrechen."

„Du hast Recht." Frau Dohany war in gewisser Weise erleichtert, dass ihr Mann im Laufe ihrer Ehe nie müde wurde, auf sie einzugehen. Sie wusste, dass es mit ihr nicht immer leicht war. Hin und wieder reagierte sie unangemessen oder war launisch. Trotzdem schaffte es ihr Mann, jedes Mal von neuem über seinen Schatten zu springen und das Gespräch mit ihr zu suchen. Dafür war sie sehr dankbar. Es tat ihr Leid, dass sie mitunter in einer Weise etwas sagte oder tat, was sie sich im Nachhinein nicht mehr erklären konnte. Wahrscheinlich spielten ihr bei hitzigen Debatten ihre Gefühle Streiche, so dass es ihr nicht dauerhaft gelang, sachlich und nüchtern zu bleiben. Aber sie wusste, dass ihr Mann sie kannte und wusste, dass sie es nicht bös meinte. Sie rechnete es ihm hoch an, dass er immer wieder zu ihr kam, um ein vernünftiges Gespräch zu suchen. Sie wusste, dass ihre Beziehung nur deshalb seit Jahrzehnten so gut funktionierte, weil sie sich aussprachen. Wenn man nicht mehr miteinander redet, ist das der Anfang vom Ende, war das Credo ihres Mannes, der sie einmal vor sehr vielen Jahren darauf aufmerksam machte, als sie sich schmollend zurück zog, weil sie sich wegen einer Nichtigkeit während eines Streits angegriffen fühlte. Damals verspürte sie zum ersten Mal eine Ahnung, dass ihr Mann es ernst mit ihr meinte und dass seine Einstellung die Grundlage für eine gesunde, dauerhafte Beziehung war. Sie war stolz auf diesen einsichtigen Menschen und versuchte, wann immer es möglich war, auch im umgekehrten Fall auf ihn zuzugehen und eine erneute Aussprache zu suchen. Beide kannten nach so vielen Jahren die Marotten des Anderen und haben es stets geschafft, mitunter auch unter Einsatz von ein wenig Geduld, die Wogen zu glätten und den anständigen Umgang zu wahren. Nur mit dem nötigen Respekt und – wenn nötig – ein bisschen Humor lässt sich eine wunderbare Beziehung leben. Das hatten Herr und Frau Dohany den allermeisten anderen Familien in dem netten Ort Meiratshausen voraus.

„Wir leben in einer Zeit, in der das Leben auf der Erde immer mehr aus dem Gleichgewicht gerät“, philosophierte Herr Dohany wie so oft, wenn er sich seiner Ehefrau liebevoll näherte. „Wir leben in einer Welt, die ‚Macht und Geld' vor ‚Liebe und Zufriedenheit' stellt. Dennoch hat diese Welt in den letzten Jahren angefangen zu zerbröckeln. Religionen, Regierungen und andere Instanzen verlieren ihre Glaubwürdigkeit und dadurch auch ihre Mitglieder oder Unterstützer. Unsere Wertsysteme offenbaren ihre Hohlheit. Die wenigsten sind wirklich glücklich und haben ihre Träume bewahrt, die meisten sind zerstört. Die Menschheit hat durch eingegangene Kompromisse und Verdrängungen auf vielen Ebenen ihre Selbstachtung und die Verbindung zur Natur verloren. Unsere Beziehungen sind oft flach und oberflächlich, zu sehr regiert der Stolz, Eifersucht, Schuldzuweisung und Bedürftigkeit. Statt Liebe herrschen eher Lust und Egoismus. Viele trauen sich nicht mehr, tiefgehende Vertrautheit zuzulassen, spielen ihre Rollen und vergessen ihren Traum: ‚Den Himmel auf Erden zu leben.' Eltern verschieben ihre Träume, bis die Kinder erwachsen sind, um dann oft herauszufinden, dass sie inzwischen zu alt geworden sind. Das darf uns nicht passieren. Wir müssen zusammenhalten, egal ob die Zeiten gut oder schlecht sind. Wir müssen wieder mehr reden, gerade mit Sina. Wir müssen sie in unser Leben einbinden. Wir dürfen nicht zulassen, dass wir andere Wege gehen und uns so voneinander entfernen.“

Frau Dohany nickte und lächelte dabei. Du hast Recht. Du hast ja so Recht.

„Der Kontakt zu unserem Höheren Selbst, dem Göttlichen Funken in uns, ist verkümmert, und die Hilfe der geistigen Welt wird nicht in Anspruch genommen, weil sie meistens als gar nicht existent angesehen wird. Unser Zusammenleben ist meist nicht auf wirkliche Lebensqualität ausgerichtet. Unsere Nahrungsmittel sind ungesund und häufig mit Pestiziden, Schad- und Konservierungsstoffen verseucht oder durch Bestrahlung denaturiert. Viele empfinden eine Leere in ihrem Leben, der sie mit äußerlicher Unterhaltung und materiellen Dingen versuchen, Fülle zu geben. Wir versuchen zwar, den inneren Kontakt mit unseren Körper wiederherzustellen, den wir seit langem verloren haben. Aber richtig auf ihn zu hören, haben wir verlernt, und können es also auch nicht an unsere Kinder weitergeben."

„Glaubst du, dass wir mit Sina etwas falsch machen?"

„Ich weiß es nicht", sagte Herr Dohany und zuckte mit den Achseln. „Alles was wir tun können und tun müssen, ist, ihr zu zeigen, dass wir sie vorbehaltlos lieben. Sie muss kapieren, dass nicht alle Ehen zu jeder Zeit vorbildlich sind. Aber wir müssen ihr wieder mehr Werte vermitteln. Wir müssen uns wieder besinnen. Sie auf die wesentlichen Dinge im Leben aufmerksam machen. Bestimmt haben wir die Aufgabe, ihr Augenmerk auf die Gesundheit und Körperbewusstsein zu lenken, auf die Tugenden und einen angemessenen Umgang mit Genussmitteln. Und bestimmt sind wir dazu aufgerufen, ihr ein erstrebenswertes Leben vorzuleben. Wir beide haben in der Vergangenheit einiges falsch gemacht. Da nehme ich mich nicht aus. Aber es wäre leichtfertig, die vielen Jahre der Gemeinsamkeit aus einer befristeten Laune heraus aufs Spiel zu setzen. Lass uns wieder besser miteinander umgehen und das auf Sina übertragen. Und wenn es stimmt, was du sagst, dass ihr etwas Grauenvolles widerfahren ist, so ist es umso wichtiger, mit ihr zu reden."

Frau Dohany nickte und lehnte ihren Kopf liebevoll an die Brust ihres Mannes. Dieser umarmte sie und atmete erleichtert durch. Bestimmt würden sie die Krise in den Griff kriegen. Ein guter Anfang jedenfalls war gemacht.

Als Sina nach Hause kam, waren ihre Eltern bereits im Bett. Ihr Vater huschte, vom Ankommen geweckt, leise aus dem Schlafzimmer heraus, dem nächtlichen Heimkehrer entgegen und begrüßte ihn freudig. „Wir müssen reden, Sina. So wie wir es früher getan haben."

„Gern. Aber lass es uns morgen oder am Wochenende tun. Heute bin ich müde und es gibt doch so viel zu sagen."

„Dann wünsche ich dir eine gute Nacht."

„Ich dir auch." Sina küsste ihren Vater zärtlich auf die Stirn. Ein neuer Funken Hoffnung war entzündet. Mit nicht ganz so bangem Herzen wie in den vergangenen Tagen lag sie in dieser Nacht im Bett und schlief zum ersten Mal seit der grauenvollen Vergewaltigung durch. Als sie erwachte, war die Mittagzeit vorüber.

Weil ihre Eltern in der Arbeit waren, ging Sina in den Wald. Endlich fühlte sie sich wieder freier. Sie sog die Lungen voller Luft. Sie nahm die Feuchte wahr, die geschwängert war vom Duft frischer Kräuter und Blumen. Unter dem Moos roch die feuchte Erde und auch ein herber Pilzgeruch gesellte sich dem Mischmasch zu. Sie spazierte durchs Geäst, fern des Wegs, und streifte durch den tiefen Wald. Nach einer Zeitlang des Stapfens über Äste und sumpfige Flecken wurde sie müde und verweilte nahe einer Lichtung. Durch eine unmerkliche Bewegung aufmerksam geworden, entdeckte sie einen Hirsch, der sich am saftigen Gras gütlich tat. Einer etwaigen Gefahr zuvor kommend, blickte er nach jedem Bissen zu beiden Seiten, ließ sich aber während seines Schmauses nicht aus der Ruhe bringen. Lina besah voller Inbrunst das majestätische Tier. Während einer Fresspause stand es aufrecht da, beäugte mit seinem hohen Haupt die Ferne. Lina war merklich angetan, wie machtvoll es aufragte und edel dastand. Die fellartigen Haare auf seiner Halsunterseite bewegten sich sacht im Wind. Die Augen waren groß und schwarz. Imponierend ragte das Geweih in die Höhe. Noch nie hatte Sina aus solcher Nähe ein wildes Tier betrachtet. Der Hirsch machte einen großen Schritt nach vorne. Sina erschrak. Ihr wurde schlagartig bewusst, wie kurz der Abstand zu ihm war. Würde er sie wittern und angreifen, hätte sie kaum eine Chance, seinem kräftigen Hieb zu entkommen. Ihr Herz schlug voller Erfurcht, aber es war ein wohliges Erschaudern. Eine bewundernde Furcht vor dieser natürlichen Stärke. Friedlich lief der Hirsch einige Meter nach vorne, um sich wieder zu beugen und das frische Gras zu rupfen. Sonnenflecken huschten auf dem glatten, seidenmatten Fell. Scheckig war das Braun, das nach hinten heller wurde. Dann drang ein Geräusch von einem brechenden Ast in die Lichtung. Der Hirsch merkte auf, verweilte in horchender Weise und galoppierte plötzlich davon.

Sina ließ ihren Blick an dem davoneilenden Rotwild geheftet, bis es im Unterholz verschwunden war. Dann erst merkte sie, dass sie die ganze Zeit die Luft angehalten hatte. Heftig atmete sie eine Zeitlang. Als sie ruhiger wurde, überkam sie erneut die beiseite geschobene Müdigkeit. Sie ging ein paar Schritte in die Lichtung. Überwältigt von den Eindrücken, die im Wald machtvoll auf sie einstürzten, überwältigt vom Anblick des prachtvollen Hirsches ließ sie sich ermattet nieder gleiten und fiel sanft ins weiche Gras. Sie seufzte, als sie die Arme von ihrem Körper streckte. Ein Gefühl des inneren Friedens bemächtigte sich ihrer aufgewühlten Seele. Über ihr wölbte sich ein phantastisches Blau. Undurchdringlich tief schien der Himmel. Unendlich weit. So unendlich, wie die Kraft, die von ihm ausgestrahlt wurde. Sie schloss die Lider. Rot schimmerte die Sonne durch, als glühte das Blut in den Augendeckeln von einem Wohlgefühl. Zum ersten Mal ahnte sie die unerschöpfliche Energie, die alles durchwirkte. Angetan von dem Erlebnis mir dem Tier und der friedvollen Ruhe merkte sie, wie alle Last von ihr fiel und sie schwerelos zu schweben schien. Ihre Arme fielen ins Gras. In diesem Zustand der Glückseligkeit keimte eine neue Hoffnung. Zum ersten Mal seit der Vergewaltigung war sie wieder frei in ihren Gedanken, begann erneut in den Augenblick zu tauchen. Alles schien bunt und farbenfroh. Es baute sich eine Zukunft vor ihr auf. Vielleicht ließen sich die Geister und Gespenster, die Dämonen und Teufel vertreiben. Vielleicht ließe sich der Alp von der Brust stoßen.

Unwillkürlich musste sie an die Worte des Pfarrers denken, dass das Universum von einem energetischen Fluss durchsetzt ist. Heute spürte sie diese Energie, die sie anfasste und durchdrang. Diese Leben schöpfende Kraft, der Welt zeugende Aspekt des unvergänglichen Seins, hatte sie aufgefangen und empor gehoben. Wärme kribbelte durch ihren Leib, sie fühlte ihre Arme, die Beine. Sie fühlte, wie die Wärme ihren Rumpf erfasste. Sie empfand eine neue Behaglichkeit. Angesichts dieses eindringlichen Erlebnisses ließ sie sich fallen und erkannte, dass die Natur alles zu geben imstande ist. Sie ist unendlich reich an Kraft und Energie und man muss sich ihr nur anvertrauen. Der Pfarrer hatte Recht. Die Menschen haben sich an Vergnügungen gewöhnt und sehnen sich dabei doch nur nach Wohlbefinden. Aber dieses Glück kommt nicht aus dem Fernsehen und kein Handy erschafft das Gefühl einer behaglichen Befriedigung. Der Lebensquell ist die Natur mit ihrer Stärke und mit ihrem Frieden. Dieser Ort der Lichtung war ein Brennpunkt der göttlichen Energien. In diesen Weltnabel strömte eine universelle Energie. An diesem Punkt fokussierte sich die Energie und manifestierte sich zu der schöpferischen Öffnung im Wald der Natur. Dieser Ort war so heilig, dass sich an diesem Eintritt des Jenseitigen in das Diesseitige eine unbewegliche Stelle der Erleuchtung auftat. Der Strom ergoss sich aus einer unsichtbaren Quelle und der Ort des Einströmens in die Welt war das Zentrum des symbolischen Erdkreises. Über dieser Erkenntnis wurden ihre Gedanken schwer und auch die Augen. Sie ließ sich fallen und trieb doch geborgen in einen weiten Raum. Federleicht. Farbenumkränzt.

Sie riss die Augen auf. Ein Knacken hatte sie hoch geschreckt. Ein Trampeln im Dickicht. Es kommt etwas auf sie zu. Erschreckt sah sie den Hirsch aus dem Wald jagen. Atemlos blieb er auf der Lichtung stehen. Aus den Nüstern stieg der Dampf der Erschöpfung. Sie konnte seine angsterfüllten Augen sehen. Etwas stimmte nicht. Der Hirsch blickte sich wieder um, geriet in Panik. Aus dem Wald drang ein markerschütterndes Rasseln und Krachen. Ein grässliches Geräusch. Rasch näherte es sich. Sina versuchte sich zu erheben, doch sie war im feuchten Waldboden eingesunken. Sie kam nicht los. Wann immer sie versuchte, einen Arm oder ein Bein zu heben, schmatzte es, aber sie konnte sich nicht befreien. Saugend hing der Boden an ihr, als trachtete er danach, sie festzuhalten. Wurzeln und Äste schlängelten sich über ihren Leib. Der quälende Gedanke an die Ausweglosigkeit ließ sie erschaudern. In banger Erwartung des Fatums starrte sie auf das Finster, aus dem ein Kreischen und Quietschen drang. Dann sah sie das Unheil, eine Maschine, die sich entfesselt mit einer mörderischen Walze auf sie beide zufräste. Der Hirsch besann sich zu fliehen, aber auch er steckte jetzt fest. Seine dürren Beine versanken im moorigen Sumpf. Im Angesicht des Todes riss er sie aus dem Boden und fiel nach vorn. Da erschien der todbringende Schredder und näherte sich dem Tier. Sina riss die Augen auf, als die Messer in die Seite des Hirsches schlugen und Blut in die Luft schoss. Es spritzte Sina ins Gesicht. Das dumpfe Jaulen der Schneiden kreischte auf und Fleischfetzen flogen umher, plumpsten in den Schlamm. Alles war rot. Der Hirsch krümmte sein Rückgrat und röhrte voller Schmerz in den Himmel. Ein elender Blick gefror in seinen Augen. Er warf den Kopf hin und her. Wieder drangen die scharfen Zähne des Motors in seinen Körper. Panikartig riss der Hirsch seine Beine aus dem Moor und sprang voran, so dass er sich umwandte. Erst da sah Sina seine Flanke, die eine klaffende Öffnung offenbarte. Fleisch hing in Fetzen vom Anfang bis zum Ende des Rumpfes. Das Herz schlug, nur noch im Rippenbogen hängend, im Freien. Sinas Augen füllten sich mit

Tränen, als sie das Massaker sah. Diesmal fuhr das grässliche Gerät mit einem grauenvollen Aufstöhnen dem Hirschen in die Beine, dass die Knochen barsten und in alle Richtungen wegflogen. Kraftlos brach er zusammen, plumpste nieder und lag schwer schnaufend vor ihr. Im Todeskampf zuckte er, dass weitere Fleischbrocken aus dem zerrissenen Körper nach unten fielen und ins Wasser klatschten. Ein nicht enden wollender Schwall Blut ergoss sich in die Lichtung, so dass sich ein rotes Meer auftat. Der Hirsch wand sich in Agonie, schrie auf wie ein Kind; dann sank der Kopf ins Gras. Sina schrie vor Entsetzen in den Wald. Verzweifelt schlug sie mit ihren Händen in den Matsch. Ein Weinkrampf erschütterte sie, als der letzte Atem aus den Nüstern wich.

Da riss sie die Augen auf und blickte erschreckt in alle Richtungen. Sie lag auf der Lichtung, noch immer im Gras. Nur ein Traum, dachte sie. Ich habe geträumt. Vor die Sonne hat sich ein Wolkenberg geschoben und einzelne Regentropfen fielen auf die Erde und in ihr Gesicht. Es fröstelte Sina, die bemerkte, dass sie weinte. Da sie unbeobachtet war, ließ sie ihren Tränen freien Lauf und rollte sich auf den Bauch. Sie weinte über das Leid in der Welt.

Als sie sich beruhigt hatte, stand sie zittrig auf und stakste den Weg zurück. Was war denn das, fragte sie sich entsetzt und schaffte es nicht, die Bilder aus ihrem Kopf zu bringen. Sie sah die aufgerissene Seite des einst so prächtigen, stolzen Damhirsches. Sie sah die angsterfüllten Augen, die Hilflosigkeit gegenüber einer übermächtigen Gewalt. Sie sah das Fleisch und das Blut. Auch sah sie das metallene, schwere und grausige Werkzeug, wie es sich gegen die Natur wendete und losgetreten Unheil in die Welt brachte. Ihre wieder gewonnene Freude und Stärke brach in sich zusammen. Wie ausgequetscht verlor sie ihren gerade wieder erlangten Mut. Die getankte Kraft entwich so schnell wie sie in sie kam. Als Abbild des Kummers schlich sie gen Meiratshausen. Schon sah sie die Häuser, und zögerte, zurück zu gehen. Sie wollte lieber alleine sein, wollte nicht, dass sie jemand so sah und Fragen stellte. Sie wollte unbehelligt bleiben, aber die Traumbilder fesselten sie, quälten sie, zogen sie zurück in völlige Mutlosigkeit. Vielleicht könnte Pfarrer Sinkewitz ihr erklären, was passiert war, wieso sie einen derart herben Rückschlag erlitten hatte. Da dämmerte ihr die Wahrheit, die sie einen kurzen Augenblick bereit war zu opfern. Der Täter! Sie kannte ihn noch immer nicht. Wollte sie ihre Lebensfreude nicht töten, musste sie die Wahrheit kennen.

Mulmig war es ihr, als sie die Tür in das Haus Gottes aufstieß. Sofort fiel ihr wieder die Stille auf. Als trete man in eine andere Welt ein. Als verließe man den diesseitigen Trubel und sammelte sich im Punkt des jenseitigen Friedens. Als kippte sie einen Schalter um, glätteten sich die Wogen eines aufgewühlten Herzens. Der Pfarrer trat ihr entgegen.

„Sina. Wie geht es dir heute?"

„Ach, Herr Pfarrer. Es ist so schrecklich. Gerade war ich auf dem Weg der Besserung, da trifft mich der nächste Schlag."

In den schillerndsten Farben erzählte sie ihm den grausigen Mord.

„Aber es ist klar, was dieser desolate Zustand mir mitteilen will: Ich muss den Täter kennen. Ich muss wissen, wer mir das angetan hat. Ich will ihn anschauen und entscheiden, ob ich ihm verzeihe. Ich will mit ihm reden und versuchen, ihn zu verstehen."

„Vielleicht wäre die Konfrontation zu arg? Vielleicht wäre sie etwas, was du dir nicht vorstellen kannst und willst. Vielleicht würde sie dich noch mehr treffen. Kann es nicht sein, dass du eine fixe Idee verfolgst? Passt die Vorstellung nicht in dein Leben, dass die innere Vergebung ein wahrlich edler Akt wäre? Denn glaube mir: jemand, der so etwas getan hat, zerfleischt sich selbst. Im Nachhinein weiß er von seiner Schandtat. Ihm ist jetzt in einer scharfen Klarheit bewusst, zu was er sich hat hinreißen lassen. Er leidet wie ein geschlagener Hund. Er wird auf Erden keinen Frieden mehr finden ..."

Plötzlich stockte Sina. Wie sie dem Pfarrer zuhörte, dämmerte ihr ein grausiger Gedanke. „Sie kennen ihn. Sie wissen, wer es war."

„Warte, Sina ..."

„Sie kennen den Mistkerl und decken ihn?"

„So ist das nicht richtig."

Wieder überlegte sie scharf. Dann schnippte sie mit den Fingern. „Sie dürfen ihn nicht verraten, weil er gebeichtet hat. Sie müssen das Beichtgeheimnis wahren. Sie haben die verdammte Aufgabe, das Schwein zu schützen, während Sie mich hinhalten müssen. Der Täter wird geschützt, das Opfer verraten. So ist es in dieser Welt. Die Täter sind die, die ungeschoren davon kommen, während diejenigen, denen Leid zugefügt wurde, weiteres Leid zugemutet wird. Ich hasse die Kirche! Ich hasse Sie und die Welt! Ich hasse euch alle!" Dann rannte sie aus der Kirche, schlug die Tür zu, und zurück blieb die Stille.

Pfarrer Sinkewitz fiel zu Boden. „Hilf mir Herr. Was soll ich tun? Wann hören die unendlichen Qualen endlich auf? Was kann ich tun, um Sina zu helfen? Ich kann es ihr nicht sagen, wer es war", wimmerte er und faltete die Hände. „Herr, wenn es nicht anders geht, nimm mein verfluchtes Leben, aber lass Sina wieder ein normales Leben führen. Ich bitte dich inständig, wie ein Verdammter zu dir nur flehen kann. Schaff Gerechtigkeit für die Leidenden. Herr, mach die Welt gut." Ein Wehklagen drang durch die Wände der Kirche in den Abend. Schwarz prangte auf dem Dach das Kreuz und erinnerte an das Leid in der Welt. Düstere Wolken brachten das Dunkel früher über den lebhaften Ort wie gewohnt. Ein Dunkel, in dem sich die grausige Wahrheit nicht verbergen lässt.

Sina wälzte sich die ganze Nacht unstet im Bett hin und her. Alpträume suchten sie heim und machten ihr die Nacht zur Hölle. Immer wieder verließ sie das Bett und irrte im Zimmer, im Haus umher und redete mit sich selbst. Sie ging alle Möglichkeiten durch. Sie erstellte ein Profil sämtlicher Bewohner, die ihr in den Sinn kamen. Sie rekapitulierte den Ablauf des Abends. Wer war im Zelt, wer nutzte die Möglichkeit, später aufzutauchen? Wem ist solch ein grober Akt Unmenschlichkeit zuzutrauen? Immer wieder entwarf sie ein Psychogramm einer Person, die ihr vor Augen schwebte. Doch nach ausreichender Überlegung verwarf sie den Verdacht und wanderte zum nächsten. Die meisten Jungen schieden aus, sie waren zumeist in der Gruppe. Selbst die halbstarken Fieslinge konnte sie nach reichlichem Hin- und Herwenden ausschließen. Außerdem hätte es sich herum gesprochen, falls es einer von ihnen gewesen wäre. Sie überlegte sich sogar die abwegigen Varianten. Einige Familienväter spukten ihr durch den Kopf. Doch es blieb keiner auf der Liste übrig. Aber dann jagte ihr ein Schauer durch den Leib. Wäre es der Koniezky gewesen, wäre das ungeheuerlich. Freilich schob sie den Verdacht von Anfang an beiseite. Ihr wurde seine Geschichte zugetragen. Sie hatte in vielen Gesprächen mit anderen Leuten, aber auch dem Pfarrer, erfahren, dass er ein gehöriges Problem mit seiner Sexualität hatte. Aus Scham und Unsicherheit heraus näherte er sich deshalb bevorzugt Kindern, da sie auf seinem sexuellen Entwicklungsstand waren und deshalb für ihn keine Gefahr darstellten im Hinblick auf Verlachung und Bloßstellung. Was aber, wenn er, durch seine ihm abtrainierte Neigung, nun nach einer neuen Zielgruppe Ausschau hielt. Nach wie vor gehemmt, versagte ihm der Mut die Annäherung an erwachsene Menschen. Aber im Dunklen könnte er zu seinem Recht kommen, ohne in Gefahr zu geraten, gedemütigt zu werden. Im Verborgenen könnte er testen, wie das ihm Versagte ablief. Durch Ausübung von Gewalt behielt er die Kontrolle, schuf eine Umgebung, in der er nicht seelisch verletzt werden konnte, in der er nicht angreifbar war. Die Gelegenheit war günstig. So gut wie alle Bewohner waren in berauschter Stimmung abgelenkt von

Randereignissen. Sie konzentrierten sich auf ihre Möglichkeiten, auf ihre Unterhaltung. Herr Koniezky war gewohnt, nachts aktiv zu sein. Tagsüber wagte er sich nicht vor die Tür. Wie ein Wolf streifte er tief in der Dunkelheit um die Häuser, lief sogar bisweilen im Wald umher. Die Gedanken waren furchteinflößend. Er musste sie gesehen haben, wie sie verzweifelt über das Feld stolperte. Er konnte sich gewiss sein, keinem zu großen Widerstand zu begegnen. Wahrscheinlich wog er die Chancen ab und beurteilte die Gelegenheit so günstig wie nie. Wer würde ihn verdächtigen? An diesem Tag kam er erst nach seinem Sanatoriumsaufenthalt nach Hause. Man munkelte zwar über seine Ankunft, keiner hatte ihn aber auf der Rechnung. Schon im Sanatorium muss die Sehnsucht nach Ausübung seines Triebes merklich angewachsen sein. Endlich zu Hause angelangt wurde ihm bewusst, dass ein Fest im Gange war. Ruhelos ging er auf die Pirsch, besah von weitem die feiernden, ausgelassenen Menschen. Bestimmt haben sich ihm frivole Szenen geboten. Hier ein Pärchen, das im Wald verschwand, dort ein Pärchen, das wild Küsse austauschte. Das, was er sah, machte ihn scharf. Irgendwann konnte er sich nicht mehr zurückhalten, doch war ein Teilnehmen an der Feier keine Diskussion. Plötzlich kam ich und damit war sein Opfer ausgemacht. Sina lief es kalt den Rücken herunter. Wer würde tags darauf diesen Übergriff bemerken? Ihm kam die Idee, dass das Opfer betrunken sei, so dass es selbst wahrscheinlich keine Erinnerung an sein schlimmes Vorhaben bewahren würde. So wähnte er sich sicher und vermutete, kein großes Aufheben zu verursachen. Doch die Rechnung ging nicht auf. Ich war nicht betrunken und konnte sehr wohl bewahren, was er mit mir angestellt hat. Die unsichere Vorgehensweise verriet ihn zudem. Derjenige, der mich vergewaltigt hatte, war ungeübt und wusste kaum, wie er vorgehen sollte. Es muss ein verklemmter Mensch gewesen sein. Keine Frage. Jetzt dämmert mir einiges. Herr Koniezky war ein Intimfreund von Pfarrer Sinkewitz. Der konnte ihn nicht verraten. Im Gegenteil, er versuchte mit all seinem Geschick ihm zu helfen. Vermutlich wollte er auch gar nicht wahrhaben, dass sein Schützling versagt hatte. Später, als jeder ihm die Missetat gebeichtet hatte, war dieser befangen. Wie konnte er die Wahrheit offen legen? Er war Teil von ihr. Er war mitschuldig. Er verteidigte den Wolf, der dann das Kind fraß. Sollte er zugeben, dass er sich verschätzt hatte? Wie konnte er aus der Sache kommen, ohne sein Gesicht zu verlieren? Schließlich hat er sich an allen Ecken für sein Schäflein eingesetzt, hat es verteidigt und beschützt. Die beiden stecken unter einer Decke. Das ist widerlich. Ich hasse sie, die Heuchler. Diejenigen, die nicht zur

Wahrheit stehen können, weil sie ihr Ansehen einbüßen würden, sind Witzfiguren. Sie haben keine Achtung vor dem Leben, sind nicht aufrecht. Was für jämmerliche Kreaturen. Ich hasse sie!

Sina war untröstlich, dennoch sah sie klarer. Es gefiel ihr, die Sache aufgeklärt zu haben. Jetzt konnte sie gezielt ihre Angriffe fahren. Doch in gewisser Weise war sie sich im Unklaren, ob alles so richtig war. Hatte der Pfarrer wirklich diese verräterische Rolle? Oder bildete sie sich das nur ein. Dachte sie über die letzte Woche nach, so sah sie ein anderes Bild des Pfarrers. Es schien ihr, als sei er sehr wohl ein aufrechter Mensch. Sie traute ihm zu, dass er ehrlich war. Nicht aus Zufall hat er sich seine angesehene Stellung inmitten der Gemeinde erworben. Er war authentisch. Auch wenn es schwer war, so log er nie. Sicherlich hat er manche Sache ein bisschen in Watte gepackt, aber er machte niemandem etwas vor. Mit Herrn Koniezky redete er Klartext, als die Bedrohung offensichtlich wurde. Bei allen anderen schaffte er es, die Animositäten zu schlichten oder so abzumildern, dass sie nach einer gewissen Zeit vergessen waren. Er hatte es nicht nötig zu lügen, da sein Ruf unantastbar war. Außerdem legte er keinen gesteigerten Wert auf die Anerkennung der Menschen in seinem Umfeld, er lebte eh in einer anderen Welt. Nein! Die Wurzel allen Übels ist der Koniezky alleine. Er hat die Tat verschwiegen. Er ist der Mistkerl, den sie an den Pranger stellen würde. Nach all den Überlegungen wurde sie müde. Aber nach all den Erkenntnissen war es eine wohlige Müdigkeit. Die Anstrengungen hatten sich gelohnt. Sie sah die Lösung vor sich gebreitet. Morgen würde sie die Wahrheit erzwingen. Der Siebte Tag ist der Tag der Wahrheit.

Die Koffer standen gepackt in Reih und Glied vor der Haustür. Herr Koniezky war die ganze Nacht damit beschäftigt, seine Dinge zu ordnen. Er machte klar Schiff im Haus. Die Sachen, die ihm am meisten am Herzen lagen, verstaute er gut gepolstert in Taschen und Koffern. Vor der Tür stand das vollgepfropfte Auto zur Abfahrt bereit. Herr Koniezky hatte die Nacht damit zugebracht, nicht wie Lots Frau zu erstarren und sich tatenlos den Anfeindungen im Dorf noch weiter auszuliefern. Er hatte innerlich einen Schlussstrich gezogen. Er war bereit, allem den Rücken zu kehren und irgendwo anders neu anzufangen. Sein Herz war beklemmt, als er sich vor Augen hielt, dass er sein ganzes Leben hier in Meiratshausen verbrachte. Er wiederholte einzelne Passagen seines Lebens, ließ sie noch einmal gedanklich ablaufen, um von den vielen Flecken im Ort, die wie Mosaiksteinchen in seinem Herzen das Bild seines Lebens ergaben, Abschied zu nehmen. Er stellte nochmals alle Menschen, egal mit welcher Gesinnung sie ihm begegneten, vor sich und ließ Revue passieren. Bei manchen Erlebnissen, die ihm mit einem Mal einfielen, musste er innerlich schmunzeln oder lachen, bei anderen verzog er erschrocken das Gesicht. Aber alles, was gut und was weniger gut war, hatte ihn geprägt. All diese Erlebnisse haben aus ihm den Menschen gemacht, der er war. Wenngleich er sich noch vor nicht allzu langer Zeit gehasst hatte, so hatte er gelernt, Frieden zu schließen mit dem Unabänderlichen. Er versuchte wehmütig, eine Lehre aus all den Begegnungen zu ziehen. Er wusste, dass da draußen irgendwo sein Leben eine Fortsetzung findet. Jenseits seiner Heimat liegt ein Ort, der ihn aufnehmen und ihm eine unvoreingenommene Chance auf einen Neuanfang geben würde. Nach einer langen Weile wischte er die Tränen von seinen Wangen, griff die letzten Gepäckstücke und trat vor die Tür, die er akribisch verschloss. Es war früh am Samstagmorgen. Die meisten lagen noch in den Betten, als er mühevoll das letzte Hab und Gut in die spärlichen freien Plätze des Kofferraums schob. Dann stand er vor dem Auto, seufzte tief und schwer und sagte: „Tschüß alte Heimat. Es sollte nicht sein. Hier konnte ich nicht *der* werden, der ich doch eigentlich bin. Vielleicht werden andere Menschen entdecken, dass ich einen wertvollen inneren Kern habe. Bestimmt kann ich mich woanders entfalten und mit meiner Fantasie und meinen Fähigkeiten der Gesellschaft ein wertvoller Mitbürger werden. Ich möchte ja nur, was alle wollen: ich möchte dazu gehören und Teil werden. Es ist manchmal so schwer, sein wahres Ich den Menschen vor Augen zu führen. Manchmal ist es vertrackt, so dass man in eine Ecke gestellt wird, die einem nicht gerecht wird. Und wenn man keinen Ausweg mehr sieht, muss man sich abwenden und Menschen suchen, die verständiger sind. Möge mich mein Schicksal leiten und an ein Ufer schwemmen, an dem ich vielleicht doch noch ein bisschen Glück erfahren darf. Tschüß ihr alle.“

Dann setze er sich schweren Herzens hinter das Steuer, startete den Motor, blickte auf sein geerbtes Haus, das er wohl nicht wiedersehen würde und fuhr los. Beinahe mit Schrittgeschwindigkeit kreuzte er ein letztes Mal durch die Seitenstraßen. Als er endlich die Hauptstraße erreichte, schaltete er hoch und verschwand hinter den Wäldern und Hügeln, die die Ortschaft einrahmten.

Sina erwachte spät am Tag. Mit dem sicheren Gefühl, herausgefunden zu haben, was man vor ihr verborgen hielt, sprang sie lebhaft aus dem Bett und ging ins Bad. Als sie die Zahnbürste in den Mund steckte und zu bürsten begann, hielt sie mit einem Mal inne. Ganz deutlich sah sie Herrn Koniezky vor sich. Sie stellte sich vor, wie es passiert sein musste. Sie sah das wulstige Gesicht von dem Mann. Beinahe konnte sie sein lüsternes Gesicht erkennen, nachfühlen, wie es in ihm brodelte. Sie sah, wie er den Plan schmiedete, sich anschlich und sich auf sie warf. Sie verfrachtete den Geruch, den sie noch immer in der Nase hatte, in Herrn Koniezkys Mund. Sie übertrug den schweren Atem, die zitternden fleischigen Hände, deren Erinnerung sie unauslöschlich in sich trug auf die Gestalt des Täters. Schließlich war das Bild komplett. Sie konnte den grausamen Akt nachspielen, sah den alten, muffigen und schlaffen Körper auf sich, sah sein schwitziges Gesicht. Die Gier des alten Mannes, der sich an ihr abreagierte, löste in ihr eine Übelkeit aus. Als sie obendrein sein von Lüsternheit stöhnendes Gesicht über sich sah, konnte sie den Drang nicht mehr zurückhalten und beugte sich über die Badewanne. Ein saurer Schwall schoss aus ihrem Gesicht. Sie fühlte sich, als kotzte sie Herrn Koniezky an, diesen widerlichen Bastard. Die ganze Tat war zum Kotzen, ebenso wie die Vorstellung, dass ein alter Mann sich über ein junges Mädchen hermachte, die ihm nicht die Stirn bieten konnte. Es war Übelkeit erregend, wie ein Greis ein junges Mädchen lediglich zu einem Sexobjekt degradiert und es wie eine Ware benutzt, um es anschließend in die Furchen des Ackers wirft und besudelt und damit entwertet im Dreck liegen lässt. Es drängte sie, den ganzen Ekel hoch zu würgen und auszustoßen, als stieße sie damit den Ekel über die Menschheit mit ihrer Hässlichkeit in den Ausguss. Als sie über der Wanne lag, beschloss sie, jetzt sofort den Unmenschen zu stellen, ihm in die Augen zu sehen und ihm zu sagen, wie ekelerregend er war.

Sie wusch sich, kleidete sich an und verließ das Haus. Mit wütenden Gedanken beschwert, schritt sie zielstrebig auf das Haus von Herrn Koniezky zu. Kaum war sie eingetroffen, stockte ihr der Atem. Irgendetwas war hier los. Eine aufgebrachte Menge, allen voran Frau Liebermann, die wie eine Furie einen Sturm der Entrüstung zelebrierte, belagerte das Haus des zur Zielscheibe Gewordenen. Einen Moment zwang sich Sina der befreiende, Genugtuung verheißende Gedanke auf, dass der Hass auf sich selbst den Widerwärtigen zum einzig übrig gebliebenen Entschluss des Selbstmords geführt hatte. Sie sah einen Moment in einem

Fantasiebild, wie Sanitäter die blasse Leiche aus dem Haus trugen. In einer verschwommenen Realität leuchtete sein fahles, feistes Gesicht im entlarvenden Sonnenlicht und offenbarte die Schuld eines Irrgängers. Der Gefallene wurde von der Menge verspottet und mit Schmutz beworfen und allen war das schwere Verbrechen klar. Aber die Bilder begannen zu schwimmen und schließlich verschwanden sie in den Tiefen des Wunschdenkens.

Sina sah jetzt, was tatsächlich passierte. Frau Liebermann schimpfte über das feige Verhalten des Menschen, der sich aus dem Staub gemacht hatte. Zu feige, sich zu stellen, den Bürgern ins Auge zu blicken, sich zu bekennen vor den Nachbarn, zu feige um zuzugeben, dass er ein Monster sei, ein Mensch, der es nicht wert war, hier unter ihnen zu weilen. Sie wollte sein Geständnis, wollte das Bekennen aus ihm pressen und ihn gedemütigt dastehen haben. Aber er war fort, hatte alles verlassen, sein Haus, seinen Garten und auch die Hoffnung, dass man ihn an den Pranger stellen konnte. So wie Frau Liebermann brauchten die anderen jemanden, auf den sie ihren Hass lenken konnten, da man sich selbst für seine Gedanken nicht hassen will. Aber sobald das Projektionsobjekt fehlt, sieht sich der Mensch vor die schwere Aufgabe gestellt, passenden Ersatz zu finden. Sina erkannte die Verfahrenheit der Situation. Es lag ihr auch nicht am Herzen, mit zu keifen, vielmehr wollte sie die vieräugige Konfrontation mit der leisen Hoffnung, dass das Duell zu einem guten Ausgang führte, der für beide eine gangbare Lösung bereithielt. Ernüchternd musste sie feststellen, dass die Hoffnung auf eine Lösung des festen Knotens dahin war. Trotzdem verfestigte sich jetzt das Wissen um die Wahrheit. Warum sonst sollte Herr Koniezky das Weite suchen, wenn nicht durch das fiese Gewissen getrieben?

Äste brachen unter ihren Schritten, als sie den Waldpfad entlang stolperte. Tränen rannen ihr Gesicht hinunter und Sina schrie nach Vergeltung in den Wald, der geduldig ihre Worte aufnahm und in sich trug. Die Stärke und Ruhe des Waldes griffen auf das stürmische Gemüt Sinas über und beruhigten sie allmählich. Als sie in einem unbekannten Waldwinkel ein paar dicht gewachsene Äste auseinanderbog, offenbarte sich ein kleiner Wasserlauf. Klares Wasser floss sich kräuselnd den gewundenen Verlauf durch saftiges Gras und Farn. Überall beugten bunte Blümchen ihr Haupt über die kühle, verwirbelte Luft über dem Bach. Sina kämpfte sich durchs Geäst und stapfte am Bachlauf entlang, bis sie ein lauschiges Plätzchen fand, an dem sie sich niederließ. Hier war vermutlich einmal ein Baum umgefallen, jedenfalls befand sich unmittelbar neben dem Bachufer eine kahle Stelle, in der sich die dunkle Walderde mit losem Sand vermischte. Nur vereinzelt wuchsen neue Pflanzen aus der freien Stelle, die von einem Förster oder Waldarbeiter geräumt worden war. Aber die tiefe Stelle, wo einst der Baum stand, war für Sina einfach zu erkennen. Wenige Wurzelarme ragten aus dem Boden und waren das Überbleibsel eines einst stolzen, hochgewachsenen Waldbewohners. Irgendwo wird er unter einer Säge liegen und zu seiner letzten Bestimmung umfunktioniert. Vielleicht verwandelt sich sein gerader Körper in einen kleinen Schrank, eine Kommode oder bildet eine Reihe Pfosten, die eine Weide umgrenzt. Jedenfalls war das Bemühen des Baumes, Licht und Wasser und Kohlendioxyd in einen Stoff umzuwandeln nicht umsonst. Dieser Stoff findet seinen Niederschlag überall in der Welt, wird vielseitig genutzt und geschätzt. Unser Körper hingegen zerfällt nutzlos, wird eingebuddelt und zerfällt ungeschätzt. Nach ein paar wenigen Jahren ist die Stelle, in der das verfallene Überbleibsel ruht, nur noch an einem steinernen Mal zu erkennen. Mit viel Glück steht ab und an ein Hinterbliebener davor und vergießt eine Träne. Dennoch ist uns nach unserem Ableben keine Dauer beschieden, wie die des Baumes. Sein Körper überdauert einige Jahrzehnte und dient dem Menschen, der auf seinem Holz sitzt oder schläft. Glücklicher Baum, du bleibst im Gedächtnis haften, während die Menschen im Angesicht der Analen verblassen. Sina wurde bei ihren Gedanken schwer ums Herz. Noch nie hat sich ein Bewusstsein über die Vergänglichkeit in dieser Deutlichkeit vor ihr aufgetan. Ein Gefühl des Abschieds nistete sich tief in ihrer Magengrube ein. Sie überkam eine arge Wehmut und sie grub ihre Finger in die fleischige Erde und weinte. Die Zeit verging und über ihrer Traurigkeit wurde sie müde. Sie robbte den Hang aufwärts, bis sie an einen bemoosten Teil gelangte. Schläfrig legte sie sich auf die weiche Bettstatt und schloss die Augen. Sie stellte sich vor, wie sie vom Diesseitigen ins Jenseitige durch die Barriere des Todes schlüpfte. Ihr wurde gewahr, dass der Tod im Diesseits der Geburt im Jenseitigen gleichkäme. Es hinge lediglich von der Betrachtung ab. Unser Ende hier auf Erden bedeutete gleichzeitig der Anfang in der feinstofflichen Welt. Hier würden die Seelen wieder zusammenkommen, die einst getrennt wurden. Hier verbänden sich die Lebens- und Erfahrungsfäden all der Menschen und Tiere. Dort wäre der Versammlungsplatz all jener Energien, von denen Pfarrer Sinkewitz in der Unterredung sprach. Der Ort der göttlichen Kraft. Die Vorstellung dieses leuchtenden, hellen Platzes nahm ihr die Schwere und sie freundete sich mit der Idee einer herrlichen, Licht umkränzten Nachwelt an, vielleicht auch, weil sie in dieser Breite nicht konform zur christlichen Lehre war. Sie sah die Engel als feinstoffliche Wesen, die Seelen- und Geistführer als möglich an und verlor ihre Angst vor dem Nichts. Eine derart von interessanten Wesen belebte, lichterhelle Welt trägt einen unbeirrbaren Ruf an das Herz eines jeden Sehnenden. Getragen auf einem Bett aus Moos gab sie sich den tröstlichen Gedanken hin und fiel in einen erfrischenden, tiefen Schlaf.

Viel später erwachte sie, als sie eine Kühle, die den Wald einnahm, frösteln ließ. Sie blickte irritiert umher, bis sie sich orientiert hatte. Dann erkannte sie, dass die Sonne bereits verschwunden war und die Dämmerung ein rötliches Licht in den Wald sendete, um ihr den Heimweg zu leuchten. Sie sprang hoch und betrachtete die Stelle, an der sie sich so wohlgefühlt hatte, an der sie diese erbauliche Inspiration vernahm. Wäre sie Buddhistin gewesen, hätte sie hier vermutlich einen kleinen Tempel errichtet als Zeichen, dass dies ein Ort des göttlichen Eintritts in die stoffliche Welt war. Lächelnd machte sie sich auf den Gang zurück ins Dorf. Aber je näher sie kam, desto mehr verschwanden die hehren Gedanken und machten den profanen Platz. Wie ein Muster kamen die ärgerlichen Themen in ihren Kopf und sie dachte wieder an Herrn Koniezky. Während sie über die nächtlichen Felder blickte, drängten sich erneut die Bilder des fürchterlichen Ereignisses auf, und sie ging schneller. Gewohnte Geräusche, die aus dem Wald drangen, ängstigten sie nun unerklärlicherweise. Sie sah sich um, riss den Kopf in die andere Richtung, lief wie ein verfolgtes Tier. Als sie endlich auf die beleuchtete Landstraße gelangte, atmete sie erleichtert auf. Dann ärgerte sie sich über sich selbst, weil sie wieder einen Rückfall hatte. Je mehr sie darüber nachdachte, desto wütender wurde sie. Hört das denn nie auf? Wohnt der Koniezky ab jetzt für immer in meinem Kopf? Lässt er mich nie wieder in Ruhe? Ich muss herausfinden, wo er ist. Ich werde nicht nachgeben, bis ich weiß, wo er sich aufhält und dann fahre ich hin. So wie er mich verfolgt, so werde ich ihn verfolgen. Und wenn er glaubt, dass er sich einfach so aus dem Staub machen kann, werde ich ihm das Gegenteil beweisen. Und wenn ich das ganze Dorf auf ihn hetzen muss. Frau Liebermann wird mir schon helfen. Die hat ihn eh auf dem Kieker.

Schnaubend näherte sich Sina der Dorfmitte. Aber ihr Weg führte sie nicht nach Hause, sondern geradewegs zur Pfarrerswohnung neben der Kirche. Hier brannte Licht, also war Pfarrer Sinkewitz zu Hause. Dieser würde schon früher oder später ausplaudern, wo sich der

Verbrecher befindet. Er weiß es bestimmt, so vertraut wie er mit ihm war.

Mürrisch pochte Sina gegen die Tür, obwohl sich gleich daneben die Klingel befand. Sofort öffnete sich die Tür. Darin stand verdutzt Pfarrer Sinkewitz, der sich durch das Signal der Dringlichkeit in Alarmzustand befand.

„Sina. Was ist denn los, dass du fast die Tür einschlägst? Ist etwas passiert?"

„Ja, es ist etwas passiert", blökte sie trotzig.

Bevor der Pfarrer sie einladen konnte, lief sie an ihm vorbei in die gute Stube und setzte sich auf ihren Stammplatz. Kleinlaut folgte ihr der Pfarrer und schaute sie entgeistert an.

„Ich kann nicht mehr. Ich will jetzt sofort wissen, wohin sich der Koniezky abgesetzt hat. Der Koniezky ist der hinterhältige Schänder. Ich weiß es jetzt und ich will Gerechtigkeit. Jetzt, da die Sache aufgeklärt war und ich ihn stellen konnte, da ist er schändlich abgehauen. Das passt zu ihm. Scheiße bauen und sobald es Ernst wird, den Schwanz einziehen und abhauen. Das ist echt das letzte. Und ich kann mir gut vorstellen, dass Sie ihm einen Tipp gegeben haben, denn woher sollte er das wissen. Wir haben gestern erst darüber geredet und ich blöde Kuh habe Ihnen sogar noch meinen Verdacht unter die Nase gerieben. Da hatten Sie Zeit, den Mistkerl zu warnen. Somit sind Sie auch nicht besser.

„Sina, bezähme deine Zunge, du weißt nicht, was du sagst."

„Und jetzt müssen Sie sich noch bekreuzigen, um ihre Empörung überzeugend zu spielen."

„Sina. Nicht."

„Ich gebe nicht klein bei. Das ist alles so widerwärtig. Der Koniezky, der alte Sack - und die Gier. Und alle haben es gewusst! Jeder wusste, dass er ein verklemmter Lüstling ist. Aber kein Schwein tut etwas gegen so einen Verbrecher. Die müssen ja geschont werden, sind arme Opfer, weil sie eine so schwere Kindheit hatten. Es muss immer erst etwas passieren."

Der Pfarrer schlug auf den Tisch, dass er selbst dabei erschrak. Dann schaute er Sina scharf an und sagte in einem ernsten und bestimmten Ton: „Der Koniezky hat nie irgendjemand etwas Böses getan. Seit ich ihn kenne, und das ist eine sehr lange Zeit, war er immer ein netter, umgänglicher Mensch. Das einzige, was ihn als Mensch kompliziert machte, war der tragische Umstand, dass er als Kind schlimme, traumatische Erlebnisse, ähnlich wie du, nur über längere Zeit, hatte und deshalb eine fürchterliche Angst und Abscheu vor Menschen hat. Seine Triebkrankheit ist eine Folge der dramatischen Umstände aus seiner Jugend. Aber bevor nur das Kleinste passiert ist, hat er sich den Dämonen gestellt und ist aus eigenen Stücken in eine Therapie gegangen. Nur, weil ein paar Quasseltanten ihn früher einmal beobachtet haben, wie er kleine Kinder angeschaut hat, nur, weil er einmal völlig erschrocken wie gelähmt dastand, als man ihn ansprach und sich die Situation dahin entwickelte, dass man glaubte, ihn ertappt zu haben und deshalb einen Grund sah, ihn fertig zu machen, wurde er abgestempelt und seitdem wie ein Aussätziger behandelt. Er war bis zu diesem Tag ein integrer, ehrenwerter Mann, der den Menschen half, ihnen beistand und einen wichtigen Teil unserer Gemeinde ausmachte. Erst seit der Anprangerung zog er sich zurück und verbitterte schließlich, weil man aus ihm einen Menschen machte, der er nicht war."

„Warum wehrte er sich nicht?"

„Warum wehrte sich Jesus nicht, als man ihn zum Tode verurteilte. Weil es sinnlos ist, gegen geballte Dummheit bestehen zu wollen. Haben die Menschen erst ein Opfer, dann lassen sie nicht mehr davon ab. Daran hat sich in den letzten Jahrtausenden nichts geändert. Die Menschen lechzen nach öffentlichen Hinrichtungen, sei es in Form einer Steinigung oder der Demütigung eines Unschuldigen. Hauptsache der Jahrmarkt ist unterhaltsam. Die Menschen brauchen jemanden, an dem sie sich abreagieren können. Wer erkennt, dass die Dummheit die Plätze füllt, so dass kein Ende in Sicht ist, weiß von der Nutzlosigkeit des Einspruchs. Ein Kerzenlicht kann in dem Sturm aus den Kehlen des schreienden Mobs nicht bestehen. So lässt man sich ans Kreuz schlagen, um sich von der Welt zu verabschieden, denn in der Trennung von der Welt liegt das Heil all derjenigen, die die Flamme in sich tragen. Herr Koniezky ist am Kreuz des Unverständnisses gestorben, hat der Welt den Rücken gekehrt und sich zu einem Leben im Licht entschieden. Das Licht leuchtet denjenigen, die zu sich selbst gefunden haben."

„Herr Koniezky war es nicht", sagte Sina in einem zitternden Ton und legte die Hände vors Gesicht. „Dann befinde ich mich jetzt in einem schlimmen Dilemma. Wer war es dann? Wenn Herr Koniezky ohne Fehl ist, verbleibt kein Schuldiger, der in Betracht käme."

„Warum willst du unbedingt wissen, wer es war? Vielleicht ist es besser, wenn du es nicht weißt. Vielleicht ist es für den Seelenfrieden zuträglicher, wenn man manchen Wahrheiten nicht ins Antlitz blickt."

„Nein! Ich will mich stellen. Der Gewalt und dem Menschen, der zu so etwas fähig ist. Anders kann ich keinen Frieden finden. Der

Schatten des Peinigers verfolgt mich überall hin. Bevor ich mich kaputt machen lasse, nehme ich den Kampf auf. Ich muss das Ungeheuer stellen."

„Vielleicht ist der Mensch gar nicht so ein Ungeheuer, wie du ihn dir in Gedanken ausmalst."

„Mag sein. Aber das muss ich selbst herausfinden", Sina wurde immer ungehaltener. Nervös streifte sie mit der Hand über ihr Gesicht, dann über die Tischplatte. Sie hatte ihre tanzenden Hände nicht mehr unter Kontrolle, bis sie sie schließlich festhielt und den Pfarrer unverwandt anblickte.

„Lass Gras darüber wachsen, Sina", sagte Pfarrer Sinkewitz, wetzte aber seinerseits auf seiner Sitzfläche hin und her. Er konnte die Spannung nicht mehr ertragen, ballte die Hände zu Fäusten und stemmte sie gegen seine Oberschenkel. Er fühlte sich an die Wand gestellt, flehte zu ihr rüber: „Irgendwann bist du darüber hinweg. Irgendwann kehrt wieder Frieden ein."

„Ich will nur wissen, wer es war. Ich will meinem Peiniger ins Gesicht sehen", schrie Sina hysterisch. „Ich will nur wissen, wer es war. Wer war es? Können Sie das nicht verstehen? Sie wissen es doch! Sie wissen es!"

Pfarrer Sinkewitz klatschte die Hände vors Gesicht, jammerte herein. Endlich weitete er die Augen, presste die Lippen zusammen und starrte Sina in einem rasenden Blick an. Die fuhr ob des irren Ausdrucks zusammen und lehnte sich zurück. Pfarrer Sinkewitz verlor die Beherrschung und schrie mit einer grauenhaften Stimme: „Ich war's, ich!" und sprang auf, dass hinter ihm der Stuhl zu Boden krachte. „Ich bin das Monster!" Er rannte wie ein Wahnsinniger durch die Tür, indem er fortwährend wiederholte „ich war's. Ich! Es tut mir so Leid. Ich konnte den Teufel nicht besiegen", bis die verzweifelten Schreie in der Ferne verhallten.

Sina saß versteinert und starrte ins Nichts. Der Pfarrer? Er? Der engste Mensch … der engste Vertraute … Tränen … verraten … ihre Finger krampften voller Verzweiflung in die Knie … wie konnte … ein Pfarrer … die Standuhr tickte … Tick … Tack … der Beichtvater … der Hirte Gottes … Tick … wie konnte er … Tack … so etwas Abartiges tun … Gewalt … Tick … ausgerechnet er, der … Tack … Blut … die Hände zitterten. Blut! Gewalt! - Wahnsinn! Narben einer vergangenen Zeit tönen in meinem Geist. Ihre Gedanken spien entsetzliche Worte in ihren Verstand. „Der Schatten des Grauens reißt Fetzen aus meinem Fleisch. Gewalt! Huschende Gedanken furchen mein Gesicht. Heller Wahn krallte Nägel ins gemarterte Hirn." Ihr

Schädel pochte und Tränen spritzten aus dem Blick. „Nur die ewige Schuld hielt mich bisher vom Tod zurück. Doch wo das Gute zum Bösen stürzt, da fällt der Engel vom Himmel. Da stirbt der Funke der Hoffnung, das Licht des Vertrauens. Da stürzt die Welt in den Tod. Die Erde tut sich auf und die Pforten der Hölle klaffen. Glutrot schimmert das Feuer der Verderbtheit an der felsigen Wand. Morsche Hölzer krachen und schlagen hernieder. Ein Beben erschüttert das Rund, und es schreien die Geister aus dem feuchten Moder der Erde.“ Sina stand auf und torkelte zum Schrank. Die Schublade fuhr ruckartig auf. Besteck klirrte und sprang. Das Fleischmesser schaukelte, bis der eiserne Griff es bannte. Eine zittrige Hand voller Angst und Schweiß führte das Messer ans Fleisch. Ein Schnitt! Blut quoll aus dem Arm und lief die Finger hinunter. Tropfte auf den Boden. Ein weiterer Schnitt. Ein pochender Strahl spritzte aus der Vene in ihr Gesicht. Sie schloss die Augen. Warmes rotes Blut. Labsal für die Wunden. Es tropfte vom Kinn aufs Holz des Bodens. Plopp! Plopp! Der Schmerz ließ nach. Ein Schwall schoss aus einer weiteren Öffnung und noch ein Stich und noch ein Stich und Blut überall – überall ... Klappernd fiel das Messer auf das Holz. Lag. Lag im Blut. Es tropfte. Plopp! Plopp! Ihre Augen drehten nach oben in den Schädel. Sie fiel. Ein Sturz in die Lache. Das Herz klopfte im warmen Körper: plopp, plopp ... Das Herz wurde schwach. Dann kehrte Dunkel in die Stille und ein Mädchen lag im Tod. Ein dunkler Tod voller Wehmut und Trauer. Ein Abschied aus einer schlimmen Welt. Die Nacht hüllte das Grauen. Und dann folgte der Tag. Die Vögel verkündeten das erste Licht und der Wind wehte. Ein kalter Morgenhauch. Die Tür stand offen. Und ein Mensch trat ein.

Entsetzen! Er schlug die Hände vors Gesicht und schrie nach Sekunden der Starre aus voller Kehle: „Sina! Mein Gott! Sina ... Was? Was habe ich getan? Was ist nur geschehen? Was ist nur ...“ Polternd fiel der Pfarrer auf die Knie und die Hände klatschten ins Blut. Kalt liefen die Tropfen durch die Finger. Seine klammen Hände griffen den Leichnam, umarmten das blutige Fleisch. „Sina, mein Kind. Ich wollte dir nichts tun. Bitte glaube mir. Du armes Mädchen. Ich wollte dir nichts tun.“ Und ein Jammern drang durch die Ritzen des blutigen Holzes. Ein Wimmern kroch durch die trostlose Stube, aus der die Schatten huschten. Geister des Todes waberten durch den besudelten Raum. Sie zogen die Wärme aus dem todesschweren Körper. Pfarrer Sinkewitz starrte in die matten, toten Augen, die ihre Traurigkeit verloren hatten. Umarmt lagen Tod und Leben, und durch die Luft schwirrte der Duft der Lilien. Aus den Blütenkelchen stiebte der Geruch des Trostes. Ein wohliger Gegensatz zu dem Geschehenen. Und durch das Dunkel des Raums schimmerte von fern ein Licht. Das Licht der Erlösung für die Reuigen. Doch die Welt war verloren. Und Erlösung gibt es nur im Ende. Der Sünder erhob sich schweren Herzens und sah vor seinen starren Augen das Licht, einen leuchtenden Kranz, dessen Farben blass funkelten. Die schwarze Robe trug die Zeichen des Abgesangs und klebte anklagend an dem schuldigen Fleisch. Das triebhaft Körperliche verfluchend strich der Pfarrer das schwarze Gewand über den Kopf, und es fiel zusammen auf dem kalten Flur. Seine schweren, nackten Schritte führten ihn in den Raum nebenan, aus dem ein grober Jurtestrick aus dem Schub wanderte. Vor starren Augen formte sich eine Schlinge und für einen Augenblick erkannte sein erschrockener Blick das Symbol für die Unendlichkeit. Eine liegende Acht. Die Acht als die Zahl für Christus. Achteckig ist der Sockel des Taufbeckens. Auf dem Achteck ein Neuneck als Fuß für das Becken selbst. Nach der Taufe rückt der Mensch zur Heiligkeit, in ihm schlummert der Funke der Unendlichkeit, des Hinausgehens vom Menschlichen zum Göttlichen. Ist der Mensch vom Funken des Heiligen Geistes beseelt, wandelt er im verheißenen Reich des Ewigen Lebens. Der Augenblick der Wahrheit. Die Wahrheit und das Recht. Fehlt der Funke, wartet die Hölle. Nur ein Lächeln des Herrn vermag die Qualen zu übersteigen. Vermag den im Schatten Wandernden ins Licht zu führen. Blitzschnell verdrehten die Hände das leuchtende Fanal, als könnten sie die Geister zurückschleudern. Gedanken lassen sich nicht töten. Das Gewissen ist die brennende Hölle, das dem Büßer seine Schuld immerzu vor Augen hält. Der Welt entrückt, klammerten sich seine zittrigen Finger an die Verheißung, die den Knoten der Seele zu lösen vermochte. Auf dem Hof blitzte die Sonne zwischen dem Ort des Todes und der Kirche, in der das Kreuz lichthell vom Gewölbe prangte. Strahlen blitzten in die Halle und die morgendliche Kühle wandert durch die Stille des Glaubens. Ein Wurf und schon schlingt der Arm des Todes seine Bahn um das hölzerne Kreuz, das fest im Raume hing. Ein entkleideter, demütiger Mensch blickt in das Antlitz Jesu. O hab Erbarmen mit einem Gescheiterten. Breite den Mantel über den Auswurf der Hölle und habe Mitgefühl mit dem reuigen Sünder. Mögest du mit einem Wort die Wunde schließen und das Schuld bekennende Kind in dein Haus lassen.

Die ersten Gläubigen versammelten sich vor der Kirche und erwarteten den Einlass zur Sonntagsmesse. Als es eine Viertelstunde über der Zeit war, was bisher noch nie vorgekommen war, wurden die Stimmen der Ungeduld lauter, bis der erste gegen die Tür drückte. Sie war nicht verschlossen. „Es ist offen“, rief dieser, „tretet ein in die gute Stube.“ Sie traten ein, und es stockte ihnen der Atem. Unter der Decke schaukelte Alfred Sinkewitz im Dunkel des Gebälks. Weiß hing der Leichnam und die Sonne tauchte den Verschiedenen in ein groteskes Licht. Keine Kerze war entzündet, keine Liednummern auf der Liedtafel eingestellt. Ein jähes Schreien durchdrang die erschütterte Stille und ein Gepolter riss die gebannten Köpfe herum. Frau Jakobi war zwischen dem Gestühl in Ohnmacht gefallen und war Beispiel einer Gesellschaft, die am Rande des Verständnisses stand. Zwei Helfer versuchten die Besinnungslose aufzurichten, getragen von den mitfühlenden Blicken der Umstehenden. Da stieß erneut ein Schrei in den Tempel des Grauens. Sina war gefunden, und Frau Pauli, die in dem Eingangsportal der Kirche stand, hielt das blutverschmierte Messer in der der Hand. Blut tropfte auf das Holz. Plopp! Plopp!

Gespräch mit dem Nebel

Gedanken können unsere besten Freunde,
aber auch unser ärgster Feind sein.
Wenn sie uns das Gefühl geben,
die ganze Welt sei gegen uns,
kann jede Wahrnehmung, jede Begegnung,
ja schon die bloße Existenz der Welt zur Qual werden.
Matthieu Ricard

November. Schwarzer Himmel. Keine Sterne. Zittrig langte eine bleiche Hand durch das Finster einer tiefen Nacht, die sich bleiern vor Stunden über die Stadt gelegt hatte. Nacht ist Abwesenheit. Kein Tun, kein Leben. Blinkende Lichter verrieten die Ferne, in der das Leben tobte. Doch es war. Nur fern. Das Leben besiegt die Dunkelheit. Dunkelheit ist nicht mehr allein. Doch in der Dunkelheit lebt nebenher die Einsamkeit, lebt das Ausgestoßene im Verborgenen; fühlt sich geborgen. Weil die Nacht die Einsamen hüllt. Einsame werden nur von der Nacht gehüllt, weil sonst die Hülle fehlt. Sie fehlt in der Seele, am Menschen. Die Seele zittert. Plump wölbt sich eine Eisenbrücke über den breiten Fluss, der die Stadt vom unbeleuchteten Land trennt. Plump und schwer und kalt. Dunkelheit ist bipolar und eine Brücke ist es. Sie verbindet oder trennt. Die fahlen, dürren Finger griffen zögerlich, enthüllten sich aus der Nacht, tanzten im Veitstanz aus dem Nichts ins Ungewisse; unsicher, bis sie einen metallenen Pfeiler umfassten.

Welch eisige Kälte! Die kindliche Hand stellte sich dem Unbehagen. Obwohl sich einzelne Finger anfänglich abspreizten, sich gegen den Schmerz auflehnten, obsiegte die schwache Faust und trug das Metall in ihrer Höhle. Steigt die Kälte empor, erschaudert das Herz. Es schlägt fest. Die Brust bebt. Der Junge stand neugierig, aber mit wackligen Beinen und fühlte mit geschlossenen Augen, wie das befremdende Gefühl den Arm höher und höher klimmte. Grausiges Gefühl. Schaurig! Er stellte sich vor, wie ein kaltes Tier unter der Haut entlang kroch. Die Hand schmerzte auf eine ungekannte Weise. Kälte ist Schmerz, aber Einsamkeit kennt den Schmerz. Taubheit ist das Krabbelgespinst. Der Ballen wurde taub, Kälte friert das Leben ein. Fest umkrallte der Bub die eisige Stange und gab sich der

Empfindung hin. Der eisige Schmerz krabbelte durch die Adern, hoch bis zur Schulter. Grausam ist die Kälte. Vermag den Arm zu lähmen. Und jene tiefe Angst, die sie erzeugt. Man möchte ihr entfliehen.

Er stand still und der Körper zitterte vor dem, was kommen sollte. Ein Entschluss wohnte bereits unverbrüchlich in einem abgestorbenen, inneren Ort. Warum stellt sich alles als so unabänderlich dar? Warum kann es nicht anders sein? Wer leitet den Lauf der Dinge in gerade diese Bahnen, deren tiefen Furchen wir nicht zu entkommen vermögen? Der hagere Junge kniff die kummervollen Augen zusammen. Warum wendet sich das Geschick in all seiner Hässlichkeit immer gegen diejenigen, die sich nicht wehren, die sich nicht wehren wollen? Warum entpuppt sich der Mitfühlende immer als der Leidende?

Ein zaghafter Schritt führte den nachdenklichen Jungen auf ein schmales Begrenzungsmäuerchen der Brücke, die im lauen Wind zu schwanken schien. Oben breitete er die Arme aus, hielt sich an den Metallstreben fest und blickte himmelwärts. War es Unendlichkeit oder ein Nichtsehen, dass die Welt begrenzte? Ist der Himmel so nah wie die Auflösung seiner Sicht oder strebte er gegen die Unbegrenztheit? Wie dunkle Straßen, die ins Finster irren, erschienen die monströsen Brückenträger. Sie verliefen ins nächtliche Schwarz und trieben ihr Ende in die Unerreichbarkeit. Auf der kalten Luft ritt ein aufdringlicher Geruch. Ein Geruch von Diesel, von Bratereien und – Moder. Ja, Moder lag in der Luft. Muffig. Abgestanden. Ein abscheulicher Geruch; ausgedünstet von einer befallenen Welt. Im Dunkel steht das Abgestorbene und reckt die toten Zeichen seiner Existenz zur Grabstätte des Lebens. Konfus galoppierten Gedanken hinter einem traurigen Gesicht. Was treibt einen Menschen in die kälteste Nacht?

„Warum ruft niemand: Bleib! Warum sind Menschen so fern, so fern von der Menschlichkeit, so fern vom Menschen? Warum ist die Abkehr so viel einfacher als die Zuwendung? Warum ist der einst so allgegenwärtige Geist tot? Und warum hat er alles so schändlich zurück gelassen?“ schrie er hinaus übers Wasser, und seine Finger wurden weiß vom festen Griff. Ein Wimmern erstickte den Ausbruch. Der Kopf hing zu Boden. Im matten Gegenlicht zur Stadt erschien seine Silhouette mit den hochgereckten Armen und dem hängenden Haupt wie die Figur des Gekreuzigten. Windgepeitscht. Märtyrerhaft. Fernes Getöse und Rauschen zeugten von der Geschäftigkeit in den weiten, weiten Straßen, Häusern und Bahnen. Zeugten von der Unbeteiligtheit des Ganzen zu einem seiner Teile. Wieder stieß ein

Weinen in die Welt, welches ungehört vom Trubel erstickt wurde. Die Einsamkeit ist Nacht, das Leben Tag. Nie sieht der Tag die Nacht.

Schweigend zog allmählich ein nächtlicher Herbstnebel auf und trieb sachte auf dem stockfinsteren Wasser, das säuselnd seinen Lauf unter die Brücke führte. Wie ein ungeladener Gast erschien der Dunst zurückhaltend langsam und schien nach einer Weile still zu verharren. „Komm nur, du stummer Wanderer und begleite mich auf einen kurzen Gang. Ich will nicht alleine sein, aber die Menschen ertrage ich nicht.“

Unvermittelt gestaltete sich aus dem Nebel eine scheue Form, eine menschliche Form, und sie bauschte sich auf und überragte den staunenden Jungen um ein Vielfaches. Eine wehmütige Stimme ertönte wie Walgesang aus der unendlichen Tiefe einer empfindsamen Seele und klagte durch den dichten Nebel, nur für verständige Ohren vernehmbar.

„Ich fürchte dich nicht, gestaltvoller Nebel. Sieh, ich bleibe, laufe nicht weg vor dir. Du brauchst keine Sorge haben, dass ich dich wie die andern ungefragt zurücklasse. Du bist mir willkommen.“

Eine fröhliche Verwirbelung war eine gebührende Antwort, die den Jungen lächeln ließ. Er hatte ein mildtätiges Aussehen, dieser Nebel. Seine Formen sind so weich, so weich wie Wattebäusche, dachte der Junge in einer unerwarteten Hingabe. Solch eine Milde kann niemand verletzten. Nur Krallen schneiden ins Fleisch oder messerscharfe Worte.

Mit wackligen Knien stand die schmale Figur und trotzte dem Windzug, der lau vom Fluss durch seine strähnigen Haare strich. „Worte können grausame Waffen sein. Viel grausamer als eine harpunenartige Lanze. Diese reißt zwar Löcher ins Fleisch und kann töten, Worte aber können vernichten.“

Nachdenklich faltete er die Hände vor seinem Mund und blickte durchdringend auf den weißen Teppich. Worte, dachte er, als spräche er mit einem imaginären Gegenüber, Worte lassen den Angesprochenen lebendig zurück, innerlich zerstört, ohne dass die Haut die kleinste Verletzung aufweist. Die Wunden, die sie anrichten, sind nicht sichtbar. Niemand kann sie sehen, aber es sind Wunden, die niemals heilen. Sein Gesicht drückte Kümmernis aus. Der Mund war ernst gespannt, aber in den Augen brandete ein Meer voller Leid. Überhaupt waren die Augen so vielsagend, wie bei Menschen, die Worte durch die Augen sprechen lassen. Leicht rieb er mit seinen offenen Handflächen über seine Wange, bevor er in seinen Gedanken fortfuhr. „Sie zerreißen die Seele und das zerfetzte Innere leidet elender, als ein Getroffener ertragen kann. Und es gibt keine Befreiung von dem Leid. Kein Schmerzmittel stillt die wahnsinnigen, zehrenden Qualen, die allezeit in den offenen Wunden rühren, ohne Ende; ein ewig währender Schmerz. In leichten Bewegungen schaukelte sein Leib vor und zurück und sein Kopf sank nach unten, um in die Tiefe des dunklen Wassers zu blicken. Aber dann nahm die Spannung in seinen Zügen zu und er hob sein Haupt in den Wind.

„Aber noch schlimmer, sag ich dir, ist das Verletzen ohne Worte. Du willst wissen, was ich meine? Ich sag es dir: Missachtung!“ brüllte er hinaus, als fühlte er sich dazu berufen, als marginaler Ankläger vor dem Weltgericht auftreten zu müssen. Dabei geriet er derart in Bewegung, dass seine kleinen Fäuste Mühe hatten, den bebenden Körper zu halten. Wild oszillierte er zwischen den Streben wie ein Turner an den Ringen. Die Mauer einer anklagenden Stimme echote in dem weißen Berg, dessen Bewegung auf dem Wasser kaum nennenswert angeregt wurde. Angespannt arbeiteten die Lippen in der Redepause, als wären sie dabei, das Kommende im Voraus zu formen. Doch verrieten sie mehr von der emotionalen Diktion, und das Beben der Worte führte die innere Beteiligung des Redners vor die Augen der unsichtbaren Richter.

„Wie kann ein Mensch einem anderen unmissverständlicher klarmachen, dass er Dreck ist, unwillkommen wie eine schmierige Seuche? Wie könnte man jemandem größeren Schmerz zufügen als durch Ausgrenzung. Grausam, wie Menschen andere leiden lassen, aus einer eitlen Laune heraus. Schlimm ist, dass wir mit einem Werkzeug ausgestattet sind, das uns in die fatale Lage versetzt, etwas so Zerstörerisches den anderen zuzufügen. Möglich gemacht durch ein Instrument, das wir zu diesem Zeitpunkt der Entwicklung nicht verdient haben zu besitzen. Nicht die Sprengkörper sind die Bedrohung, vor der sich die Welt fürchten muss, nicht die Panzer und Bomber, die Teppiche der Zerstörung legen. Nicht die Gewehre und Pistolen, die Kugeln der Vernichtung aus ihren gerichteten Läufen schleudern, mit dem Ziel, anderen das grausige Gesetz der Natur zu demonstrieren. Machtvoll und Macht demonstrierend hantieren getriebene Kreaturen mit Göttern, die aus einem Höllenschund empor krochen. Der infernale Götze, an dessen Tempelufer sie sich huldvoll verneigen, entpuppt sich als der scheußlichste Tyrann im hehren Olymp der grausamen Götterriege: unser Verstand. Arrogant strotzt er vor Allmacht und verliert bei seinem Höhenflug den Boden unter den Füßen. Und anstatt gleichzeitig eine zuverlässige Abschalteautomatik eingebaut zu wissen, die sie davor warnt, den hoch gehievten Götzen für einen schändlichen Dienst zu missbrauchen, haben die Untertänigen darüber hinaus sogar einen Mechanismus, der sie dazu treibt, diese verfügbare Omnipotenz leichtfertig einzusetzen."

Wind zauste den weißgebauschten Zuhörer, der sich unverständig wallte und wandte. Der gleiche zausende Mahner wehte auch durch die strubbeligen Haare des wehmütigen Jungen, der den Nebel aufmerksam beobachtete. Der klare Blick folgte der wälzenden, blähenden Rolle des Gastes.

„Was? Du willst wissen, was das für ein Mechanismus ist? Das kann ich dir sagen. Das ist das unbezwingbar geile Gefühl, der Mächtigste sein zu wollen! Der sich über alles Erhebende! Der von göttlichem Odem Erfüllte, der den Platz auf dem Thron fordert!" Mit der kantigen Faust schlug er sich ostentative gegen die Brust und verzog sein Gesicht zu einer fiesen Grimasse. Mit einem Urschrei gebärdete er sich wie ein Gorilla und schwang zwischen den Streben grunzend hin und her, als käme es ihm in seinen Sinn, einen anschaulichen, niederen Bezug herstellen.

„Es ist das Gefühl von Missgunst und Neid. Es ist der Hass auf die Erfolge der anderen, das wie ein Giftgemisch in den Höhlen der kalten Steine brodelt. Ständig unterdrückt, findet es immer wieder einen Weg nach oben, speit einem Vulkan gleich die heiße Magma, die so heiß wie der brennende Neid ist, in die Schädel, schleicht sich ins Bewusstsein und vergiftet die Menschen. Und dann ist da vor allem das unleugbare Gefühl der Angst, das uns so vehement umfängt, das uns zu zerquetschen droht, so dass einem – in der emotionalen Not – der andere als geringfügiges Opfer erscheint."

Nach den klaren Worten löste sich der verkrampfte Griff der bis zu diesem Zeitpunkt kräftigen Hand, die schlaff nach unten fiel und neben dem gebeugten Körper baumelte. Mit ruhiger Stimme fuhr der freudlose Ankläger fort: „Die ständige, immerwährend pirschende Angst, die wie ein zähnefletschendes Raubtier zum Sprung bereit, hinter jeder Ecke lauert und uns unverhofft anspringt, nicht greifbar, nicht abschüttelbar. Eine grässliche Fratze, die noch niemand erblickte, vermummt durch die tiefen schwarzen Gedanken unserer Unterwelt. Ein gräuliches, grauenhaftes Untier, das ein ungekanntes Unbehagen über die unvorbereiteten Opfer ausschüttet. Es packt den arglos Wandelnden mit titanenhafter Kraft und schnürt ihm fest die Kehle zu." Abrupt griff sich der Wütende an den Hals und schürte ihn mit mimischer Inbrunst zu, so dass er kurz röchelte.

„Kein Würgegriff ist bestimmter, stickender als von diesem vielgestaltigen Monstrum, obwohl es – paradoxerweise – in den meisten Fällen für die Beute kaum fassbar ist. Menschen erkennen die Triebfeder ihres Fehlgehens selten, sie sind dieser schleichenden Macht auf so erschreckend ohnmächtige Art und Weise ausgeliefert, dass der Kampf vergeblich erscheint. Hilflos retten wir uns in den Ausweg, der keine Lösung schafft; der das Problem der Angst nur aufschiebt. Aber wer stellt sich schon seiner Angst. Sie laufen lieber vor ihr davon, ohne ihr ins kalte Antlitz zu blicken, wie vor dir, du bleicher Nebel. Vielleicht, weil du auch Angst auszulösen vermagst. Du bist so undurchsichtig, so verhüllend und allumfassend wie die Angst selbst. In dir kann sie wohl gedeihen. Du bist der ideale Nährboden, so wie ein dunkler Keller, ein finsterer Wald. Wenn wir unsere Ängste nicht besiegen, werden wir von ihr besiegt. Ihr Sieg ist endgültig, weil die Menschheit dabei untergeht."

Seine Arme kreisten leicht neben dem Körper. Ein fester Blick blieb auf den Nebel geheftet, als erwartete der Junge eine Stellungnahme auf seine zur Anklage erhobenen Folgerungen. Wie aus dem Nichts riss ein markerschütterndes Hupen den Jungen aus dem Harren, dass er beinahe das Gleichgewicht verlor und mit einem Fuß vom Vorsprung abrutschte. Schwankend packte er den klammen Halt des Brückengeländers und festigte seinen Stand. Das Herz klopfte ihm vor Schreck bis zum Hals. Unten begann der Nebel zu leuchten und er bewegte sich aufgeregt und wand und wälzte sich. Wie zwei riesige Augen traten aus ihm zwei Lichter heraus, und der Junge erkannte ein Schiff mit einem langgezogenen Laderaum, das aus der weißlichen Hülle fuhr und sogleich unter der Brücke verschwand.

„Warum fährst du mich so an? Ich bin zu Tode erschrocken." Der Erboste reckte sich, als könnte er auf der gegenüberliegenden Seite der Brücke den wuchtigen Metallkörper ein zweites Mal erspähen, um sicherzugehen, dass sich die Bedrohung tatsächlich verflüchtigt hatte.

„Was?" entfuhr es ihm mit einem immer noch abgewendeten Blick. „Ich habe dir meinen Namen noch nicht gesagt? Oh, das tut mir Leid. Es war nicht bös gemeint. Ich bin so schusselig, wenn es um meinen Namen geht. Was sind Namen in Betrachtung der Äonen, die stoisch auf einer Uhr des Universums vergehen, ohne dass menschliche Geschöpfe nur den Bereich des Sekundenzeigers auszufüllen vermögen. Vielleicht im persönlichen Zirkus der Eitelkeiten glaubt der einzelne, dass er im Blick Gottes steht. Welche Überheblichkeit. Glauben Menschen wirklich, dass ihr kurzes Aufblähen für die Erdgeschichte auch nur die geringste Bedeutung hätte? Glauben die mickrigen Einzelschicksale tatsächlich, dass die Erde auf ihrem Sonnenlauf durch ihre Geburt auch nur die minimalst zählbare Abweichung ihretwegen aufweist? Dass das Perigäum sich durch die sechs Milliarden Namen um einen Deut verschöbe? Jeder Mückenschiss auf dem Mount Everest hat für die Gestaltung des Himalayas eine größere Bedeutung als das Erscheinen eines Menschen für die Erdgeschichte. Dennoch schleudern sie ihre Namen unter ihre Zeitgenossen, als stünde er wie ein Leuchtturm inmitten der Zeit und würde diese überstehen. Aber vielleicht ist uns unser Name deshalb so wichtig, weil eine Ahnung in uns von der erbärmlich kurzen Zeitspanne weiß, und wir lieber für einen klitzekleinen Moment unser Dasein wie ein Klebezettel ans Universum heften wollen, als dass uns unser Animus in die Bedeutungslosigkeit katapultiert. Deshalb ist es schön, dass du ihn wissen möchtest, meinen Namen. Vielleicht bleibt mein Visitenzettel an dir eine fingerkurze Weile haften, und deine Wasserstoffatome tragen mein Schicksal einst ins weite Universum und künden von einem eigenartigen Lichtblitz in der fernen Milchstraße. Ein flüchtiges Aufflammen eines Lichtleins, das den Weg zu den anderen nicht fand. Ich heiße Moritz.

Immer noch vom Fahrtwind verwirbelt, quirlte und kreiselte der Nebel frisch umher. Er gab den Eindruck, sich fröhlich aufgemuntert zu gebärden. „Du willst, dass ich dich benenne? Nun, für mich bist du der erste seit langem, mit dem ich mich unterhalte. Weißt du, mein Leben ging verquere Pfade in letzter Zeit. Sie waren dunkel und schwer. Vielleicht nenne ich dich den Trost? Oder den Zuhörer oder ...?“ Moritz hielt kurz inne, blickte in die finstere Ferne. Sofort erschlafften die gerade aufgedämmerten fröhlichen Züge und wurden ernst. „Nein“, sagte er mit einer wehmütig ernsten Stimme, „du bist der Nebel, und als solcher solltest du auch *so* heißen. Man versucht immer alles anders zu benennen. Zu euphemisieren. Warum? Nennen wir die Dinge doch nach dem, was sie sind. Sich auf das Wesentliche besinnen. Du bist der Nebel und nichts anderes. Bist du damit einverstanden? Ich glaube schon. Du bist ein guter, aufmerksamer Zuhörer. Anders als die meisten. Die Menschen haben keine Zeit für die anderen. Die Belange der andern zerstieben in der Aufgabenwelt ihrer aufgeblähten Egos. Du bist so milde, so sanft. Du *wärst* ein wahrer Freund, wenn du nicht bald wieder entfleuchtest. Ich weiß, du gehst deinen eigenen Weg. Du kommst, um zu trösten, in der Nacht, wenn es am schlimmsten ist, und wenn der Tag anbricht, dann entschwindest du leise, wie ein weiser Gedanke, der sich auflöst.

Nein! Ich glaube, dass du doch ein guter Freund *bist*. Zwar gehst du, du kommst aber auch wieder wie einer, dem an der Freundschaft gelegen ist. Du bist in der Not da und bist geduldig. Du lässt mich meinen Schmerz vergessen – wenigstens für eine kurze Weile."

Eine Träne befreite sich aus dem Auge ob des warmen Stromes, der durch Moritz´ Herz bei dieser Vorstellung wallte. Sie rann Stück für Stück die Wange entlang, und Moritz war in merkwürdiger Weise wohlig. Er verspürte nicht den unmittelbaren Drang, sie abzuwischen. Es fühlte sich für Moritz an, als ob ihm jemand die Wange zärtlich berührte, ja, als ob die Hand der Mutter sie antippte. Ein heimeliges Gefühl. Und angenehm, weil er sich nicht schämen musste. Scham entspringt, wo andere Menschen anwesend und Zeugen einer von der Allgemeinheit definierten peinlichen Situation sind. Verschlimmert wird das maue Gefühl, wenn die Gefahr besteht, dass dieser Fauxpas weitergetragen werden könnte. Wenn man alleine ist, ist man freier im Empfinden. Vor sich selbst braucht man sich nicht zu schämen. Und so unermesslich schön ist, wenn man das, wovor man sich vor anderen schämen muss, durch seine Isolation genießen kann, weil man die Empfindung zulässt. So liefen die Tränen, sammelten sich am Kinn und tropften schließlich in der Dunkelheit verschwindend in die Tiefe, wo sie sich alsbald mit dem treibenden Wasserstrom vermischten und fortgetragen wurden.

Moritz stand traurig im Dunkel der Nacht, und es wurde kälter. Als er in den Himmel blickte, konnte er erkennen, wie die Sterne hinter einem Heer von Wolken verschwanden. Einem defilierenden Heer, das einem einzelnen seine Aufwartung machte. Eine Aufwartung für jemanden, der einsam stand und verstehen wollte – und nicht konnte. Und er wartete. Und die Wolken mit ihm. Stumm blickten sie herunter und konnten einen verzweifelten Jungen sehen, der sich am Brückengelände festhielt und mit dem Nebel als seinem einzigen Vertrauten sprach.

„Weißt du, es passieren immer wieder Dinge im Leben, die einen unerwartet und schwer treffen. Schicksalsschläge, die einen niederwerfen. Aber irgendwann steht man im Allgemeinen wieder auf und beginnt von neuem. Manchmal jedoch kann man nicht mehr aufstehen. Es gibt Dinge, die zu schlimm sind, die einen den Glauben an eine waltende Gerechtigkeit im Leben nehmen. Wenn alles auf einem allzu schwer lastet, weil man mit der Fülle und Qualität der Vorkommnisse nicht umgehen kann, dann stirbt man innerlich jeden Tag ein bisschen. Dieses Sterben ist qualvoll, weil jämmerlich. Jämmerlich, weil dieses Scheitern einem heranreifenden Erwachsenen nicht gut zu Gesicht steht. Ein junger, gesunder Mann muss den tagtäglichen Anforderungen und Änderungen der Umweltbedingungen gewachsen sein.“ Moritz wiegte sich gedankenverloren hin und her. Mit blitzenden Augen durchforstete er die Nacht, blickte in Richtung Stadt, blinzelte, blickte in Richtung Land, das in der Dunkelheit nicht zu erkennen war. Schmerzlich presste er die Lippen aufeinander. Doch in seinem Blick, in seiner Haltung schwang unterschwellig ein anmutiger, ehrlicher Stolz mit, der ihm in seinem Schmerz eine Art Würde verlieh.

„Was? Du willst wissen, was so schlimm ist? Das will ich dir gerne erzählen.“ Moritz hievte sich auf das Gelände und setzte sich mit Blick auf den Nebel, der es sich unter ihm in seinem weißlichen Pelz gemütlich gemacht zu haben schien.

„Ja, das will ich dir erzählen. Das Leben ist es. Das Leben ist schlimm.“ Dann sank er zusammen, rutschte an den Streben hinunter und setzte sich auf den Boden. „Hattest du je eine Sehnsucht nach Leben? Ich hatte sie. Wollte leben. Wollte glücklich sein. Aber meine Zukunft starb, als meine Mutter starb. Wie soll man ohne Mutter leben? Wie? Mit vierzehn.“ Er drehte seinen Kopf weg und starrte mit einem leeren Blick in die Ferne.

„Mit vierzehn braucht man ein Zuhause. Meines war die Straße. Ich trieb mich rum, traf mich mit falschen Freunden und lief doch nur von meinem Schmerz davon. Mein Heim war leer. Wann immer meine so genannten Freunde nach Hause gingen, kam ich in eine verlassene Wohnung, die voll von Erinnerungen an den Menschen war, der mir die Welt bedeutete. Hier hing ihre Küchenschürze. Dort stand ein Bild von ihr. In ihrem Zimmer hingen ihre Kleider im Schlafzimmerschrank. Sie dufteten nach ihrem Parfüm, Fleur de Temps. Diesen Duft habe ich noch heute in der Nase. Seit sie tot ist, gehe ich jeden Sonntag in ihr Zimmer und öffne ihren Schrank wie sie es tat. Sie holte dann ein Kleid heraus, hielt es vor sich und fragte mich, ob es schön sei. Daraufhin sagte ich, nicht das Kleid sei schön, sondern sie; dass jedes Kleid erst durch *sie* schön werde. Dann lachte sie, zog sich an und wir gingen in die Kirche. Wenn sie sang, horchten gar die Engel. Glockenklar hallte ihr Ton durch das heilige Gemäuer, dass es die Gläubigen angerührt durchwallte. Eine Messe ohne ihre Stimme war bar jeder Festlichkeit. Für die von Frömmigkeit Erfüllten war sie die engelgleiche Verbindung zwischen dem Weltlichen und den himmlischen Sphären. Ihre Stimme war die einer Mittlerin, die der Menschen Seele in die Seligkeit erhob.“

Moritz zog sich am Geländer hoch und verweilte einen Augenblick, als ob er überlegte. Als er sich gesammelt hatte, fing er an, leise zu singen:

Ave Maria, gratia plena
Maria, gratia plena
Maria, gratia plena
Ave Ave Dominus Dominus tecum
In mulieribus
Et benedictus et benedictus fructus ventris
Ventris tui Jésus
Ave Maria

Ave Maria Sancta Maria
Maria Mater Dei
Maria Mater Dei
Ora Ora pro nobis peccatoribus
Nunc et nunc et in hora
Nunc et in hora mortis
Nunc et in hora mortis nostrae
In hora mortis nostrae
Ave Maria

„Hast du je dieses Ave Maria von Schubert gehört, mein Freund? In der Kirche Mariahilf, welche meine Mutter zum Ausdruck ihres Glaubens regelmäßig besuchte, war das der lateinische Beginn eines Grundgebetes zur Anrufung Marias. Meine Mutter verehrte Maria. Sie sagte, sie sei die mildtätigste und liebevollste Figur der christlichen Lehre. Die nährende Mutter, die vorbehaltlos alle Menschen liebte und liebt. Die Fürsprecherin eines jeden vor Gott. Wer an sie glaubt, verlöre die Neigung, ungerecht und grausam zu sein. In ihrem Reich verlieren sich alle Gedanken an Gewalt, Intrige und Missetat in den Weiten. Sie lösen sich auf und lassen es zu, dass der Mensch sein wahres Selbst entdeckt, und sich von den Emotionen, die sich wie eine surreale Maske über das Wesen des Einzelnen stülpt und zu Taten verleitet, die später bereut werden, befreit. In dieser Freiheit kann der Mensch unbeschwert und glückselig leben. Würden die Menschen das erkennen, hätten wir das Paradies auf Erden. Das hat meine Mutter gesagt. Als sie gestorben war, erklang das Herz rührende Ave Maria in der Version von Silcher an ihrem Sarg in der Aussegnungshalle. Die Beerdigungsmusik: ‚So nimm denn meine Hände'. Du hast es bestimmt gehört, denn über dem Friedhof lag ein mystischer Nebel.

Ich konnte es nicht ertragen und musste raus gehen. Es war so traurig. Wir sind ja nur Gast auf der Erde. Ein kurzer Gast."

Wieder sank er auf den kalten Asphalt und legte seinen Kopf in seine Hände. Er fühlte die Kälte, die ihn umfing. Die Leere. Die Ausgedehntheit des Raumes um ihn herum, den man nicht ausfüllen kann und der nicht ausgefüllt ist. Weil Kälte integraler Bestandteil des Raumes ist, ist der Raum kalt. Das macht ihn grob und rau. Da blinken Sterne so unendlich weit, aber man kann sie nicht erreichen. Dazwischen ist nichts. Es ist unüberbrückbar und hoffnungslos. Alles um uns ist Leere.

„Weißt du, was ich am meisten vermisse ist ihre Zärtlichkeit. Du wirst jetzt einwenden, ich sei ja schon fast Siebzehn und dass ein junger Mann nicht von der sanften Zuwendung seiner Mutter abhängen sollte. Aber es ist tröstlich, wenn eine liebe Mutterhand über das Gesicht streicht. Wie schön war es, wenn sie mich freundlich ansah und dann lächelte. Dann waren alle Probleme klein. Dann gab es keinen Kummer mehr und alles Leid löste sich in dem Spiel ihrer Mundwinkel auf. Sie war so gütig, wenn sie mich berührte. Ihre filigranen Finger bewegten sich sanft und zart. Alle ihre Bewegungen waren anmutig und elegant. Sie war für mich ein großes Vorbild. Aber in der Welt wird das Elegante und Filigrane als das Schwache angesehen und mit barschen Gegenaktionen beantwortet. Der Umgang ist rüde und böse. Weil die Menschen nicht in dem weiten himmlischen Reich wohnen, sondern auf der kleinen, kalten Erde."

Moritz hob die Schulter an, als könnte er sich hinter ihnen verstecken. Müde schweifte sein Blick auf den Boden und grub sich darin ein. Fest verwurzelt mit der Brücke bildete er eine stabile Einheit, die nicht von Dauer war. So fest die Brücke war, so labil war seine Gemüt. Der Nebel wurde dichter und schwappte bereits über das Flussufer.

„Du breitest dich schön aus vor mir. Nerve ich dich nicht mit meinem Lamentieren? Menschen wollen normalerweise kein Jammern hören. Sie haben selbst genügend Grund zum Klagen. Was? Was sagst du? Was mit meinem Vater ist? Du bist gut. Woher weißt du, dass ich einen habe? Weil alle einen haben? Ja, das stimmt. Aber doch gibt es Unterschiede. Manche Väter kümmern sich um ihren Nachwuchs. Sie sind stolz auf ihre Söhne oder Töchter, unternehmen etwas mit ihnen. Helfen ihnen in der Schule, spielen mit ihnen Fußball oder gehen mit ihnen aus. Was auch immer. Meiner sitzt seit dem Tod meiner Mutter tagein tagaus in der Kneipe und ertränkt seinen Kummer. Ich weiß nicht, ob er seine Frau geliebt hat, aber seine Arbeit hat er geliebt. Seit er *sie* verloren hat, ist er nicht mehr derselbe. Durch den Verlust der Arbeit hat er seine Aufgabe verloren und damit – wie *er* meint – seinen Wert. Vielleicht hat er deshalb die Kontrolle verloren und die Freude am Tun. Jedenfalls war er kein Anker, weil er selbst losgerissen war. Er schlingert übers weite Meer ohne Richtung und Orientierung. Seine Mannschaft ist verratzt. Das wenige Geld, das uns zur Verfügung steht, wandert in die Schnapsflaschen und Biergläser. Nicht, dass ich auf das Geld meines Vaters angewiesen wäre. Ich verdiene mein eigenes. Aber es wäre doch schön gewesen, wenn der Rest der Familie nicht zerbrochen wäre. Seit Jahren sammelt er auf dem Arbeitsamt Frusterlebnisse und schreit die Wut zuhause raus. Das ist kein Refugium, in das es einen Sohn zieht. Dieser Hafen ist verwaist."

Moritz fröstelte, so dass er seine Jacke zuziehen musste. Der Kälte trotzend hievte er sich das Geländer hoch und setzte sich erneut darauf. „Alle, mit denen ich mich rum treibe, haben ein so ähnliches Schicksal. Zerrüttete Familienverhältnisse oder auch schlichte Unglücksfälle im Umfeld, die nicht bewältigt werden konnten. Jedenfalls sucht jeder auf seine Weise nur ein bisschen Glück. Vielleicht wurde uns nicht klar, dass wir nur davon laufen. Wie sollen Kinder und Jugendliche ihren Weg meistern, wenn zu Hause der Rückhalt fehlt. Mit diesem Loch in der Basis der gesunden Persönlichkeit ist keine konstruktive Entwicklung möglich. Tief im Hirn der Jugendlichen kauert die Angst, dass sie auf der Strecke bleiben, wenn ihnen jeden Tag aufs Neue gewahr wird, wie sich geförderte Gleichaltrige entwickeln. Im Angesicht des Nachteils bleibt nur die billige Flucht. Mitunter die Flucht aus Verzweiflung nach vorn in die Gewaltbereitschaft. Wenn sie die Einrichtungen und Bauten der Hassobjekte zerstören, ist es genauso, als könnten sie die ungerechten Nachteile zerstören, die eine Laune des Schicksals ihnen ins Leben warf. Aber wenn sie vor den Ruinen stehen, ahnen sie tief drinnen, dass sich nichts geändert hat, dass der Satan nur schneller kreist und lacht. Aber in der Gruppe ist Stärke die Droge, die einem Mut macht. Hand in Hand mit seinen Verschworenen kann man der Welt ins Gesicht spucken, kann man sich rächen an dem Unglück, das einem widerfahren ist und das einem jeden Tag aufs Neue widerfährt. Mit der Zerstörung zerstört man den Vorteil der anderen, holt sie zurück zu einem selbst. Alle wollen doch nur die Kluft wegsprengen, die die Menschen trennt. Wenn wir gleiche Voraussetzungen hätten, bekäme jeder seinen Anteil vom Glück. Und mit diesem Anteil wären die meisten zufrieden, nur wenige streben nach der ganzen Torte. Deshalb kämpfen die Banden der sozial Benachteiligten. Der Kampf endet dann, wenn die von der Welt Ausgespuckten erkennen oder klar gemacht bekommen, dass die losgetretene Wut ein Anrennen gegen Windmühlen ist. Wenn man ihnen die Hand reicht und sie im Kampf gegen den Fall in den leeren Raum unterstützt, dann enden Ungleichheiten und Kriege auf den Straßen. Aber lieber Nebel, so wie ich in deinen Dunst rede, so wirkungslos ist das Wissen, denn die Menschen ändern nichts. Manchmal glaube ich, ein Großteil der Menschen will die Ungleichheiten sogar zementieren, weil sie sich einen persönlichen Vorteil erhoffen ohne zu erkennen, dass der größte Vorteil darin läge, wenn ihn alle hätten. Dann würden wir uns vielleicht nicht so sehr unterscheiden, aber auf dem Weg zum Glück wären wir fast am Ziel. Denn gemeinsam könnten wir die Welt verändern, was der einzelne oder eine kleine Gruppe von Wohlhabenden nicht vermag."

Dann sagte er nichts mehr, sondern verweilte bewegungslos. Eine leichte Brise fächelte über sein Gesicht, das einen harten Ausdruck angenommen hatte. Lange verharrte er so, bis er sagte: „Ich will dich auch nicht nerven mit meinem Gesülze. Bestimmt hast du dir schon viel von dem Geschwafel anhören müssen in den letzten Jahrhunderten. Wie erträgst du das?" Dann lächelte er und senkte den Kopf.

„Wenn du den Schwall der Worte so ungerührt erträgst, kann ich ja fortfahren, denn letzten Endes dreht sich alles darum, dass sich die Welt nicht ändern wird." Er hüpfte vom Geländer und stellte sich davor. „Die Menschen rennen immer schneller Zielen nach, die sich immer rasanter um sie drehen. Jetzt wirst du lachen, aber es erinnert mich bald ans Würstchenschnappen. Kinder stehen unter einem Besenstiel und recken ihre Münder, um ein Stück der Wurst zu ergattern. Je gieriger sie sind, desto hektischer ihre Bewegungen und desto geringer die Ausbeute. Übertragen auf die heutige Situation greifen die Nimmersatte immer gieriger nach immer mehr Statussymbolen. Und weil wir immer weniger Zeit haben, weil uns nach immer noch mehr trachtet, hören wir unsere vertraute innere Stimme nicht mehr, die zur Einkehr mahnt. Anstatt Abstand zu nehmen von dem Rausch des Wahns lassen wir uns weiter anpeitschen. Die meisten haben sich verloren in der Alltagshektik, sind unablässig unterwegs und erledigen Dinge. Je mehr sie erledigt haben, desto mehr weitere Aufgaben erwarten sie. Manche sammeln sie regelrecht, um sie am Ende des Tages marktschreierisch aufzuzählen und daraus ihren Stolz zu nähren. Die Menschen kommen mir vor, als seien sie Hamster im Käfig und vollgepumpt mit Drogen. Berauscht rennen sie im Rad mit dem unerschütterlichen Vertrauen, wenn sie nur schnell genug wären, könnten sie entkommen. Dabei müssten sie nur anhalten und könnten dann unbeschwert aussteigen."

Moritz sank am Gestänge herunter, saß sinnierend und blickte mit zusammen gekniffenen Lippen ins Dunkle, in dem wie Sterne die Stadtlichter blinkten. Wann immer diese ernsten Züge in seinen Ausdruck traten, konnte man meinen, ein erwachsener, weitsichtiger Mann befände sich einem gegenüber. „Ich will das nicht. Ich sehe keinen Sinn darin, da mitzumachen. Ich will *ich* sein und nicht ein Kunstprodukt, das sich über Konsumgüter definiert. Dumm ist, dass so gut wie alle nolens volens mitmachen und wer sich sträubt, dabei zu sein, ist Außenseiter und verloren. Es geht sogar so weit, dass man sich als deutscher Normalbürger alles gefallen lässt. Da der deutsche Michel so fest an seinem bescheidenen Wohlstand hängt, der ihm zwar Unterhaltung und Ablenkung, aber keine Glücksgefühle bietet, ist er bereit, sich als Mensch zu verkaufen. Er ist der Willkür und dem Machttrieb der Unternehmenslenker ausgeliefert und duldet die Launensperenzchen der Alphatierchen, deren Gier alle Maßen sprengt. Um immer noch mehr aus dem Unternehmen zu pressen, dem sie sich nicht zugehörig fühlen, weil sie in den paar Jährchen, die sie dort verbringen, keine Bindung zu den Menschen und dem Betrieb aufbauen, werden die sozialen Bedingungen der Arbeitnehmer signifikant verschlechtert. Es herrscht keine Solidarität mehr unter Kollegen, sondern nur noch Feindschaft und Konkurrenzdenken. Die Solidarität wurde einem in den vergangenen Jahren gehörig ausgetrieben. Wird ein anderer abgesägt, freut man sich, dass man nicht selbst betroffen war. Als ich in den ersten Klassen der Schule war, hat man bei Prüfungen heimlich voneinander abgeschrieben. Das gehörte zum guten Ton unter den Mitschülern. Einem schlechteren Klassenkameraden hat man verstohlen seine Arbeit hingehalten, so dass er sie wenigstens teilweise kopieren konnte, um eine passable Note zu bekommen und sich mit dieser Tour durchs Jahr zu hangeln. Man saß in einem Boot und schaffte es gemeinsam. In den späteren Klassen haben sie ihre Arbeiten abgedeckt, dass keiner auch nur eine Silbe von den Lösungen mitbekam. Der Abschreiber könnte ja unter dem Schussstrich besser abschneiden und dann eine glanzvollere Karriere hinlegen als man selber. Die Menschen sind pure Egoisten geworden, die nur noch an sich selbst denken und ihr familiäres Revier verteidigen. Schrecklich! Immer gut dastehen. Immer an die Richtigkeit seines Vorgehens denken. Es geht um der Karriere willen mit der Selbstverleugnung sogar soweit, dass die Arbeiter und Angestellten so ziemlich alles ertragen, was die Firmenlenker ihnen aufbürden, und sind die Verordnungen noch so abstrus. Immer mehr Freiheiten werden eingeschränkt, gute Arbeit nur noch unzureichend mit der billigen Ausrede von globalen Herausforderungen des Unternehmens bezahlt. Firmen bieten Qualität zu Dumpingpreisen und das auf Kosten der Facharbeiter, die froh sein dürfen, überhaupt noch eine Stelle zu haben. Du wirst scharf einwenden, dass ich erst in der Lehre bin und von diesen Abläufen keine Ahnung habe. Doch, sage ich dir. Ich sehe meine älteren Kollegen und sehe meinen Vater. Sie leben in dieser ungeliebten Misere, die sie tagtäglich verfluchen. Es wäre selbst für einen Auszubildenden mühsam, davor die Augen zu verschließen. Denn auch ich nehme in Kauf, dass Nachtarbeiten kaum noch mit Zuschlägen ausgeführt werden müssen oder dass Überstunden finanziell nicht erfasst werden und, um das Kraut fett zu machen, sich viele Arbeitnehmer ausbuchen und dann weiterarbeiten, weil sie aus gesetzlichen Gründen die zehn Stunden Arbeitszeit nicht überschreiten dürfen, mit der anfallenden Arbeit aber nicht fertig werden, weil bald keiner mehr da ist, der sie noch machen kann, und dann ohne Anrechnung der Arbeitszeit weiterarbeiten. Manche Arbeitgeber erwarten dieses Verhalten sogar stillschweigend von ihren Mitarbeitern und machen keinen Hehl daraus, dass, wer nicht mitzieht, sich beim Arbeitsamt umsehen darf. Die Angestellten werden gemobbt und willfährig gemacht oder mit unlauteren Mitteln aus dem Unternehmen gedrängt, damit die unmittelbaren Vorgesetzten durch weiteren Personalabbau Kosten sparen und somit ihre Ziel erreichen können. Das verspricht ihnen bares Geld am Ende vom Jahr in Form einer Leistungsprämie, die durch den Abbau eingespart wurde. So verteilt sich immer mehr Arbeit auf immer weniger Köpfe, während die Klassenoberen wie die Made im Speck leben. Damit das so bleibt, wird die untere Schicht gepiesackt und gegängelt. Jeder der Arbeitnehmer kann davon berichten. Darüber hinaus machen wir uns teilweise zum Hampelmann, wenn wir das Mittagessen in der kaum noch gesponsorten Kantine runter schlingen, weil die halbe Stunde Mittagszeit ausläuft und man sich ausbuchen musste. Wer seine Mahlzeit nicht schafft, lässt sie halt halb verspeist zurückgehen. Hauptsache, die Minuten stimmen. Da werden Kollegen angeschwärzt, weil sie sich an anderer Stelle eine kleine Freiheit herausnahmen. Man hat ja Angst, bei einer unerlaubten Aktion selbst erwischt zu werden. Also beobachtet man die anderen umso mehr, weil man selbst verzichten muss. Die Arbeitswelt ist krank. Wir sind

Ausbeutern unterworfen, aber zu feige, uns zu wehren. Würden alle sich weigern, bei diesem infamen Spiel mitzumachen, ist die Frage, wie die Schlipsträger alleine ihre satten Gewinne erwirtschaften würden? Der Arbeiter sitzt im Endeffekt am längeren Hebel, nur weiß er es nicht beziehungsweise traut sich nicht zu, daran zu ziehen. Ich würde gerne alle zum Boykott aufrufen. Getreu der Parole aus den 1980er Jahren ‚Stell dir vor es ist Krieg und keiner geht hin', könnte man sagen, ‚Stell dir vor, die Welt spielt verrückt vor Gier und keiner macht mit'. Wenn man sich derart verbiegen muss, um in der Arbeitswelt bestehen zu können, wenn man seine Werte und Ideale einschränken oder sogar aufgeben muss, um auf dem Schlachtfeld überleben zu können, wenn wir die Wertschätzung der anderen und unsere Würde aufgeben müssen und es teilweise nicht einmal merken, gehen wir schweren Zeiten entgegen. Und es wird in Zukunft nicht besser, sondern schlimmer, viel schlimmer, weil die unersättlichen Manager auskundschaften wollen, wie viel man noch herausholen kann. Die Gier ist unstillbar und die Skrupellosigkeit maßlos. Viele Manager sind darüber bass erstaunt, wie weit man die Masse abwatschen kann, was sich der einzelne alles gefallen lässt. Sie schütteln die Köpfe über die Untertänigkeit und Duckmäuserei. Weil der Arbeiter lieber einen Diener vor der Ausbeuterei machen als eine Meuterei anzuzetteln, haben die Chefs leichtes Spiel, sich endlos zu bereichern. Und für dieses schäbige Unternehmen sind ihnen die gesichtslosen Sklaven, die mit aufgesetzten Scheuklappen den Anweisungen blind folgen und sich resignierend den Druckmitteln unterordnen, recht. Und sie wehren sich nicht, ertragen lieber die Ausbeutung wie der Gaul, der auf dem Jahrmarkt murrend im Kreis läuft und die faulen Besucher auf dem Rücken trägt. Der Deutsche verkriecht sich lieber unter seiner Zipfelmütze und gründet mit seinem Schicksal ergebenen Verhalten den neuen Biedermeier. Zu dieser Form eines neuen Bürgertums der bloßen Besitzstandswahrung stand der 68er-Aufstand in scharfem Kontrast, den du Glücklicher bestimmt miterlebt hast. Was im Gefolge der Revolte aufbrach, ob als Frauen-, Friedens- oder Ökologiebewegung, hatte eines gemeinsam: Interesse an einer solidarischen Gemeinschaft. Aber die Idee ist sang- und klanglos im Sande verlaufen, wurde schlecht geredet oder unter den Teppich gekehrt, dabei ist so viel an Umbruch zum Besseren passiert. Aber die Menschen sind behäbig geworden, faul und farblos. Sie dulden eher als zu gestalten. Mein Vater ist mit vielen anderen an dem unmenschlichen Umgang zerbrochen. Wegrationalisiert, damit die Personalkosten optimiert werden konnten. So geht es Hunderten jeden

Tag. Sie nehmen alles auf sich und scheitern zum Schluss. Bist du unten in der Gesellschaftsklasse, bleibst du unten. Und bist du oben, tust du alles, um oben zu bleiben. Die Angst des Bürgertums vor dem sozialen Abstieg ist das Schreckgespenst der heutigen Zeit. Du bist der Nebel. Du hast solche Probleme nicht. Du ziehst von hier nach dort, und bist frei von allen Gedanken. Von den hoffnungsvollen wie den schweren."

Von Gram gebeugt, stand Moritz dicht an der Brückenflanke und trug das bittere Fazit in sich, dass der Mensch unbelehrbar bleibt. Er hat sich arrangiert mit der Welt, weil sein Leidensdruck nicht hoch genug ist, als dass er handeln wollte. Solange er nicht direkt betroffen ist, lässt er die Welt in ihr Untergang gleiten. Was schert mich das kommende Weltzeitalter, mir geht's doch ganz gut, denkt er und strampelt weiter in den Sklavenstricken.

„Weißt du, lieber Freund, die schweren Gedanken sind die schlimmsten. Sie vermitteln einem das Gefühl, dass man nicht in diese Welt gehört. Dass man draußen steht, dass man etwas versäumt hat. Ich weiß, dass man sich nicht von den Gedanken auffressen lassen darf. Ich kenne nur zu gut die Macht der Gedanken. Sie lähmen einen und lassen einen die Fröhlichkeit nicht mehr kennen. Aber wenn die Fröhlichkeit unbekannt geworden ist, wofür lohnt es sich dann zu leben. Gerade die Fröhlichkeit ist doch, was unser Leben ausmacht. Ohne Fröhlichkeit ist alles dunkel. Du wirst dich wundern, aber ich bin gern in der Dunkelheit. Allein. Ich habe keine Angst davor, wie viele andere Menschen. Ich genieße die Ruhe. Nachts sind die Straßen oft leer, alles ist gemütlicher. Manchmal wünsche ich mir, dass es immer dunkel bliebe. Aber dann sehne ich mich wieder nach der Sonne. Und da kommt ein Moment der Erleichterung. Wenn die Sonne scheint, sind die bösen Gedanken oft fort. In der Sonne hat man fröhliche Gedanken – auf einmal sieht man die Welt in hellen Farben. Man trifft lustige, originelle Leute, und das Leben beginnt, Freude zu machen. Aber bald ist die Sonne untergegangen. Fort! So drängend die euphorische Stimmung erstrahlte, verlischt sie wieder, und dann wird es schlimmer. Dann werden die Nächte noch dunkler und einsamer. Dann kommen die düsteren Gedanken von neuem und versauern einem den Augenblick. Aber ich kann froh sein, dass mich die Strahlen wenigstens manchmal treffen. Denn die Sonne scheint nur für ganz wenige Menschen in der Welt. Die meisten sind so arm, dass sie nicht einmal Wohlgefallen der Sonne gegenüber empfinden, weil ihre Hitze sie verbrennt. Wir können uns schon glücklich schätzen, dass die Sonne für uns Glück bedeutet."

Moritz rappelte sich hoch, wischte mit seinem Schuh über den Boden und stieß einen Kiesel an, der über die Kante der Brücke flog und ins Wasser plumpste. „Eigentlich sollte ich Morgenluft wittern, denn so sicher wie heute der Fluss unter uns schwarz ist, so sicher ist er morgen wieder blau und hell. Morgen wird wieder die Sonne scheinen, und die Welt in freundliche Farben tauchen, aber manchmal glaube ich, die Sonne scheint nicht mehr so lange wie früher. Es regnet häufiger. Der Regen drückt. Er ist schwer und kalt. Der Regen ist nicht gefällig. Er durchdringt einen gegen seinen Willen und lässt einen frieren. Manchmal tut er weh, wenn er kalt auf die Haut prasselt. Regen ist der Ausdruck trüber Wolken. Wie trübe Gedanken sind sie. Dräuend ziehen sie auf und verhängen den klaren Himmel, den klaren, reinen Gedanken. Wenn ich Gott wäre, hätte ich keine Wolken erschaffen. Ich hätte den Regen aus heiterem Himmel fallen lassen. Aber wie soll man ihm das sagen? Er hört ja nicht zu."

Noch bevor Moritz die gotteslästerlichen Worte ausgesprochen hatte, blies ein ungestümer Wind und das Brückengeländer heulte leise auf, vom kalten Braus umweht. Moritz fröstelte und er kreuzte die Arme vor seiner Brust. „Ach, du grüne Neune! Da bläst gleich ein garstiger Wind, wenn man von Gott spricht. Bald meint man, der Geist Gottes mahnt mich. Aber ich habe keine Angst vor solchen Demonstrationen. Für mich ist Gott fern. So fern wie ein Traum. Er hat sich nie um mich gesorgt. Er hat mich stehen lassen in so vielen Regennächten. Manchmal glaube ich, Gott weiß nicht, was den Menschen alles Schlimme widerfährt und wie destruktiv diese Tiefschläge sind. Ich denke, wenn er es nur im Mindesten nachvollziehen könnte, würde er es bestimmt nicht zulassen."

Lange blickte er schweigend in die dunkle Ferne und rieb sich die Arme. „Ach mein Freund, es ist so kalt. Die Welt ist kalt und ohne Leben. Was kann ein Mensch alles ertragen, bis er zerbricht, frage ich mich manchmal und dann denke ich mir, dass das freilich vom Menschen selbst abhängt. Der eine verträgt mehr, der andere weniger. Der eine ist ein Kämpfer, ein anderer hat nicht den Zwang, kämpfen zu müssen oder zu wollen. Aber gerade diejenigen, welche sich nach einem harmonischen Miteinander sehnen, gehen kläglich zugrunde. Schade, dass wir in einer Welt leben, die von inhumanen Kämpfern geschaffen worden ist. Zu einer riesigen Kampfarena ist diese Erde geworden. Unter diesen Vorzeichen wird es immer Krieg geben. Die Mächtigen, Kampfbereiten werden immer die Konfrontation mit der Faust suchen, auch wenn in der heutigen Zeit die Faust Wortstrategie heißt. Solange sie um sich schlagen, auch verbal, müssen sie nicht nach innen blicken, in ihre zerbrechliche, abgelehnte Welt. Eine Welt, die nach Frieden ruft, die aber nicht gehört werden will. Der laute Ruf nach Zerstörung und Vernichtung ist gewaltiger, er hat einen unabweisbaren Reiz. Er versklavt die Kämpfernaturen, wie die Raucher von ihren Zigaretten versklavt werden. So zeigt sich die Welt paradox. Diejenigen, die mit ihrer Gewalt andere unterdrücken wollen, werden unterdrückt. Bloß sind sie sich dessen nicht bewusst. Sie sind Sklaven der von ihnen gemachten Welt. Sie kämpfen gegen das, was sie selbst errichtet haben. Selbst unfrei plädieren sie für eine freie Welt, für eine sogenannte Demokratie, und merken nicht, dass dieser Wunschtraum eine bloße Legitimation für ihre Machtausübung darstellt. In einem scheinbar freien System kann man nach Lust und Laune unterdrücken, zerstörerisch walten und jederzeit vorschützen: ‚Ihr lebt doch in einer freien Welt, jeder kann was aus sich machen, wenn er will'. Nein, es müsste heißen: ‚Ihr lebt in einer Welt von den Starken mit ihren Spielregeln. Entweder ihr vernichtet den, der neben euch kämpft und je mächtiger ihr werdet, desto besser geht es euch und alle liegen euch zu Füßen oder ihr werdet zerhauen und zerrissen. Ihr könnt euch entscheiden. Ihr seid ja frei'. Lieber Nebel, sage mir, ist das eine Welt, in der du leben wolltest. Ich glaube nicht. Ich glaube, dass keiner über lange Sicht gesehen gern in ihr lebt. Deshalb sehnen sich auch alle nach einem Gott und einer Erlösung. Die Heilslehre soll einen am Tag der Erlösung aus dem dauerhaften Elend hieven. Jesus musste nach dieser Vorstellung ein Mitleidender sein. Anders würde diese Religion nicht funktionieren. Ihm hat diese Welt auch nicht gefallen. Aber er hat sein Heil nicht in der Macht gesucht, sondern das kampffreie Leben bevorzugt. Der Versuch zur Erlangung einer überirdischen Harmonie schlug fehl und endete am Kreuz, da wo alle Nichtmartialischen enden werden. Und die Krieger sind die, welche eifrig die Kreuze errichten, um sonntags darauf in die Kirche zu gehen und im gestriegelten Anzug die Beweihräucherungen des Predigers andächtig über sich fächeln zu lassen. Dann schütteln sie die Köpfe, ob der grausamen Kriege und Anschläge in der Welt und das Grausame im Menschen und müssen die Vorstellung von der Armut mit einem fetten Braten herunter schlingen. Montags darauf suchen sie wie gewohnt nach Holz für die nächsten Kreuze oder Scheiterhaufen, die sie errichten müssen. Und alle sind überzeugt, das Richtige zu tun. Ja, das perfide System wurde von grausamen Köpfen geschaffen, und es programmiert die Hirne der Kinder und Jugendlichen rechtzeitig so, dass diese nicht merken, was mit ihnen passiert. Später glauben sie alle, gemeinschaftskonform zu handeln. Weltherrschaft steht auf dem

Programm. Rabiate Globalisierer wollen die ganze Welt beherrschen. Genau wie manche Politiker oder Potentaten. Und wenn sie eines Tages tatsächlich die ganze Welt besäßen, was würden sie damit tun? Was wollen sie mit der ganzen Macht und dem ganzen Geld? Das letzte Hemd hat keine Taschen. Würdig stirbt nur der, der das Herz voller Goldstücke hat, nicht die Tresore. Aber an Worten mangelt es nicht, sondern an Einsicht. Der Silben sind genug verlautbart worden, aber der Mensch hört, nickt und vergisst. Denn den eingehämmerten Paradigmen der Herrscher kann sich keiner entziehen, die omnimediale Propaganda wäscht die Hirne, wir reiben uns auf für ein System, das es nicht wert ist. Und doch haben wir Probleme, hinter der aufgebauschten, flirrenden Scheinwelt das Vernünftige und Versöhnliche zu sehen. Anstatt zu leben streben wir. Ich sehe kein Ideal in Ruhmsucht, Karriere und hohen Stellungen. Ich will nicht ständig an mein Fortkommen im Beruf denken müssen. Ich wollte mein Leben genießen. In der kurzen Zeit, in der ich hier weile, wollte ich die Welt in all ihrer Schönheit kennen lernen. Wollte in der Natur spazieren gehen, Menschen kennen lernen, mit den Regenbogen tanzen und mit anderen lachen. Aber wir erliegen einem Wahn des immer schnelleren Vorankommens. Wo wollen wir denn hin? Je schneller wir vorankommen, desto mehr verlaufen wir uns. Der Mensch ist derart eingebettet in eine fiese Gesellschaftsform der Ausbeutung, dass er gar nicht mehr merkt, wie er sich selbst verkauft. Wir haben in der Tat unsere Seelen dem Teufel anvertraut. Die friedlichen, harmonischen Naturen indes enden am Brückengelände und reden mit dir, in der Hoffnung, dass du die Botschaft hinaustragen möchtest und den Menschen anschaulich erklären würdest. Aber wer kann clever programmierte Hirne umbauen? Das können selbst die Götter nicht."

Moritz rutschte langsam am Geländer hinunter, bis er das vertraute, aber nicht gemochte Gefühl der Besitz ergreifenden Kälte an seinem Hosenboden spürte. Er schüttelte sich, versäumte es aber, sich gegen den Reiz zu wehren. Vielmehr ließ er sein Haupt fallen und schloss die Augen. Müde, dachte er. Und überdrüssig. Ich bin so müde. Oder traurig? Müde – traurig. Nach einigen Minuten hob er sein Kinn und schaute den Nebel an.

„Traurigkeit ist eng mit Müdigkeit verwandt. Ich glaube, der von mir gehegte Gedanke ist nicht zu abwegig, dass bei den archaischen Lebensformen, noch bevor Gefühle in der uns bekannt komplexen Form gebildet waren, es ursprünglich nur eine Erschöpfung des Zellverbandes oder Lebewesens gab. Aus dieser Müdigkeit ist dann die Traurigkeit geworden. Traurigkeit ist ja nichts anderes, als eine seelische Erschöpfung. Wenn Ereignisse den Menschen überfordern, gerät er in eine melancholische Stimmung. Kann er sich aus einer solchen nicht befreien, so mündet diese Stimmung in Traurigkeit. Traurigkeit wiederum ist mit der Trauer verwandt, die ja einen Verlust als Auslöser hat. Aber mit dem Lauf der Zeit und dem Erleben neuer Ereignisse wird die Trauer schließlich mithilfe der Trauerarbeit überwunden. Traurigkeit ist auch der Verlust von etwas. Ich glaube, wenn man melancholisch ist, vermisst man unbewusst die Freiheit und Geborgenheit, die man als Kind hatte. Traurigkeit wird hervorgerufen, wenn man mit den Veränderungen im Leben nicht klarkommt und dadurch verletzt wird. Depression ist der Verlust des Weltbildes, das man sich im Laufe seines Lebens errichtet hat. Steckt die Trauer beziehungsweise die anderen Formen des Leidens jedoch zu tief, so dass der Dorn nicht gezogen werden kann oder fehlen die neuen, versöhnlichen Eindrücke, können sie nicht überwunden werden. Dann sitzt der Betroffene in einem Schwarzen Loch. Dann ist jegliche Hoffnung verloren. Wie aus einem Schwarzen Loch kein Lichtstrahl entkommt, so fehlt in einem seelischen Schwarzen Loch das Licht der Freude. Die Schwerkraft des Leidens zermalmt das Opfer. Ein Entkommen ist nicht möglich. So sieht die Zukunft düster im Angesicht der Trauer aus.“ Aus Moritz Augen leuchtete ein stumpfer Blick, aus dem die gesammelte Traurigkeit zu fließen schien. Langsam blickte er über das weiße Gewölk und seufzte.

„Du wirst mich für verrückt erklären für das, was ich jetzt sage, aber das empfinde ich wirklich so. Denn die Traurigkeit kann indes auch schön sein und aus diesem Grund genossen werden. Wenn sie nur ausreichend lange auf den Betroffenen einwirkt, gewöhnt dieser sich zunehmend an den Zustand der Niedergeschlagenheit. Dieser diffuse Dämmerzustand in der Müdigkeit lässt einen tiefer empfinden, weil die Sinne nicht durch Sensationen abgelenkt werden, sondern auf das Empfinden fokussiert sind. In der Trauer lebt man bewusst und nimmt die Reize der Umwelt intensiver wahr. Das Erleben wird dichter. Jemand hat mir erklärt, dass dieser Zustand der bewussten Wahrnehmung der Gedanken auch in der Meditation erfahren werden kann, und dass durch die Entlarvung der Ursachen der Gedanken die schwermütigen und schädlichen Gedanken überwunden werden können. Durch die Eliminierung der Gedanken würde man sich befreien und zur Glückseligkeit finden. Die Stürme im Gemüt, die durch die Gedanken angefacht werden, würden sich legen, als ob man in einem stürmischen Meer, dessen Oberfläche vom Wind gewellt und zerstoben wird, untertaucht. Und je tiefer man taucht, desto ruhiger wird der Ozean, denn die Auswirkungen des Sturms dringen nicht in die Tiefe. Nach dieser Theorie müssten wir nur tief in uns tauchen und entdeckten die ruhigen Regionen unseres von äußeren Einflüssen unverfälschten Gemüts. Doch so weit bin ich nicht und vielleicht bin ich zu jung, um dahin zu kommen. Vielleicht bin ich zu oft enttäuscht worden, so dass ich die Hoffnung auf schnöde Seligkeit aufgegeben habe. Jedenfalls wurde ich durch die tief empfundene Traurigkeit empfindsamer für das, was auf mich einwirkt. Meistens deute ich die Erlebnisse jedoch negativ, was die Trauer wiederum verstärkt. Und je größer das Schwarze Loch, desto unwahrscheinlicher wird die Flucht.“ Moritz blinzelte mehrere Male und wischte sich über das Gesicht.

„Sehr häufig jedoch erlebe ich neutral. Mit dem emotionalen Abstand beginnen fruchtbringende Assoziationen. Der Erlebende kann aus den wahrgenommenen Erlebnissen durch Verwendung seiner Fantasie etwas Neues schöpfen. Der Gnostische Mittler, wie der Psychoanalytiker Jung ihn genannt hat, taucht in tiefe seelische Gefilde und bedient sich eines schier endlosen Fundus an kollektiven menschlichen Schätzen. Später taucht er wieder auf und beschenkt die Menschheit mit einer großen Schöpfung oder Neuordnung. Bestimmt wurden auf diese Weise viele Helden geboren und viele musikalische Werke oder Romane geschrieben. Begünstigt durch idiosynkratisches Erleben wird ein schöpferischer Sprung vollzogen, der den Menschen in eine neue Sphäre katapultiert. Eine Sphäre, die fern dem normal Empfindenden liegt. Dieser kann das vollendete Werk zwar verstehen, nicht jedoch den Weg dahin. Das ist fürwahr der Unterschied zwischen einem Leidenden und einem Gesunden.“ Moritz begann wieder das Ave Maria zu summen und starrte dabei entrückt in den schwarzen Himmel. Nach zwei Zyklen aber unterbrach er sich dabei und blickte wieder ernst.

„Kann die anhaltende Trauer jedoch nicht schöpferisch umgewandelt werden, dann versinkt der Mensch in Einsamkeit. Anfänglich wird die Einsamkeit als Ort der Begegnung mit sich selbst empfunden. Später kann sie als Fluch wahrgenommen werden, aus der es kein Entkommen gibt. Ich bin von diesem Fluch heimgesucht und meine schöpferische Kraft ist verbraucht. Das Schöpferische stirbt nämlich dort, wo die Reaktion darauf Hohn und Spott ist. Denn mit der Ablehnung des Werks wird die Hoffnung auf Erlösung getötet. Das Licht am Ende des Tunnels wird ausgeknipst. So stehe ich als Abgelehnter, Einsamer im Mittelpunkt des Dunkels und der Tunnel hat keine Richtung. Sage mir nun, Nebel, wo siehst du den Ausweg aus dem Dilemma? Wenn man keine Richtung mehr weiß, heißt das, dass man gescheitert ist, dass der Lebensentwurf eine Fehlentwicklung war? Muss das Verirrte nicht ausgesondert und in den Orkus gejagt werden, weil es keine Daseinsberechtigung hat. Ein Fehlentwurf ist ja nicht nützlich. Ich wollte, ich könnte die Dinge anders betrachten. Ich bin traurig über die Welt und zu müde, um die Trauer zu überwinden. Ich bin *in* der Trauer zu müde zum Weitermachen geworden.“ Moritz zog ein gramgefülltes Gesicht. Die Trauer und Resignation stand ihm ins Gesicht geschrieben. Verzweifelt ob der Ausweglosigkeit rüttelte am Geländer. Die Zeit verging. Nur langsam überwand er sich und blickte wieder in den Nebel.

„Du sagst, du liebst den neutralen Zustand? Ich weiß, dass man die emotionalen Ausflüge ins Extreme unterbinden muss. Durch unablässige Introspektion und aufmerksamer Betrachtung seiner seelischen Vorgänge kann man den Zustand von Gleichmütigkeit erreichen. Dort angekommen erfährt man den unendlichen Frieden. Aber verrate mir, ist der Tod nicht ebenderselbe Zustand. Auch darin kann man einen Ausgleich der Extreme erreichen, obwohl man ihn nur durch den Weg durch das Extreme erlangt. Aber nach dem Vollzug des Todes finde ich mich im neutralen Zustand wieder. Jetzt fällt dir kein Argument mehr ein, oder?“ Aufmerksam blickte Moritz tief in den Nebel, als erwartete er eine Antwort, eine Lösung auf seine Fragen. Er wartete unangemessen lang, als erbäte er sie.

„Du meinst, ich irre. Das Leben sei der Weg zur Neutralität. Und in der Neutralität hast du zu deinem Glück gefunden, weil du durch die Auflösung des Egos zum Selbst gefunden hast und darin in Gleichmut weilst? Der Sinn des Lebens ist die Findung der Ausgewogenheit. Und es ist kein Missverständnis, dass durch Aufgabe der intensiven Gefühle ein neutraler Zustand erreicht wird? Du willst mich verkohlen, stimmt' s? Du kannst doch nicht, nur weil du dich im Zustand völliger Ausgewogenheit und Neutralität befindest, behaupten, dass das der richtige Weg sei. Wer beweist mir denn, dass die Überwindung der fortwährenden Gedankenströme den inneren Frieden und damit die Überwindung der Welt mit dem Ziel ewiger Glückseligkeit sicherstellt? Wer sagt mir, dass sich dieser beschwerliche Weg lohnt?“ Wieder bohrten sich Moritz' Augen in die Tiefen des undurchdringlichen Dunstes in der Hoffnung auf eine Äußerung. Aber scheinbar schien der Nebel mit ihm zu kommunizieren, da er immer nach einer Weile den Kopf zurücknahm, als hätte er gerade eine Botschaft erhalten, die es zu überlegen galt.

„So? Du meinst, dass man es zumindest versuchen muss, um an die Wahrheit zu gelangen. Ansonsten würde unsere Diskussion ad absurdum geführt und darin löste sich das Verständnis auf. Mit ewigem Gerede kann man das Unsagbare nicht greifen. Deshalb sind die Heiligen Schriften symbolisch überhöht. Voll gespickt mit Symbolen, die das Wörtliche übersteigen und anhand einer Geste zum Verständnis führen. Du schickst mich also auf einen steinigen, sehr steinigen Weg mit der Hoffnung auf das große Glück, behauptest aber, dass du nicht beweisen kannst, dass es erfolgreich sein wird. Ich weiß, ich bin sehr jung, und obgleich ich viel gelesen habe und die Menschen lange eingängig beobachtet und studiert habe, bin ich ein klitzekleines Licht im Verstehen der großen Sonne. Aber wenn du mir keine Gewissheit geben kannst, dass alle Menschen ihren Weg finden können, dann bist du so weit wie die Religionsstifter. Ihre Lehre hat auch keine Gewissheit und ich weiß nicht, ob ich als Verlorener den Weg ertragen kann. Mögen die da draußen diese Beschwerlichkeit auf sich nehmen. Mögen sie überprüfen, ob es eine Erlösung aus dem Elend gibt. Ich bin zu ermattet, um das Heil zu suchen. Denn wer kann mir zusichern, dass ich das Heil hinreichend genießen kann, wenn ich zu meiner Erschöpfung noch den Kreuzweg auch mich nehme? Vielleicht bin ich am Ende derart verbraucht, dass ich das Glück nicht ertrage. Meine Gefühlvorräte sind erschöpft. Es ist im Kopf ein leerer Raum. Sei mir nicht böse, wenn ich den Kampf nicht auf mich nehme. Das Heer der Widerstände, das mir entgegensteht, ist zu mächtig. Es ist keine Angst. Um Gotteswillen. Wirklich nicht. Zöge ich zurück aus Angst, glaube mir, dann wäre ich viel früher gescheitert. Die Angst habe ich schon lange bezwungen. Die Angst ist mir ein Vertrauter, mit dem ich mich arrangiert habe. Ich glaube vielmehr, dass gerade das mein Problem ist. Hätte ich übergroße Angst, würde ich vielleicht sogar deinen Weg gehen. Gerade weil ich keine Angst mehr habe, kann ich den angstvollen, aber kurzen Weg für mich wählen.“

Eine ferne Musik erklang und schallte über das Wasser. Eine Musik der Leichtigkeit, der Enthobenheit. Darin waren für Moritz zunächst die schweren Grundtöne zu hören, die die Verbundenheit als Stofflicher zur Welt darstellte. Über das irdische Thema legte sich ein kleines Muster fröhlicher Töne, die wie ein Hoffnungsschimmer auf das Himmlische wiesen. Aus dieser Unterstützung kristallisierte sich ein Klang von überirdischer Schönheit, als geleitete ein Engelschor die Büßer nach dem Fegefeuer in das Reich der Herrlichkeit. Als

Moritz die Schönheit der Melodie klar wurde, legte er seinen Kopf auf die Schulter und lächelte. Lange hörte er, und seine Augen schienen durch ihre Bewegungen den Klängen zu folgen. Aber jäh stoppte die Musik und die Gedanken führten ihn zurück zu seinem Diskurs.

„Die Menschen haben so eine Scheißangst, alleine zu sein. Das ist ein Grund, warum so viele um Anerkennung buhlen. Sie wollen gefallen. Wenn die Angst zu groß wird, dass sie dabei scheitern könnten, kommt Aggression hinzu. Die meisten verstecken in der Tat ihre Angst hinter Aggression. Dabei ist alleine sein gar nicht so schlimm. Freilich kommen in stiller Zurückgezogenheit viele bedrohliche, ungebetene Gedanken hoch, die es anzunehmen und zu verarbeiten gilt. Sie können uns aber auch zerfleischen. Doch wenn man sich lange genug mit sich selbst beschäftigt hat, wenn man nicht aufgehört hat, sich zuzuhören, dann freundet man sich schließlich mit sich selbst an. Hat man gelernt, mit sich selbst klar zu kommen, erscheint einem die Welt da draußen als fremd. Hat man sich kennen gelernt, kommen einem die anderen merkwürdig vor. Zunehmend verliert man die Bindung an die äußere Erscheinungswelt, man ist zufrieden mit sich selbst. Das ist ein großer Umwandlungsprozess, weil man mit der Trennung von der Welt die Angst vor dem Tod verliert. Nur, wenn man an der Welt mit all ihren materiellen Verführungen hängt, hängt man auch am Leben. Hat man die Trennung geschafft, ist man frei. Frei kann man die Dinge von einer besonderen Warte aus betrachten und erkennt, dass die Welt in einer ewigen Wandlung steckt. Aber diese Wandlung führt zu keinem Ziel. Es ist der Versuch einer neuen Generation das gleiche zu erreichen wie die Vorfahren, nur mit modernen Mitteln. Hinter all dieser Wandlung steckt die ewige Wahrheit. Diese zu finden ist nicht leicht. Doch durch die Trennung von der Welt können wir dieses Meisterstück bewältigen. Diese Botschaft ist das Wesen aller Religionen. Sie künden von dem Rückzug in sich selbst, von der Trennung der Welt und die Hinwendung zu sich selbst oder Gott. Wenn man bedenkt, dass Gott in uns allen inne wohnt, ist der Gedanke nicht so frevlerisch. Wenn der Reisende Gott in sich gefunden hat, warum sollte er dann in die Welt streben. Alles, was uns glücklich und selig macht, liegt in uns. Mit diesem Gefühl beseelt, ist es nicht schwierig, die Welt als keinen wertvollen Ort wahrzunehmen."

Stolz richtete sich Moritz auf, als hätte er sein Wissen, das er zusammengetragen und wie ein Puzzle zusammengesetzt hat, in sich verinnerlicht und zur Wahrheit erkoren. Er saß jetzt nicht mehr in sich zusammengekrümmt, sondern stolz und mit einem lichten Blick.

Vielleicht ist die Angst wichtig, um religiös zu werden. Ohne Angst wird man nicht abhängig. Ohne Gottesangst hat der Mensch keinen Anlass zu glauben. Ohne Angst vor dem Tod erhofft er sich keine Wiedergeburt. Ohne Angst vor Fehlen erhofft sich niemand Vergebung. Dabei verhält es sich genau so wie bei den Wissenschaftlern, die Naturereignisse erklären, so dass wir keine Angst vor deren Erscheinung haben müssen. Haben die Menschen früher noch ängstlich das Weite gesucht, als der Blitz vom Himmel fuhr und der Donner Unheil verkündete, gehen sie heute vor die Tür, um das Naturschauspiel zu genießen und über die Gewalten zu staunen. Dafür haben wir heute Angst vor Viren und Strahlentod und Selbstvernichtung. Die Forscher müssen noch viel arbeiten, um uns auch *diese* Ängste zu nehmen. Aber dann wird es neue Ängste geben, weil die Angst im Menschen nicht ausrottbar ist, sondern nur immer in neuen Formen sich Ausdruck verleiht. Die schlimmste Angst ist die vor dem Tod. Wenn man diese Urform der Angst überwunden hat, kann einen nichts mehr schrecken. Entweder ist man als Überwinder dann jederzeit unbekümmert bereit, dem Tod ins Antlitz zu schauen, oder man schafft den Weg zur Erleuchtung. Durch die Überwindung der Angst über den schweren Weg der Trennung von der Welt hin zur ewig währender Glückseligkeit im Allerheiligsten seines Selbst. Bestimmt ist das die höchste Form der Vollendung. Es ist das Höchste, was der Mensch vollbringen kann. Dazu muss man aber die Müdigkeit, die Trauer überwinden. Traust du mir das zu? Sei ehrlich?“ Moritz zog sich nach vorne, um dem Nebel tief ins Mark zu schauen. Diese aufmerksame Haltung hielt er eine geraume Zeit durch, dann erschlaffte er.

„Was? Keine Antwort. Lieber Nebel, gib zu, dass selbst du als Erwachter mir nicht diesen übermenschlichen Sprung zutraust. Weil ich weiß, zwar die Anlage zu besitzen, aber nicht die Kraft, so bin ich dein Vertrauter im Betrachten der Dinge, aber nicht dein Weggefährte vom des In-die-Welt-Gesetzten zum Weltüberwinder. Die Einsicht sollte den Menschen eines besseren belehren. Ich bin aber bereits zu fern vom Menschen. Mit einem großen Teil meines Selbst bin ich schon im Bereich des Verharrens in der Mitte. Keine Empfindung, kein Staunen. Ein Sein ohne Teilnahme. Ein bloßer Zustand des Sich-Erfreuens an dem Sein. Nur leider in Ermangelung des wichtigsten. Mir fehlt die Glückseligkeit. Ich bin in meiner inneren Welt nicht glücklich – nicht glücklich.“ Seine graue Miene verharrte schweigend.

Er sah sich in alle Richtungen um, um nach einer Weile zum Nebel zurückzukehren.

„Ich habe alles verloren, was mich in meinem Leben zum Strahlen brachte. Die Lebensfreude in mir ist erstickt und mich drängt, dem Dunkel zu entfliehen. Ich überlasse die Welt denen, für die sie gebaut ist. Ich fühle mich hier fremd. Ein Fremder hat es immer schwer, sich in einer intoleranten Umgebung zu behaupten. Es drängt mich nicht, mich zu behaupten. Ich wollte nur in Frieden leben, die Welt mit ihren wunderbaren Erscheinungsweisen genießen und ein winzigkleines Stück Boden zum Leben. Es ist mir alles genommen, mir ist alles verleidet. Ich will Platz machen, für die, die sich die Erde im Kampf aufteilen werden. Verschieden aus einer grobstofflichen Welt wende ich mich einer neuen Welt zu, die vielleicht ein bisschen strahlender ist, ein klein wenig harmonischer. Wo man nicht gezwungen ist, sein Territorium zu verteidigen, sondern wo man sich hinsetzt und die Schönheit atmet, die wie tanzende Blumen im Wind die Luft anreichert. Wo man die Zeit nutzt, um zu genießen und keine Schlachten auszutragen. Wo man die Vögel bei ihrem alltäglichen Konzert besucht und Hand in Hand mit den Dingen, die einen umgeben, zusammenlebt. Wo man sich die Sonne ins Gesicht scheinen lässt und wo man das grausame, zerstörerische Gefühl der Angst nicht kennt. Wo das Gespräch mit Menschen etwas Wunderbares ist, und nicht in Kampfgeschrei und Scheinheiligkeit ausartet. Ich wünsche mir eine Eintracht mit den Tieren und der Natur, und dass Glücklichsein kein Zustand ist, den man sich für sechs Wochen im Jahr teuer erkauft als Vorbereitung für die folgende Kampfsaison. Ich möchte einfach Frieden in meinem Herzen, Frieden für alle. Darin will ich nicht einsam sein. Kein Kämpfer für den Frieden sein wollen. Eine Welt, in welcher der Mensch nicht alleine in seinem Streben steht. Du verstehst mich. Du liegst friedlich über dem Land, umhüllst es freundlich und verschwindest wieder, ohne Waffen, ohne zerstörerische Gedanken. Du bist und bist unverwundbar in deinem Schauen. Du kannst die Welt wandelnd genießen.

Du hast mir lange zugehört und willst weiter ziehen. Ach, könnte ich nur mit dir reisen. Gar zu gerne würde ich teilhaben an deinem Sein. Aufgenommen in deiner unendlichen Sanftheit, getragen auf einer Wolke des Friedens und Glücks, wie es in Kindern wohnt.

Warte, Freund! Ich springe! Ich springe in deine Arme. Umarme mich! Halt mich fest ... Aber nein! – du bist der Nebel. Du musst weiterziehen und andere Menschen trösten. Du musst gehen und mich verlassen. So trage bitte meine Geschichte fort und erzähle sie einsamen und verständigen Menschen. Vielleicht sind sie bereit, den anderen Weg zu gehen, den ich nicht mehr auf mich nehmen möchte.

Wohlan denn. Machs gut. Ich muss voran schreiten in eine andere Zeit. Und bitte, bitte besuch mich, wenn ich nicht mehr bin. Es ist schön, wenn Nebel überm Friedhof steht. Man weiß, es ist ein guter Freund zu Besuch."

Dann lösten sich die Füße vom Stein und ein tröstender Wind streichelte sein Gesicht, so unendlich weich und zärtlich wie es nur eine Mutterhand vermag. Ein Gesicht erschien, das ihn so lange nicht anblickte. So mütterlich nah, so fürsorglich hell. Ein lächelnder Mund formte einen letzten Kuss und das Ave Maria erklang. Da verließen ihn die tiefe Trauer und die bleierne Schwere. Federleicht lag Moritz im geborgenen Flug; und er war so schön – so lange, so schwerelos, so frei ... Dann war es dunkel, und der Nebel wirbelte hoch.

Alle 4 Minuten gibt es in Deutschland einen Selbstmordversuch.

Alle 45 Minuten nimmt sich in Deutschland ein Mensch das Leben.

Im Jahr 2002 verübten 11.163 Menschen Suizid.

(Quelle: IDEA-Spektrum Nr. 28, 11. Juli 2001, S. 17, Statistisches Bundesamt)

Bertis Abschied

Da war ein Kind auf der Erde – ein Geschenk – das tanzte und sang, und sog den Atem des Lebens – es lachte und weinte und träumte von seinem schönsten Tag.

Da trat vor den Sonnenschein ein Haufen dunkler Wolken. Und ein Regen – so bleiern schwer – entzündete ein Leiden, das so grausam brannte und das Kind durchnässte.

So stand das Kind im Regen – allein – und die Erde brannte. Und bevor die Wolken gingen, ging das Kind und nahm die Sonne fort. Nahm sie fort von den Menschen, die leidend glommen. Und kein Nass vermag die Glut zu stillen, die schwelend an den Herzen brennt.

So reist das Kind durch Zeit und Raum und tanzt und springt und lacht und lichterhelle Engelwesen füllen die Einsamkeit. Voller Freude tanzen sie mit dem Kind im goldnen Reigen und reisen zur Unendlichkeit.

Da strahlen tausend Sonnen und alle Traurigkeit verliert ihr Weinen. Ein Staunen löst das Kind von seiner Menschlichkeit und erhebt es in eine Lichtwelt, so prächtig klar und durchströmt von einem Odem, der göttlich die Zeit durchdringt.

Da sind aber auch Menschen, die noch im Regen stehen, für die die Sonne nicht mehr scheint. Zusammen reichen sie sich die Hände und verkünden das Lied, das Trost in ihre Herzen bringt:

Es scheint ein Licht in der Ferne
Das die Sterne überstrahlt
Und ich weiß, es würde gerne
Noch weil´n in menschlicher Gestalt

So zieht ´s dann weiter ungehalten
Nach einem Zögern tief ins Nichts
Viel später wird ´s erkalten
Und Menschen ändern nichts!

(Für Berti, am 25.Juli 2001)